탈혼기

책 한 권이 필요한 이야기가 있다.

일러두기

1. 이 책은 실화입니다. 개인이 가진 기록, 사진, 기억을 다양한 공적 자료와 맞춰 보면서 있었던 일을 그대로 재구성하려 노력했습니다.
2. 책을 쓰며 여자 42명이 살아온 이야기를 빌렸습니다. 한 명 한 명 존엄한 삶의 맥락을 손상하지 않으려 최선을 다했으나, 재현의 한계로 생긴 오해는 모두 제 잘못임을 밝힙니다. 책에 언급된 분들께는 미리 허락을 받았으며, 부득이하게 직접 허락을 받기 힘든 분들은 타인이 책의 내용만으로 신상을 유추할 수 없도록 특히 주의했습니다.
3. 본문 내용 중 추가 설명이 필요한 곳은 본문 내 *로 표시하고 페이지 아래 각주를 붙였으며, 정보를 가져온 출처는 본문 내 숫자(1, 2, 3…)로 표시하고 i쪽부터 후주로 모았습니다.

탈혼기

0. 나는 아무것도 아니다	⋯⋯ 0
1. 첫 번째 단서	⋯⋯ 8
2. 공주는 외로워도	⋯⋯ 20
3. 서로를 부르는 영혼	⋯⋯ 40
4. 알파걸의 베타 엔딩	⋯⋯ 70
5. 언니 없이, 언니처럼	⋯⋯ 104
6. 흔녀의 연애	⋯⋯ 136
7. 멀리 가고 싶어, 아주 멀리	⋯⋯ 168
8. 안개 너머의 목소리	⋯⋯ 208
9. 서울역의 여자들	⋯⋯ 258
∞. 후기 _ 탈혼으로	⋯⋯ 314
참고 문헌	⋯⋯ i

0 나는 아무것도 아니다

0. 나는
아무것도
아니다

          1990년 8월 15일 서울의 한 종합병원 산부인과, 이야기는 여기서 시작한다. 내가 기억할 리 없으나 여러 번 들어서 눈꺼풀 안쪽에 선명히 새겨진 장면에서.

엄마는 어제 분만실에 들어갔다. 하루를 넘긴 기다림은 계속 길어지고 이젠 거의 저녁 먹을 시간이다. 스마트폰도 없던 그때, 외할머니와 아빠는 불편한 대기실 의자에 앉아 그저 한가지를 궁금해한다. 딸일까, 아들일까. 분만실 문이 열리면 대기실의 모든 사람이 일순간 굳는다. 아마 같은 걸 궁금해하면서.

아, 이번에도 아니다. 간호사는 번번이 다른 곳으로 향한다. 엄마보다 늦게 들어간 산모의 가족들이 우리보다 먼저 소식을 듣는다. 소식은 0 아니면 1. 희 아니면 비. 당첨 아니면 '다음 기회에'라는 이름의 꽝이다. 2분의 1 확률의 제비를 뽑은 누군가는 환호성을 지르고 나머지는 쓸쓸함을 애써 삼킨다.

중간은 없다. 다만 더 절박한 사람은 있다. 이미 제비를 여러 번 뽑아서 실패할 여유가 없는 여자들. 예컨대 이미 딸 둘을 낳고 세 번째로 임신한 영남 이모는 비슷한 시기에 첫 아이를 가진 엄마보다 벼랑에 가까웠다. 영남 이모 남편은 죽어도 '딸딸딸' 아빠는 되기 싫다고 했으니 이번만큼은 아들이어야 했다.

영남 이모는 고등학교 시절부터 단짝인 엄마 손을 끌고 매달 다른 산부인과를 찾는다. 한 번은 천호동, 다음번은 장안동, 다시 또 명일역 근처. **혜서야, 이번 거기는 진짜 알려준대.** 내가 태어나기 3년 전인 1987년부터 의사는 법적으로 산모에게 배 속 아이의 성별을 알려주지 못하게 됐지만,[1] 여전히 어떤 산부인과에서는 웃돈을 받고 알려주거나 지나가는 말로 암시해 주었다. 아니, 적어도 간절한 산모 사이에는 그렇다는 소문이 돌았다. 영남 이모는 조심스럽게 의사를 떠본다.

선생님, 누나가 둘인데 누나 옷을 물려받을 수 있을까요.
그…. 60% 정도는 아들입니다.

그런 힌트로는 안심할 수 없었다. 이 세상에 60% 남자고 40% 여자인 사람은 없으니까. 영남 이모는 100% 아들이 필요했으니까. 걱정 때문에 밥도 넘어가지 않고 잠도 오지 않는다. 그래도 그 확률은 또, 아예 없던 것으로 해 버리기에는 성공 쪽으로 기울어 있어서 이모는 이러지도 저러지도 못하고 막달을 맞는다.

투 볼에 원 스트라이크입니다. 안심하고 낳으세요.

의사는 출산 15분 전에야 조금 더 분명히 암시해 준다. 걱정하지 말라고, 위의 딸 둘은 무의미하게 스쳐 간 볼이었다면, 이번에야말로 공은 배트에 맞고 시원하게 뻗어나갈 거라고. 나보다 두 달 먼저 태어난 영남 이모 아들은 마음고생을 반영하듯 겨우 2kg 남짓이었다.

반면 분만대에 누운 엄마는 딸일까 아들일까 걱정하지 않는다. 열이 나고, 아프고, 그저 물 한 잔을 마시고 싶다. 두 시간에 한 번 해열제를 줄 때만 겨우 입을 적실 수 있다. 엄마는 왜 걱정이 안 됐어? 역사적 배경을 아는 나는 의아하다. 당연히 아들이겠거니 생각했어. 네 친할머니가 흰 호랑이 태몽을 꾸시고는 아들이라고 철석같이 믿었고. 또 나는 실수를 잘 안 하니까.

실수한 답을 지우개로 지우고 다시 쓰듯, 아이도 지울 수 있었다. 딸은 안 쓰느니만 못한 답이었다. 1990년은 60년마다 돌아오는 백마의 해였고, 백말띠 여자아이는 기가 세다는 근거 없는 이야기가 떠돌았다. 그 이전에는 1986년생 범띠 여자아이와 1988년생 용띠 여자아이가 같은 헛소문에 휩싸였다. 그런 조잡한 미신을 정말 믿었을까. 어떻게든 죄책감을 지울 이유를 만들고 싶었던 건 아닐까.

산아제한 정책의 끝물과 성감별 기술의 발달이 겹친 그해, 여아가 100명 태어날 때 남아는 116.5명 태어났다.[2] 대한민국 역사상 최악의 성비였다. 같은 해 대구광역시에서 태어난 셋째 아이로만 좁혀 보면 여아 100명당 남아 394.3명이라는 더욱 믿기 힘든 숫자가 나온다.[3] 코가 있다면, 공기에서 소리 없는 피 냄새를 맡을 수 있었을 것이다.

드디어 쑥 빠지는 느낌이 난다. 긴 산통이 끝났다. 목에 탯줄을 감고서 첫 숨을 트는 신생아, 나다. 물론 나라는 자의식은 없다. 내가 여자인지 남자인지, 여자가 무엇인지, 여자로서 어떻게 살아가게 될지, 그런 것은 모른다. 내가 비천한지 존귀한지도 알지 못한다. 사실상 아직 아무것도 아니다. 팔다리를 움직이고 울음을 터트릴 뿐. 나를 여자로 만들 것은 이후 30여 년간 펼쳐질 생이지만, 운명은 그 순간 지울 수 없이 이미 결정되어 있다.

박혜서 산모님, 건강하게 따님 순산하셨어요.

간호사에게 안긴 나를 확인하는 짧은 순간 엄마도 내 운명을, 그리고 엄마의 운명을 알게 된다. 이 짓을 적어도 한 번 더 반복해야 할 것이다. **다음번엔 아들 낳아 드릴게요.** 실망한 눈빛의 시어머니 귀순에게 엄마 특유의 호방함으로 약속할 것이고, 실제로 다음 해 11월에는 떡하니 나의 연년생 남동생을 안아 보게 될 것이다. 꼭 해야 하는 숙제를 마친 기분으로, 엄마는 너무 기뻐서 출산 직후에도 잠을 이루지 못할 것이다. 그러나 이번에는 아니다, 이번에는.

내가 신생아실로, 엄마가 병실로 옮겨지는 동안 간호사는 소식을 듣고 대기실로 나간다. 외할머니와 아빠는 가까워지는 간호사를 보며 우리 차례임을 예감한다. 간호사의 입이 벌어진다. 기다림은 끝났고 결과가 나왔다. 이제는 쓰디쓴 패배를 무마해야 할 시점이다.

진 서방, 미안하네. 외할머니는 사과한다. 첫째 아들을 낳고 내리 세 번 딸이라고 출산 후 사흘간 남편 얼굴 구경도 못 했던 할머니는 여자로 산다는 게 뭔지 너무나 잘 안다. 할머니 입에서 미안하다는 말이 튀어나오는 것도 이상하지 않다. 아빠는 무엇이 미안한지 묻지 않고, 괜찮다고 말한다. 그러고는 피곤과 낙심을 털어 내기 위해 흑맥주를 마시러 간다.

외할머니는 이제 식구들 밥을 해 주러 돌아가야 한다. 그 전에 신생아실에 들러 첫딸이 낳은 첫딸을 본다. 생물의 핵심 유전 정보를 담은 미토콘드리아 유전자는 모계로만 전달된다.[4] 그러니까 딸에게서 딸로만. 새빨갛게 부어서, 아직 사람 꼴도 못 갖춘 내가 할머니의 적장손인 셈이다. 그러나 할머니는 그런 계보를 인지하지 못한다. 유옥상의 딸은 생뚱맞게 박혜서라고 불리고, 박혜서의 딸은 진인휘라는 이름으로, 그러니까 사위의 성으로 살게 될 것이므로.

유옥상은 2주간 딸네 집에 머물면서 갓 태어난 딸의 딸을 씻겨주고, 기저귀를 빨아 줄 것이다. 지척에서, 혹은 한 집에서 살면서 자라나는 동안 사랑을 쏟아부을 것이다. 고사리손으로 쑥을 뜯어 오면 쑥떡을 만들어 주고, 여름마다 몸에 좋은 재료로 삼계탕을 끓여 줄 것이다.

그래 봤자 외할머니. 옥편이 말하는 대로 외^{外}가 바깥, 표면, 타인이라는 뜻이고, 친^{親}이 친하고, 가깝고, 사랑한다는 뜻이라면, 유옥상은 항상 나의 친할머니였는데도. 아무도 그 사랑과 돌봄의 계보를 적지 않는다.

모든 계보에서 쫓겨난 외부인 취급이, 저주가 아니라면 뭘까. 9개월 동안 작은 세포를 하나의 인간으로 키워내는 기적을 펼치고도 미안해야 할 신세가 족쇄가 아니라면 뭘까. 한 끗 차이로 지워지지 않고 태어난 오답인 내가, 할머니나 엄마와는 다른 삶을 살 수 있다고 믿을 이유는 뭘까.

그러나 나는 막 태어났고 이야기는 이제 시작이다. 너무 어두워 어둡다는 감각조차 없는 곳에서 출발하지만 걷다 보면 생각지 못한 별세계에 도착할 수도 있을 것이다. 가진 거라고는 내 딸은 나와 다르게 살기를 바라는 온 어머니들의 가호뿐, 입으로 전해 내려오는 설화 속 주인공처럼 나는 빈털터리로 발을 내디딘다.

1 첫 번째 단서

1. 첫 번째 단서

　　　　　　　　내 앞에는 어릴 적 사진이 무더기로 쌓여 있다. 노랗게 바랜 사진첩을 무릎 위에 올려놓고 한 장씩 넘기고 있다는 말은 아니다. 2020년 초 코로나 사태가 번지자 집에만 있기 좀이 쑤셨던 엄마는 사진 스캔하는 법을 배워서 온 가족의 사진 수천 장을 전부 디지털화하는 작업에 착수했다. 그 일이 다 끝나자 내친김에 그 모든 사진을 인터넷만 연결되면 어떤 기기에서도 접근할 수 있도록 클라우드에 업로드하기까지 했다. 그래서 내 사진은 이제 0과 1로 이루어진 불멸의 형태면서도, 삶의 당연한 가정 몇 가지가 무너진다면 절대 되찾지 못할 형태로 존재한다.

　나는 사진첩이 아니라 모니터 화면을 보고, 페이지를 손으로 넘기는 대신 키보드의 화살표를 누른다. 순서가 제멋대로다. 앨범에도 다소 무질서하게 꽂혀 있던 것을 엄마가 손에 잡히는 대로 스캔했기 때문이다. 나는 카시트에 폭 잠길 만큼 작았다가 교복을 입을 만큼 커지기도 한다. 강보 위에서 몸을 겨우 가눌 때는 아무 자아도 없이 까만 구슬 같은 눈으로 이쪽을 비추지만, 다음 장에서는 앙다문 입술에서 고집과 수줍음이 동시에 보인다. 아주 짧게 외동이었던 시기에는 관심을 독차지하고 있지만, 사진 대부분은 아이들로 바글바글해서 내가 어디 있는지 찾아야만 한다. 난 동생이 셋이고 친척 애들과도 한 동네에서 부대끼며 자랐으니까.

아련한 느낌에 빠지거나 추억에 잠길 시간은 없다. 나는 단서를 찾고 있다. 내가 왜 이렇게 되었는지, 여기 어딘가에 답이 있을 것만 같다. 내 결혼 생활은 아주 짧게는 몇 문장으로 요약할 수 있다. 의연하게 털어놓으면 언니, 너무 잘했어, 아주 못된 놈이네, 이제 해방이네, 이런 맞장구로 깔끔하게 매듭지어지기도 한다. 그러나 그것만으로는 찜찜하고, 무언가 부족하다. 납득 가지 않는다. 어떨 때는 상대도 튀어나오려는 한 가지 질문을 꾹 눌러 참고 있는 것만 같다. 그런데, 왜 그렇게 살았어? 그 질문이 고여 있는 눈빛을 마주할 때마다 난 속으로 읊조린다. 그러게.

나부터도 알고 싶다. 나는 왜 결혼했고, 왜 참고 살았으며, 또 어떻게 털고 나올 수 있었을까? 내가 멍청해서, 혹은 걔가 악랄해서? 그것도 아니면, 나를 가시처럼 찔렀던 누군가의 말대로 유전자부터 어딘가 달랐던 걸까? 아니라고 생각하지만 확실하지는 않다. 내가 모르면 누가 알겠냐만 이제는 몇 달 전의 나조차 흐릿하고 멀게 느껴진다. 답을 알고 싶다면 다시 그때의 내가 되어 길고 입체적인 이야기를 풀어내야 한다. 나는 고고학자 같은 태도로 남아 있는 객관적 증거와 기록을 파고들어 갈 생각이다.

획획 넘겨 보다가 전에는 주목하지 않았던 사진에서 멈춘다. 1996년 10월경, 내가 초등학교에 입학하기 전 해의 유치원 생일잔치다. 책상을 길게 붙여 만든 잔칫상 위에는 파란색 초코파이 상자와 빨간색 엄마손파이 상자, 막대사탕 다발, 노랗게 잘 익은 바나나 예닐곱 송이, 서른 줄이 넘는 김밥, 가지런히 쌓은 쑥떡, 그리고 알록달록한 제과점 케이크 두 판을 올렸다. 사진 속 사람들에게 하나씩 돌리고도 남을 만큼 많은 요구르트병이 병정처럼 제일 앞줄에서 간식들을 지키고 서 있다. 그런 음식들이 생일상에 올라갈 만큼 특별하던 시절이다.

생일 맞은 아이들 이름을 하트 모양으로 자른 색종이에 써서 책상 앞쪽에 붙여 놓았다. 내 생일은 8월이고 연년생 남동생 생일은 11월인데 둘 다 이름이 있는 걸 보면 여러 달 생일을 모아서 축하하는 자리 같다.

나는 딱 봐도 튄다. 단체 사진 뒷줄에 있는 엄마들이나 앞줄에 있는 아이들이나 전부 한복을 입었는데, 흰 공단 드레스를 입은 건 내가 유일하다. 크기만 작을 뿐 웨딩드레스와 흡사해 보인다면 당신의 눈썰미는 정확하다. 막내 이모가 결혼식 드레스 고를 때

따라가서 산 옷이니까. 사진을 이렇게 뜯어보기 전까지 완전히 잊고 있었다. 발레복처럼 치마가 풍성한 이 옷을 내가 얼마나 좋아했는지. 나는 화동으로 선 막내 이모 결혼식에서 먼저, 다음에는 막내 삼촌 결혼식에, 다시 친할머니 귀순의 칠순에도 이 옷을 입었다. 그 외에도 핑계만 있으면 드레스를 입겠다고 고집하다 못해 한복을 입고 오라는 유치원 생일잔치에마저 드레스 차림으로 나타난 것이다.

그런데 이상하다. 바로 전 사진, 마로니에 공원에서 유치원 친구들과 뻥튀기를 먹고 있는 나는, 남동생에게 물려줘도 문제없는 편한 옷을 입었다. 더벅머리인 남동생과 달리 긴 머리칼을 뒤로 당겨 구슬 머리끈으로 꽉 묶었지만 그뿐이다. 그 정도는 노는 데 그리 방해되지 않는다. 이 사진 아래에는 작고 붉은 글씨로 94.11.25.라고 박혀 있으니 내가 드레스를 처음 입은 1995년 11월 25일 막내 이모 결혼식으로부터 딱 1년 전이다.

사진관에서 찍은 돌 사진으로 거슬러 올라가면 아예 붉은색 곤룡포를 입고 흰 인조 모피 위에 앉아 있다. 공주 한복을 입혀 봤는데 너무 안 어울리는 거야. 어쩔 수 없었지. 엄마는 그렇게 설명한다. 보통 남자아이에게 입히는 옷이라지만 한 살배기는 뭐가 남자 옷인지 모르고서 손가락을 꼬물거린다. 그로부터 고작 6년을 채 못 산 나다. **찰칵, 찰칵, 찰칵.** 셔터가 세 번 눌리는 짧은 사이에 대체 무슨 변화가 일어났단 말인가? 나는 어느 틈에 드레스를 좋아하는 여자아이가 되어 버린 걸까?

카메라 셔터가 눌리는, 혹은 눌리지 않는 매 순간, 아이의 눈도 깜빡인다는 사실을 잊어서는 안 된다. 같은 생일잔치에서 나를 좀 더 가까이서 찍은 사진에 힌트가 있다. 짙푸른 한복 치마저고리를 입은 엄마에게 사탕 목걸이를 걸어 주는 나는 흰 드레스 위에 휘황찬란한 장신구를 두르고 있다. 몇 캐럿인지 가늠도 안 되는 하트 모양 다이아몬드를 섬세하게 감싼 왕관을 쓰고, 어린 귓바퀴보다 겨우 조금 작은 물방울 보석을 귀에 달고, 천사의 날개처럼 펼쳐져 가슴팍을 가리는 목걸이를 걸고, 야무지게 쥔 손가락에는 반짝이는 루비 반지를 꼈다.

당연히 모두 가짜다, 금은방에 팔 수 있냐는 의미라면. 그러나 플라스틱과 큐빅이 반사하는 빛이 여섯 살 아이의 마음에 비추는 황홀함만은 진짜다. 마법이라도 부려서 무력하고 작은 여자아이가 아닌 다른 무언가가 되고 싶다는 간절함만은 진짜다.

자세히 보니 엄마는 생일파티에 드레스를 입도록 놔뒀을 뿐 아니라, 치렁치렁한 장신구를 전부 걸치게 허락했을 뿐 아니라, 내 소원대로 머리카락에까지 마법을 부려주었다. 양쪽으로 찐빵처럼 동그랗게 똘똘 말아서 조심스럽게 한 가닥을 뺐다. 나는 바로 〈세일러문〉을 흉내 내고 싶었던 것이다.

남들보다는 조금 일렀다. 일본 애니메이션 〈달의 요정 세일러문〉이 TV에서 방영되어 선풍적인 인기를 끈 건 다음 해인 1997년이지만, 나는 1994년 나온 비디오판으로 일찍 접했던 듯하다. 전쟁 영화광인 아빠가 비디오 가게를 들른 김에 날 위해 골라 주었을 수도, 내 고사리손으로 직접 〈세일러문〉 비디오를 선택했을 수도 있다. 어찌 됐건 당시에 여아용으로 분류된 만화는 거의 **마법소녀물**이었고, 이르건 늦건 내게는 비슷한 영향을 끼쳤을 것이다.

당신도 한 번쯤은 **마법소녀**가 되고 싶다고 생각했을까. 나처럼 마법소녀물의 황금기였던 1990년대에 유년기를 보냈다면 〈세일러문〉, 〈뾰로롱 꼬마마녀〉, 〈천사소녀 네티〉, 〈웨딩피치〉를 봤겠지만, 그 이전에도 마법소녀는 존재했고 그 이후에도 마법소녀의 명맥은 끊길 듯 끊어지지 않는다.

남동생과 싸워 가며 차지한 TV에서 봤던 만화들은 지금 와서는 기억이 흐릿하다. 복잡한 이야기 구조와 다양한 인물은 뭉개져서 거의 하나의 이야기처럼 기억된다. 브로치일 수도, 팔찌일 수도, 목걸이일 수도, 시계일 수도 있다. 아무튼 장신구는 필수다. 먼지에 파묻혀 있던 장신구에 마법이 깃들고 나처럼 평범한 여자아이가 마법소녀가 된다. 넋을 빼놓는 색의 소용돌이 속에서 립스틱을 바르고 짧은 치마로 갈아입으면 아무도 내가 아이라는 사실을 알아보지 못한다. 나는 이제 누구보다 아름답고, 그건 누구보다 막강하다는 뜻이기도 하다. 짜릿한 전능감이 손끝과 발끝까지 번진다.

마법소녀는 마법을 쓰긴 해도 몇백 년 전 서구에서 마녀로 몰렸던 여자들과는 완전히 달라 보인다. 온 마을에서 지탄받다 화형대에 오르는 게 아니라 악을 물리치고 세상을 구한다. 그러니 내가, 당신이 마법소녀가 되고 싶었다 해도 이상하지 않다.

우리가 보고 자란 마법소녀물은 〈백설 공주와 일곱 난쟁이〉, 〈신데렐라〉, 〈잠자는 숲속의 공주〉 같은 전 세대 디즈니 애니메이션과도 다르다. 일단 왕자가 나오지 않는다. 착한 마음씨와 집안일 실력을 갖춘 후 완벽한 왕자님이 구출해 주기를 가만히 기다리지 않아도 된다. **소녀에겐 왕자님이 필요 없어요.** Girls do not need a prince. 훗날 남자들을 펄쩍 뛰게 만든 티셔츠 문구[5]는 마법소녀물의 주제라고 해도 과언이 아니다.

물론 마법소녀물에도 남자가 나오기는 한다. 그저 왕자가 아닐 뿐. 그 남자들은 전 세대의 왕자보다, 아니 나보다 어디 하나 나은 게 없다. 때로는 짜증 나고 때로는 딱하다. 높은 신분도 아니고 압도적인 무력을 행사하지도 않는다. 볼 때마다 나에게 시비를 걸고 괴롭히는 남자 선배는 번번이 악의 세력에 납치돼서 나의 구출을 기다리기까지 한다.

그래도 마법소녀는 그 부족한 남자를 사랑한다. 이야기가 전개되는 내내 티격태격하던 남자라도 마지막 화에 와서는 서로 사랑을 확인하고 결혼식까지 올리기 마련이다. 남자와 나 사이에는 고결한 감정, 계산이 끼어들 필요가 없는 무언가, 바로 **진정한 사랑**이 흐른다.

그런데 조금 이상하다. 마법소녀가 목숨 걸고 세상을 구한 보상이 남자라면, 남자는 적어도 멋있고 강하기라도 해야 하는 게 아닐까? 기왕 남자를 사랑할 거라면 좀 괜찮은 남자를 사랑했어야 하지 않을까? 마법소녀는 그렇다 치고 TV 앞에 앉은 우리는 왜 하향 평준화된 남자 주인공을 순순히 받아들인 걸까?

물론 남자의 역할이 축소되어야 마법소녀가 활개 칠 무대가 열리기는 한다. 가만히 답답하게 구출을 기다리는 여자 주인공보다는 적진으로 쳐들어가 남자를 구출해 내는 여자 쪽이 매력적이다. 그러나 그건 절반만 정답이다.

다른 반쪽은 이렇다. 왕자가 덜 멋있어지는 대신 나도 공주가 될 필요가 없다. 예쁘지도 똑똑하지도 얌전하지도 않아도 주인공이 될 수 있다. 실제로 마법소녀들은 설정상으로나마 여러 약점을 지닌다. 못생겼다고 놀림 받고, 울보거나 먹보고, 덜렁거린다. 진정한 사랑이 진정한 이유는 그런 부족한 나라도 구원받을 수 있기 때문이다. 내가 계산 없이 남자를 사랑하는 만큼 남자도 있는 그대로 나를 받아들여 준다는 것, 어렸던 우리는 그게 더 나은 거래라고 느꼈는지도 모른다.

옆집 여자가 마녀로 몰려 죽었다는 무서운 이야기에서, 얌전히 집안일을 잘하면 왕자와 결혼해 신분이 상승할지 모른다는 꿈같은 이야기에서, 이런 부족한 나라도 어떤 남자에게는 사랑받을 수 있다는 마법소녀 이야기는 많이 나아가긴 한 걸까? 우리 세대는 100년 전보다 나은 이야기를 듣고 자랐다고 해야 할까?

글쎄, 부족하다는 건 말이 그렇다는 거지 주인공의 얼굴은 다른 어떤 인물보다도 공이 들어가 빛나고, 가끔은 똑똑한 수를 써서 멍청하지 않다는 걸 증명하고, 중요한 순간에는 차분해진다. 진짜 예쁘지도 똑똑하지도 얌전하지도 않은 여자는 악역뿐이라는 건 아이라도 안다. 그리고 그 악역은 마녀로 몰려 억울하게 타죽은 몇백 년 전의 여자들을 연상시킨다. 과연 무엇이 얼마나 달라졌는가? 현란한 변신 장면에서 보듯 눈속임 기술만이 발전한 것처럼 보인다.

사랑의 멋짐을 모르는 당신은 불쌍해요! 〈웨딩피치〉 최종 화에서 주인공 피치는 악의 여왕 앞에서 이렇게 외치며 사랑하는 남자친구를 껴안고 키스한다. 그리고 그 진정한 사랑이 죽음 직전까지 갔던 피치를 살리고 악을 정화한다. 남자와의 사랑은 한순간에 판도를 뒤바꾸는 궁극적인 힘이다.

아이의 까만 눈동자에 이 장면이, 아니면 이와 비슷한 장면이 수백 번 반복되어 상영되는 모습을 떠올려 보라. 립스틱을 바르거나, 팬티가 보일 만큼 짧은 치마를 입거나, 심지어 웨딩드레스로 갈아입자마자 강해져서, 누구라도 무찌를 수 있게 된다는 노골적인 메시지는 또 어떤가. 같은 장면을 오래 틀어 놓은 디스플레이에 영원한 잔상이 남듯 아이의 내면에는 무언가가 새겨질 것이다.

내 연애는, 결혼 생활은, 내 기대와 착각과 실패는 괴로울 만큼 마법소녀물을 닮았다. 정확히는 마법소녀가 세계를 구하고, 키스로 사랑을 확인하고, 지금까지 시청해 주셔서 감사하다는 메시지가 올라간 후 일어날 일을 닮았다. **진정한 사랑**은 나를 구원해 주는 듯 보였지만 결국엔 나를 끝도 없이 무력하게 하는 허망한 사기 계약으로 드러났다.

유치원 생일잔치에서 앞날을 모르고 웃는 나를 보면서 손톱 끝을 잘근잘근 씹는다. 마음 같아서는 모니터 너머 사진 안으로 들어가 첫 단추를 다시 끼우고 싶다. 어쩌면, 또 모른다. 자꾸 다르게 살 수도 있었다는 기분이 든다.

흰 공단 드레스를 입고 큐빅 장신구를 걸친 그 순간 웨딩드레스를 입고 결혼식장에 들어설 미래가 정해져 있었다고 단정 짓고 싶다. 애니메이션 제작자를 탓하고, 완구 제작자를 탓하고, 비디오를 빌려 준 아빠를 탓하고 싶다. 그러나 알고 있다. 내 삶을 이렇게 만든 건 애니메이션 몇 편만이 아니다. 첫 단추를 다르게 끼운들 마지막 단추가 달라진다는 보장은 없다.

나는 이 사진에 **단서 1**이라는 이름을 붙인 후 **탈혼기** 폴더에 넣는다. 이런 단서를 수십 개는 더 찾아야 한다. 수십 개 단서 뒤에는 나에게 영향을 미친 수백 수천 가지 요인이 버티고 있을 것이고, 수천 가지 요인에 작용하는 하나의 중력이 있을 것이다.

왜 그렇게 살았냐는 질문에 대답하기 어려운 건 그래서인지 모른다. 사람의 내면과 인생은 동전을 넣으면 음료수가 나오는 자판기가 아니다. 갓 여섯 살을 넘겼는데도 벌써 본 것, 들은 것, 배운 것, 겪은 것이 텅 빈 내면으로 마구 쏟아져 들어와 뒤섞이고 있다. 내가 가진 본바탕과 내가 처한 독특한 환경, 수많은 우연이 화학 반응하며 누구와도 다른 나의 이야기를 빚어내게 될 것이다. 삼십 년이 넘게 흐른 지금 무엇이 무엇과 어떻게 반응했는지, 또 왜 그랬는지를 정확히 가르는 것은 불가능하다. 나는 왜 내가 되었는지, 혹은 왜 당신이 그렇게 되었는지 한 문장으로 말해 줄 수 없다.

다만 나는 추측하고 가정할 뿐이다. 당신과 나에게 같은 중력이 작용했을 것이라고. 나보다 어떤 면에서는 상대적으로 자유롭고 또 어떤 면에서는 옴짝달싹할 수 없었을 당신이, 결국에는 나와 비슷한 꼴이 되도록 잡아당기는 어떤 힘이 있었을 거라고. 그 힘이 드러난 방식과 과정은 서로 좀 다를지라도, 바로 여기가 분기점이 되어 우리의 경험이 분리되더라도, 내가 당신에게 공감하는 것처럼 끝내는 당신이 나에게 공감할 수 있을 거라고.

나는 그저 내 이야기를 할 것이다. 평균적이지도 않고 그렇다고 극단의 피해 사례도 아닌 내 삶으로써밖에는, 내가 그 중력을 밝혀낼 방법이 없다.

2 공주는 외로워도

2. 공주는
외로워도

　　　　　공주 드레스의 시대는 끝났다. 나는 길던 머리를 귀밑까지 바싹 자르고 드레스는커녕 치마조차 잘 입지 않는다. 여기 이 사진, 드레스를 입은 어릴 때 사진은 이게 마지막이다. 드레스를 대하는 내 태도는 완전히 바뀌어 있다.

　엄마는 아들 둘을 연거푸 낳은 다음 내가 연 따옴표를 닫듯이 막내딸을 세상에 막 내놓은 참이다. 2000년 1월, 막내 백일 사진을 찍으러 사진관에 간 김에 온 가족이 카메라 앞에 섰다. 나는 사진관에서 빌린 연분홍색 드레스를 입고 연분홍색 머리띠를 한 채 어색하게 입꼬리만 올려 웃는다. 드레스는 우스꽝스러울 만큼 잔뜩 주름이 잡혀 있고, 사탕 봉지처럼 조잡하게 번들거린다. 반면 내가 어깨에 손을 얹은 한 살 차이 첫째 남동생은 번듯한 흰색

턱시도에 검은 나비넥타이를 입고서 나무 의자에 앉았다. 같은 사진관에서 빌린 옷이다. 나는 차라리 턱시도를 입고 싶다는 생각까지는 못 하지만, 내 옷이 훨씬 창피하다고 느낀다. 벌레가 온몸을 기어오르는 것 같던 그때의 심리적 알레르기 반응이 생생하게 되살아난다.

나는 어느새 핑크와 프릴, 레이스와 드레스가 나와는 어울리지 않는다고 생각하고 있다. 물론 마법소녀물의 영향이 지워지지는 않았으니까, 단순히 싫어진 게 아니라 훨씬 복잡한 양가감정이다. 다른 여자애한테는 맞춤옷처럼 어울릴 것이다. 예쁘고 귀엽고 밝은, 그러니까 나는 평생 될 수 없는, 다른 여자애라면.

그 아이는 어딜 가나 어른들의 사랑을 독차지하고 자연스럽게 친구들의 호의를 산다. 나는 그 아이를 내심 질투하는 동시에, 무시하기도 한다. 그 아이가 되기를 간절히 바라는 동시에, 되고 싶지 않다. 나는 그 아이가 아니라는 감각, 아무리 드레스를 입어본들 흉내일 뿐이고 비웃음을 사리라는 이상한 예감은 어디서 온 걸까?

어쩌면 이 영상에 답이 있을 것이다. 거울 속에 보이는 아름다운 내 모습 나조차 눈을 뗄 수 없어. 최근에 세상을 떠난 중년 여배우는 유튜브 영상 속에서 젊은 얼굴로 해사하게 웃으며 노래를 부른다. 검은 드레스는 바닥에 끌릴 만큼 밑단이 풍성하면서도 허리는 잘록하고 어깨를 살짝 내비친다. 익숙한 공주 드레스의 실루엣이다. 아마도 큐빅 소품일 왕관과 귀걸이가 무대 조명에 희게 부서진다.

때로는 날 보는 여자들의 질투 어린 시선이 여리고 순수한 내 마음을 아프게도 하지만 누가 누가 알아줄까, 오 혼자라는 외로움을. 그는 여자들의 질투를 노래하지만, 아이러니하게도 중고등학생쯤으로 들리는 관객석의 여자들은 목청 좋게 그를 응원한다. 그와 함께 춤추는 댄서 여섯 명조차 모두 여자고, 그들은 거울을 하나씩 들고 춤춘다. 김자옥이 부른 이 노래의 제목은 〈공주는 외로워〉이고 내가 보고 있는 영상은 1997년 1월 4일 MBC 인기가요 무대[6]다.

음악 방송을 챙겨보는 아이는 아니었던 나는 이 무대를 처음 본다. 1997년 2월 말까지 김자옥이 출연해 인기를 끌었고, 노래의 모태가 된 MBC 코미디 프로그램 꼭지 〈세상의 모든 딸들〉도 본 적이 없다. 그 꼭지는 검색해도 짧은 영상조차 나오지 않아서 아예 확인할 길이 끊겼다. 디지털화된 1997년 2월 13일 자 한국경제신문 기사[7]에 다행히 흔적이 남아 있다. 이 기사는 얼핏 페미니즘 책 제목 같기도 한 〈세상의 모든 딸들〉을 공주병 신드롬을 퍼트린 본거지라고 소개한다. 김자옥은 자신의 외모에 심취한 고등학생으로 등장하는데, 친구들이 매몰차게 대하자 일반 백성의 신분으로 공주와 어울린다는 게 얼마나 힘들겠느냐고 답한단다. 아마도, 여기가 웃을 타이밍이다. 김자옥의 한층 심해진 병세가 가관이라고

기자는 배꼽을 잡는다.

〈공주는 외로워〉나 〈세상의 모든 딸들〉은 낯설지 모른다. 그래도 **공주병**이라는 단어의 자기장에서 벗어나 살아온 여자는 많지 않을 것이다. 초등학교 첫 등교를 앞둔 나는 준비물을 사러 문방구에 간다. 고등학교 교복 차림에 양 갈래로 머리를 딴 김자옥이 책받침과 공책과 볼펜을 광고한다. 당시 김자옥은 40대다. 일곱 살 아이로선 까마득한 어른이 그러고 있는 것이 어색하다. 게다가 공주 이야기를 좋아했던 어린 취향에 찬물이 들이부어지는 기분이다. 희미하게 모욕적이다. 하지만 세상은 깔깔거리고 나는 따라 웃는 법을 배워야만 한다.

너 공주병이야? 또래 친구가 비웃을 준비를 마치고 설마 그럴 리가 없다는 듯 묻는다. 이 질문이야말로 목에 겨눈 칼처럼 근원적인 위협이다. 같이 웃지 않으면 무리에서 튕겨 나가므로, 나는 서둘러 부정한다. 아니야, 나 아니야. 나는 공주가 아니고, 공주병은 더 아니다.

공주병이라는 말에 웃었던 첫 순간은 정확하게 기억나지 않는다. 한두 번이 아니었을 테다. 웃음이라는 게 그렇다. 한 번 억지로 웃고 나면 두 번째는 쉽고, 그 이후로는 당연해진다. 다들 웃으면 나도 웃게 마련이다. 그러나 우리는 정확히 무엇을 보며 웃었던 걸까.

어떤 웃음은 작은 글씨는 읽지도 않은 채 덜커덕 서명한 계약서 같다. 우리는 무슨 권리를 넘기고 있는지, 어떤 취급에 동의하고 있는지 알지도 못하면서 웃는다. 핀치에 몰린 채 살아가는 우리는 불편한 분위기를 감수할 여력이 없어서, 펜을 들고 이름을 적는다. 그리고 내 경험상 그 서명은 나중에 올가미로 돌아온다. 우린 점점 더 많은 권리를 넘기고 점점 더 모욕적인 취급을 당하게 된다.

이 굴레는 우리의 잘못이 아니지만, 다시 같은 실수를 하지 않으려면 지금이라도 계약서를 뜯어봐야 한다. 공주병은 한때의 유행어로 그치지 않고 국립국어원이 편찬하는 표준국어대사전에도 당당히 실려 있다.

공주-병[공주뼝]
젊은 여성이 마치 자기 자신이 공주처럼 예쁘고 고귀하다고 착각하는 일을 속되게 이르는 말.[8]

이 정의에서 시작해 보자. 마치 대신 감히를 넣어 읽어도 위화감이 없다. 실제 존재하는지 아닌지도 모를 어떤 젊은 여성을 향한 괘씸함과 분노, 조롱이 고스란히 느껴진다. 사람은 누구나 착각을 하지만, 여자를 마음대로 휘두를 수 있다며 자신만만해하는 젊은 남자나 자기가 하는 사업만은 잘될 거라고 믿는 중년 남자는 이런 가혹한 취급을 받지 않는다('왕자병'이나 '사업병'은 표준국어대사전에 등재되어 있지도 않다).

어쩐지 마음에 밟히는 건 **공주처럼 예쁘고**라는 구절이다. 물론 우리 머릿속 단어장에 등록된 대로라면 공주는 예쁘고, 예쁜 사람은 공주다. 하지만 공주는 핏줄로 결정되는 신분이 아니던가? 왕이 예뻐야 할 이유가 없듯 공주도 예쁘기만 할 리 없다. 여기에 뭔가 묻혀 있다는 직감이 든다. **정실 왕비가 낳은 임금의 딸**이라는 표준국어대사전의 첫 번째 정의[9] 바깥에 다른 뜻이 숨어 있는 게 분명하다.

나는 공주의 두 번째 정의에 눈길이 멈춘다. 우리가 보편적으로 쓰는 그대로는 아니지만, 그래도 조금은 더 솔직하다. **어린 여자아이를 귀엽게 이르는 말**. 사전은 이런 예문을 든다. 우리 공주, 생일 선물로 뭐 갖고 싶은지 엄마한테 말해 줄래? 아, 나는 그런 여자아이를 하나 알고 있다.

내가 거의 마지막으로 분홍색 드레스를 입었던 날, 여동생도 인형에 둘러싸여 백일 사진을 찍었다. 아직 머리카락도 나지 않은 작고 동그란 머리통에 눈이 벌써 또렷하다. 얼마나 사랑스럽게 자랄지 미래가 보이는 듯하다. 아니, 난 그 미래를 안다.

내친김에 여동생의 앨범도 넘겨 본다. 오밀조밀한 이목구비와 쾌활한 웃음이 그저 안아주고 싶을 만큼 귀엽다. 나와는 모든 면에서 다른 것 같다, 윤희는.

이름부터가 그렇다. 나는 인휘, 동생은 윤희. 비슷한 모음과 자음의 조합인데도 인휘는 귀에서 버석거리는 낯설고 과장된 이름이고, 윤희는 어디에 놓아도 자연스러운 인테리어 소품 같다. 나는 장녀고 윤희는 막내. 나는 항상 다 컸고, 윤희는 아무리 커도 아기다. 우리의 아홉 살 차이는 영원히 좁혀지지 않는다. 조숙한 내가 아이라는 안 맞는 옷에 갇혀 몸부림칠 때 윤희는 드라마 작가 상상 속의 아이처럼 밝고 천진하다. 무엇보다 윤희는 예쁘게 태어났다. 나는…. 아니다.

아이고, 우리 이쁜이! 내가 기억하는 한 아빠는 윤희를 이쁜이라고 부른다. 갓난아기 때부터 씩씩한 대학생이 된 지금까지도. 아빠 눈에 윤희는 항상 귀여운 막내딸이니까, 이쁜이라는 별명은 공주의 두 번째 정의에 가깝다.

아빠는 거실에 앉아 TV를 본다. 내가 현관문을 열고 들어온다. 우리 이쁜이 왔구나! 아빠는 윤희인 줄 알았다가 내 얼굴을 확인하고는 말한다. 아, 이쁜이 아니네. 그 말은 유리 파편처럼 보이지 않는 곳에 박힌다. 피는 바로 나지 않는다. 너무 작은 파편이라서, 따끔거리는 느낌만 나다가 살 안으로 스며들 뿐이다. 나는 아빠가 의도하지 않은 뉘앙스를 나만 잡아낸 양 똑똑한 웃음을 짓는다.

쿠키를 오븐에 구우면 첫 판은 못생기게 나오기 마련이야. 시행착오를 거친 두세 번째 판이 진짜라고, 아빠는 아주 재미있는 농담을 생각해 냈다는 듯 웃는다. 나는 뭘 몰라서 타 버리고 퍼져 버린 쿠키라면 윤희는 잡지 사진 같은 성공작이다. 내가 한창 홈베이킹에 재미를 붙였던 대학생 시절, 아빠는 내가 구운 쿠키를 먹을 때마다 같은 농담을 던진다. 내가 따지기라도 하면 그냥 농담이라고, 맛만 있으면 되는 것 아니냐고 답한다. 나도 결국은 웃어 버린다. 아빠가 아니라도 어차피 비슷한 얘기를 들으며 자라온 마당에 그렇게 상처가 되지도 않는다. 둘이 자매야? 하나도 안 닮았네. 어떤 사람은 안 닮은 이유까지 정교하게 분석하고 어떤 사람은 뒷말을 삼키지만 어느 쪽이 못난 쿠키인지는 누구나 안다. 그때쯤이면 나는 장난과 농담에 이미 굳은살이 배겨 있다.

윤희가 바로 그 아이다. 핑크와 프릴, 레이스와 드레스를 입어도 공주병이라는 비웃음을 사지 않을 아이. 윤희가 공주다. 태어난 지 100일이 갓 넘은 아기, 머리카락이 솜털에 불과할 때부터 공기 중에는 불길한 예감이 감돈다. 윤희가 공주라면 나는 뭘까? 공주 이야기에서 누가 공주 역할을 가져갔다면 남는 건 사악한 계모와 못된 이복언니, 악랄한 마녀 따위다.

윤희가 클수록 나는 못된 이복언니가 되는 걸 막을 수 없다. 이야기 속에서처럼 옷을 찢어 놓거나 뺨을 때리지는 않지만, 아직 아무것도 모르는 어린애를 은밀하고 열렬하게 미워한다. 윤희보다 두 살 많은 셋째를 보란 듯이 예뻐하면서. 사랑만 받아서 티 없이 매끈한 공주의 마음씨, 나는 아주 나중까지도 그런 것에 열등감을 느끼게 된다. 그런 사람을 보면 햇볕이 들지 않는 마음 한 구석이 더욱 눅눅해지는 기분에 미칠 것만 같다.

다행히 솟아날 구멍이 전혀 없지는 않다. 공주 이야기 속 이복언니 역할이 맘에 들지 않는다면 공주 이야기를 벗어나면 되는 것이다. 이야기에서 이야기로, 내가 주인공인 다른 이야기로 갈 수만 있다면. 그러나 어느 이야기가 나를 받아 줄 것인가.

아빠가 힌트를 준다. 내가 못생겼어? 초조함을 견디다 못해 집요하게 물으면 아빠는 아니라고 답한다. 우리 인휘는 이지적으로 생겼어. 그래서 못생겼다는 걸까, 아니라는 걸까. 찜찜한 대답이지만 아무튼 길이 하나가 아니라는 것만으로도 숨통이 트인다. 똑똑하다면, 예쁘지 않아도 된다. 쿠키가 못생겨도 맛만 있으면 되는 것처럼.

아빠는 그렇게까지 나쁜 아빠는 아니다. 한국에서 나쁜 아빠 축에 끼기란 쉽지 않으니 낮은 평균치를 참작한다면 꽤 좋은 아빠일 것이다. 박사학위를 따느라 과외로 간신히 생활비를 벌던 와중에도 가장 비싼 우유—인마, 너 그때 파스퇴르 우유가 얼마였는지 알아?—를 먹이자고 하고, 남동생보다 공부를 더 시키면 더 시켰지 절대 덜 시키지 않는다.

내가 초등학교도 입학하기 전부터 아빠는 나를 무릎에 앉혀 놓고 알파벳을 가르친다. 인휘야, 여자는 남자보다 두 배로 열심히 해야 해. 여자는 전문직이 되어야 해. 아빠는 밥 먹다가도 그 말을 하고, 학교에서 받아쓰기 만점을 받아 와도 그 말을 하고, 입버릇처럼 되뇐다.

여자로 태어났다는 이유만으로 열심히 해야 한다니 억울하긴 해도, 커 가면서는 한편으로 안심이 된다. 난 공주가 아니라 전문직이 되면 된다. 공주보다 더 실용적이고, 무엇보다 전문직은 그렇게 태어나야 하는 것이 아니라 노력으로 될 수 있다. 이제는 그런 시대다.

아빠가 뭘 봤길래 내게 그런 말을 했는지 궁금하다. 엄마를 보고 한 말일지 모른다. 뭘 하든 시원시원하게 잘하고, 언제나 통 크게 나를 받아 주고, 열 손가락 깨물어 안 아픈 손가락 없다는 말에 누구보다 진심인 엄마는 어떤 가혹한 기준으로 봐도 좋은 엄마다.

그리고 나는 엄마의 경력을 단절시키고 태어났다. 나사를 만드는 공장에서 경리로 인정받으며 돈도 꽤 벌었던 엄마는 나를 가지려고 1989년 퇴사했다. 그때 엄마는 이 이야기를 쓰는 지금의 나와 비슷한 나이였다. 그 후에도 삼계탕집에서건 덮밥집에서건, 친척 아이들을 돌봐서건 대리운전을 뛰어서건 엄마는 끊임없이 일했지만 그런 건 제대로 된 일 취급을 받지 못한다. 아무리 땀을 뻘뻘 흘려 봤자 부수입이다. 남자만큼만 열심히 공부해서는, 전문직이 아니라 그냥 직장인에 그쳐서는, 엄마처럼 결혼과 함께 일을 그만둬야 한다는 것, 아빠는 엄마를 염두에 뒀을까.

결혼하지 말고 날 낳지도 말고 계속 경리로 일하지 그랬어. 엄마를 위해 살지 그랬어. 엄마는 말 같지도 않은 소리 하지 말라며 몇 번 물리치다가 결국엔 이렇게 말한다. 결혼 안 했으면 계속 벌어다가 동생들 학교 보내고 오빠 먹여 살렸을 건데, 그게 뭐 날 위하는 거야? 나는 말문이 막힌다.

아니면 아빠는 대학원에 다니면서 본 여학우들이 생각났는지도 모른다. 아빠가 공부를 마친 1995년 박사학위 취득자 중 여자 비율은 18%밖에 되지 않고[10] 아빠가 전공한 토목공학은 더더욱 여자가 적었다. 그러나 없지는 않았다. 아빠와 같은 연도에 대학원에 들어갔던 여학우는 아빠가 졸업 5년 후 들렀을 때까지도 대학원에 남아 있었다. 지도교수가 물러나면 그 자리를 물려받을 수 있을지 모른다는 생각으로 악착같이 버티고 있던 것이다. 남자들 틈에서 결혼도 안 했지. 딸 하나여서 집에서 지원해 줬던 것 같아.

아빠는 그렇게 해서 교수가 됐는지는 잘 모른다고 한다. 아빠가 기억하는 이름에 교수를 붙여서 검색창에 쳐 본다. 나오지 않는다. 2018년까지도 4년제 국공립 대학 여성 교수 비율은 16.5%에 머물고 사립대도 4분의 1을 겨우 넘으니까,[11] 상상은 암울한 쪽으로 기울어진다. 그래도 여자도 교수를 꿈꿀 수 있다는 것, 이제 여자에게 명시적으로 문을 걸어 잠근 분야는 없다는 것, 그건 어린 내 앞에 놓인 가능성이었다.

그렇다고는 해도 아빠도 결국에는 다 봤을 텐데. 사회는 학교보다 여자에게 더 혹독하다. 아빠는 대학원 졸업장이 인쇄되기도 전에 내로라하는 건설사에 바로 과장으로 입사해 일한다. 열 명 중 아홉 명이 남자인 아빠의 첫 직장에서 여자는 거의 다 업무를 보조하는 비서다. 대학 전공과는 전혀 무관한 일을 하고 있다.

커피 둘, 프림 둘, 설탕 셋. 엔지니어로 입사한 몇 안 되는 여자 직원조차 손님이 오면 비서처럼 커피를 타야 한다. 여자는 입사해서 서른까지 일을 하다가 결혼하면 퇴사하는 게 관례고, 사내 커플이 결혼하면 여자 쪽이 그만두는 게 당연하다.

태국에서 시작된 외환 위기가 아시아 전역을 휩쓸며 한국에 소위 IMF 사태가 당도한 1997년, 사내에서는 숨 막히는 눈치 게임이 벌어진다. **저쪽 신 대리는 결혼해서 애도 있고, 와이프도 있잖아. 미스 김이 도와주는 의미로 양보하지 그래?** 역시나 가장 쉽게 밀려나는 건 여자다.

와이프도 있고 애도 넷인 아빠는 꽤 오래 버티지만, 아빠가 다니던 굴지의 건설사는 결국 고꾸라지고 아빠는 전문성을 살려 해외 건설 현장으로 떠난다. 그곳에 여자는 없다. 커피 타던 비서들은 전문성이 없어서, 직접 타 마시는 커피믹스로 대체되었다고 치자.[12] 칼바람을 맞았던 여자 엔지니어들은 어디로 갔을까. 아빠처럼 잘 배운 여자들은? 그 정도의 전문성으로는 역시 부족했던 걸까.

아빠는 뭘 봤는지는 말해 주지 않고서 고작 초등학생인 딸에게 강조하고 또 강조할 뿐이다. 여자니까 전문직이 되어야 해. 라이선스가 있으면 더 좋고. 의사 같은 거 말이다. 아빠는 책을 읽는 나를 볼 때마다 흐뭇해한다. 그게 전문직이 되는 미래와 어떻게 연결되어 있기라도 한 것처럼. 나는 아빠가 칭찬해 주는 게 좋아서 더 열심히 읽는다. 나는 책을 읽어서 내가 윤희와는 다른 아이임을, 윤희처럼 예쁘지는 않아도 가치 있는 아이임을 증명하려고 한다. 책 못 읽어 죽은 귀신이 붙기라도 한 것처럼 다급하게 읽어 댔던 나에게 책은 친구이자 선생님이고 정체성이자 도피구다.

책이야말로 내게 여자가 된다는 게 무엇인지 가르쳐 준다. 한글을 뗀 내가 처음으로 혼자 읽은 책은 디즈니판 〈잠자는 숲속의 공주〉를 바탕으로 한 동화책이지만, 나는 금세 공주 이야기를 졸업한다. 엄마는 기특해하며 헌책방에서 어린이용 세계문학 전집을 사다 나른다. 나는 88권으로 이루어진 《에이브 전집》과 50권짜리 《에이스 전집》, 55권짜리 《메르헨 전집》[13]을 씹지도 않고 꿀떡 삼킨다. 그중에서도 《로라 잉걸스》 시리즈[14]처럼 나와 같은 여자아이가 주인공인 소설을 재밌게 읽는다. 그러나 이상하게도 이야기가 어른스러워지고 진지해질수록 나는 사라진다. 거기에 여자아이는 없다. 내면이 있는 여자아이는 더욱더 찾기 어렵다. 나는 기묘한 우연이라고만 믿으면서 이내 남자 주인공에 이입하는 법을 익힌다.

나는 곧 아동문학이 아닌 '진짜' 문학에, 고전이라는 책에 도전한다. 몇십 년에서 몇백 년 전 죽은 남자 작가들의 글을 읽으며 사실상 아무것도 이해하지 못하면서 모든 것을 흡수한다. 화려한 드레스의 백작 부인을 향한 차가운 경멸과 뜨거운 정염이, 기어코 아름다운 여자의 삶을 끝의 끝까지 짓이기는 작가의 손길이 목구멍으로 콸콸 넘어온다. 그런 여자들은 나와는 너무 달라서 같은 종족으로조차 느껴지지 않지만, 그런 여자가 아니면 여자란 스쳐 지나가는 엑스트라다. 난 적어도 이야기 속에서는 여자가 되기 싫어진다. 그러나 이야기에 홀린 나에게 이야기는 곧 삶이고, 나는 이야기를 따라 산다.

나는 글자만 있으면 읽는다. 스포츠 신문에 연재되던 '성인 유머'가 담긴 만화도 읽고, 남자 방송인의 에세이집도 읽고, 아빠가 구독하던 〈시사영어 연구〉 잡지까지도 매호 챙겨 읽는다. 1998년 미국 신문을 뒤덮은 뉴스는 뭐니 뭐니 해도 마흔아홉 빌 클린턴 대통령이 스물둘인 백악관 인턴 모니카 르윈스키와 성적인 접촉을 했냐는 진실 공방이었고, 잡지는 기사와 만평을 성실히 번역해 싣는다. 초등학교 저학년인 나는 '정액'이나 '오럴 섹스' 같은 단어를 거기서 처음 접한다. 전 세계에서 가장 힘 있는 남자가, 꿈꾸던 기회를 겨우 얻은 자식뻘 여자를 어떻게 조종해 착취했는지를 보고, 그게 전혀 피해로서 다뤄지지 않는 것도 본다.

그리고 힐러리 클린턴을 본다. 아니, 정확히는 보지 못한다.

공주 같지는 않아도 똑똑하고 능력 있는 여자, 어쩌면 롤모델이 될 수도 있던 여자를 둘러싼 먹구름이 점점 짙어진다. 세상은 그의 비극을 기다렸다는 듯 고소해하며 웃다가도 모든 일이 그의 책임인 양 손가락질한다.

이 모든 것이 나에게는 난해하지만, 서서히 복잡한 플롯을 이해하게 된다. 핀 조명이 닿지 않는 무대 뒤편에서 여자아이는 홀로 고민한다. 공주로 살 것인가, 말 것인가.

선택의 폭은 보이는 것보다도 좁아서, 사실 선택이랄 것도 없다. **누가 공주 시켜는 준대?** 와하하 나를 비웃는 소리가 귓가에 들리는 듯하다. 예쁜 사람을 공주라고 부르는 건 신분의 벽처럼 외모의 벽도 단단하게 느껴지기 때문일지 모른다. 핑크와 프릴, 레이스와 드레스는 쉽게 허락되지 않는다.

공주의 삶은 화려하고 풍족하며, 무엇보다 주인공의 삶이다. 그러나 나는 책을 읽으며 배웠다. 모든 이야기가 행복하게 끝나지는 않으며, 모든 작가가 주인공을 사랑하지는 않는다. 오로지 비웃고 짓밟기 위해 쓰는 이야기도 있다는 것. 예쁜 여자는 좋은 표적이라는 것. 게다가 공주와 공주병 환자의 차이는 미세해서, 줄타기에 실패하면 굴러떨어지고 관객은 한바탕 웃을 수 있는 순간을 은근히 기다린다.

역시 아닌 쪽이 낫겠지만, 어차피 공주가 될 수도 없겠지만, 나는 끝까지 고르지 못한다. 이런 나라도 누군가 발견해 줄 것이고 그러면 이 이야기는 가장 고전적인 공주 이야기로 변해 내가 주인공이 될 수 있으리라는 기대를 감히 버리지 못한다. 가장 비천하게 시작한 주인공이 세상의 모든 행복을 한 아름 안고 결말을 맞듯이, 나라고 공주도 전문직도 주인공도 모두 되지 못하라는 법은 없는 것이다. 그런 마법을 보통 사랑이라고 부른다면, 좋다. 나에게는 사랑이 필요하다.

인휘씨, 진짜 예뻐요. 아주 나중의 일이다. 남자가 내 눈을 넋 나간 듯 바라보며 뺨을 붉힌다. 나는 그 말만으로 손쉽게 남자에게 사로잡힌다. 아무리 능력으로 인정받아도 채워지지 않던 그 무엇이 채워지는 기분이다. 이제야 진짜 이야기가 시작되고 있다…. 로맨스라는, 여자가 주인공일 수 있는 유일한 이야기가. 스포일러를 하나 하자면, 내가 정말 마지막으로 드레스를 입는 순간은 내 결혼식이다.

이 꼭지를 끝내기 전에 알고 싶은 게 딱 하나 더 있다. 때로는 날 보는 여자들의 질투 어린 시선이 여리고 순수한 내 마음을 아프게도 하지만 누가 누가 알아줄까, 오 혼자라는 외로움을. 아직도 이 가사가 마음에 남는다. 그러니까, 나는 윤희에게 물어야 한다. 너는 안 외로웠어? 내가 나쁜 언니라서 힘들지는 않았어?

우리는 아홉 살 터울을 참작한다 쳐도 지독히 서먹서먹하게 자란다. 속 얘기를 털어놓지도 않고, 기대하지도 실망하지도 싸우지도 않는다. 어느새 고개를 돌리면 윤희는 훌쩍 자라 있어서 더욱 낯설다. 나는 결혼을 일찍 해서 집을 떠나 버리고 우리는 평생 데면데면 지낼 운명인지도 모른다. 난 먼저 페미니스트로 각성한 후에도, 긴 생머리를 고집하고 화장 없이는 밖에 나가지 않는 고등학생으로 자란 윤희를 설득할 생각은 하지 않는다. 그런 게 가능할 리 없다고, 세상 모든 여자를 설득한다 해도 윤희가 바뀔 리는 없다고.

우리는 희박한 가능성을 뚫고 운명을 거슬러 서로를 마주 본다. 이제 윤희의 머리는 나만큼이나 짧고, 나의 페미니스트 친구들은 윤희의 친구들이기도 하다. 나는 이혼 후 다시 집으로 돌아와 윤희와 한집에 산다. 우리는 서로에게 아무에게도 하지 못하는 얘기를 털어놓는다. 하지만 내가 윤희를 싫어했을 때의 이야기만은 아직 다시 파낸 적이 없다.

나는 윤희와 함께 뮤지컬을 보러 가는 버스 안에서 내가 윤희에 관해 쓴 글을 보여 준다. 윤희의 눈동자를 따라가면서 나는 아릿한 죄책감과 알 수 없는 초조함을 억누른다. 윤희의 눈에도 같은 감정이 어려 있는 것을 본다. 겨우 여기까지 왔다. 나는 이 순간을 잘 기억해 두려고 한다.

언니, 근데 있잖아. 나는 내가 그런 아이라고는 생각 못 했어. 아빠야 예쁘다고 했지만, 사촌 오빠들은 내 얼굴을 놀려 댔거든. 피부도 까만 편이고 눈이 큰 게 꼭 동남아 애 같다고. 이마도 넓어서 농구장 같다고 했어. 그리고 어딜 가든 항상 나보다 예쁜 애가 있고 걔와 비교되기 마련이니까. 내가 공주라고는 생각하지 않았어.

나는 예상도 못 했던 이야기에 놀란다. 하긴 순순히 예쁘다는 얘기만 듣고 자란 여자가 있을 리가 없는데. 마지막 남은 환상이 깨지고 있다.

중학교 때 앞머리를 자르니까 이마가 가려졌어. 그리고 친구들이 화장을 해 줬는데 그러고 나니까 예쁘다는 얘기를 듣기 시작했고. 그래서 그렇게 기를 쓰고 화장을 하고 다녔던 거야.

나는 즉석 사진 부스에서 윤희와 둘이 찍은 네 컷의 사진을 꺼내 본다. 아래에 찍혀 있는 날짜는 2020년 3월 23일, 법적으로 모든 이혼 절차가 끝난 지 3일 후다. 데칼코마니처럼 같은 포즈를 취한 우리는 여느 자매처럼 웃는 입매가 닮았고, 그 어느 때보다 행복해 보인다. 공주는 외로워도 자매는 외롭지 않다.

3 서로를 부르는 영혼

3. 서로를
　　부르는
　　영혼

　　　　　　2003년 3월 3일, 엄마가 모는 9인승 카니발 안에는 오랜만에 엄마와 나 둘뿐이다. 나는 숨을 깊게 들이마시려고 애쓴다. 잘 되지 않는다. 내장 전체를 누군가 쥐어짜고 있는 것 같다. 엄마, 한 바퀴만 더 돌면 안 돼? 우리는 꽤 일찍 도착하고 나서도 나무가 우거진 교정을 몇 바퀴째 돌고 있다. 엄마는 결국 매점 옆쪽으로 들어간 작은 공터에 차를 세운다. 차 안은 평소보다도 아늑하고 안전하게 느껴진다. 빨간 획을 바꾸는 조그만 디지털시계가 원망스러울 만큼.

　15분만 더 있으면 중학교 입학식이다. 집에서 꽤 먼 이 기독교계 학교에서 나를 아는 아이는 아무도 없다. 초등학교 내내 책에 파묻혀 살면서 친구를 잘 만들지 못했던 나에게는 차라리 그게 나은지도 모른다. 새로운 시작, 새로운 이미지, 새로운 친구, 어쩌면. 그러나 같은 학교에 다니며 어릴 때부터 친했을 아이들 틈에 과연 내가 끼어들 수 있을까. 나는 어제 처음 걸쳐 본 자주색 마이와 회색 치마에 검은 에나멜 구두를 신고서, 나와 같은 복장의 여자아이들이 하나둘 지나가는 광경을 본다. 이제 가야 한다. 저 안에 섞여야 한다.

마지못해 차 문을 여는 내 손에는 몇 번 펴보지 않아 뻣뻣한 성경책과 찬송가가 들려 있다. 입학식이 열리는 강당 건물은 사람을 압도하는 데가 있다. 붉은 벽돌 벽 위로 거대한 세 천사가 날개를 펴고 있고, 에어컨을 튼 것도 아닌데 안으로 들어가자마자 바깥보다 서늘한 기운이 몸을 감싼다. 높은 천장 때문에 나는 한층 더 작게 느껴진다. 저 위 어딘가에서 누군가 내 일거수일투족을 관찰하고 있다가 벼락같이 징벌을 내릴 것만 같다. 앞으로 2년 반 동안 매주 여기서 예배를 드리면서 내 몸에 완전히 배어 버릴 감각이다.

이미 다들 반별로 앉았고 서로를 아는 눈치다. 완전히 주눅이 든 나는 식이 시작될 때까지 누구와도 말을 섞지 못한다. 낯선 찬송가를 익숙하게 부르는 아이들을 따라 음을 더듬거리고 있을 때, 아마 그때일 것이다. **혹시 순서지 같이 볼 수 있어?** 옆자리에 앉은 아이가 말을 걸어온다. 어떤 망설임도 쭈뼛거림도 없이 눈빛이 따뜻하게 반짝인다. 살면서 한 번도 거절당한 적 없는 듯한 곧은 목소리에 나는 어쩐지 뭐든 내주고픈 기분이 든다. 순서지 양옆을 같이 펴느라 우리는 몸이 가까워지고, 나는 신경이 쓰여서 거의 움직이지 못한다. 옆자리 아이는 하진이라고 소개한다. 하진…. 나는 마음속으로 그 이름을 몇 번 쓰다듬는다.

신기하게도 겹겹의 우연이 반복된다. 반에서 첫 자리 배정이 앞뒤로 되는가 하면, 집으로 가는 버스도 같이 탄다. 나는 하진이 나에게 실망할까 봐, 혹은 내가 하진한테 실망할까 봐 매 순간 숨이 막히지만 우리는 점점 가까워지기만 한다. 그러다 마침내, 우리는 우연히 학교 도서관으로 향하고 나는 하진도 책을 좋아한다는 사실을 알게 된다. 이 행운을 믿을 수 없어서 몸이 약간 떨릴 정도다. 서로 아끼는 책 이름을 하나씩 댈 때마다 탄성이 터진다. 처음이다, 누구와 이렇게까지 깊게 연결되는 느낌은.

그러다가 내가 도서관 서가에서 《빨강머리 앤》을 꺼내 든다. 나는 2002년 동서문화사에서 발간된 10권짜리 완역본을 몇 번이나 읽었을 정도로 이 시리즈를 좋아하고 있다. 하진이 자기도 좋아한다고 말하자마자 우리는 거의 동시에 같은 단어를 떠올린다. **서로를 부르는 영혼.** 섬세하고 감수성 풍부한 고아 여자아이 앤은 또래인 다이애나를 만나 단짝 친구가 되는데, 우리는 우리가 꼭 그 둘 같다고 여긴다.

내가 먼저 맹세의 말을 할게. 해와 달이 없어지지 않는 한 내 마음의 벗

다이애나 배리에게 충실할 것을 엄숙히 맹세합니다.[15]

앤과 다이애나의 맹세를 떠올린 우리는 그 순간부터 그저 친구라는 말로는 설명할 수 없는 사이다. 2004년 10월 2일 하진이 나에게 쓴 편지는 **서로를 부르는 영혼, 휘에게** 라고 시작한다. 예배를 듣는 중에 몰래 쓴 편지인지 학교 교회 순서지 뒷면의 빈칸을 가득 채웠다. 우리는 쉬는 시간에 실컷 이야기꽃을 피워 놓고도 부족해서 수업과 예배 틈틈이 이런 쪽지와 메모와 편지를 써서 셀 수 없이 주고받는다.

이렇게 적어놓고 보면 하진과 나는 로맨스에 필요한 모든 재료를 갖췄다. 운명적 만남, 영혼에서부터 우러나오는 끌림, 누구도 대신할 수 없는 유일무이한 관계, 대체 무엇이 더 필요할까? 이게 사랑이 아니라면 뭐가 사랑이란 말인가?

아닌 게 아니라, 나는 집으로 가는 흔들리는 버스 안에서 하진의 단정한 옆모습을 보면서 고민하기도 한다. **나는 얘를 좋아하는 게 아닐까? 그냥 친구가 아니라 그런, 의미에서.** 나는 옷을 고를 때처럼 **레즈비언**이라는 단어를 조심스럽게 내 몸에 대 본다. 어쩌면 계산대 앞에서 서성였는지도 모른다. 그러다 그 옷을 결국 제자리에 다시 걸어 놓은 이유, 그건 내가 나중에 가서 남자와 결혼한 이유이기도 할 것이다. 나는 그 이유를 알아야 한다.

고민이 되면 키스, 아니 더한 걸 하는 상상을 해 봐. 나는 어디서 읽었는지 모를 조언을 떠올린다. 입에 올리면 구체적인 형태를 띨 것만 같아서 아무에게도 말할 수 없다. 보통은 하진에게만 비밀을 말하는데 이건 하진에게는 못하는 얘기니까. 기댈 거라곤 출처를 알 수 없이 머릿속에 저장된 질문뿐이다. **걔를 보고 있으면 막, 하고 싶어?** 상상만으로도 하진에게 죄를 저지르는 듯하고 입속이 마른다.

아니다, 그렇지 않다. 나는 조금은 성급하게 대답한다. 어떤 불경스러운 영역으로 넘어가지 않아도 돼서 다행스럽다. 무엇보다도 거절당할 필요가 없다는 게 좋다. 내가 정말 하진을 좋아한다면, 하진에게 그런 짓을 하고 싶다면 나는 지금의 균형을 깨트려야 하고, 용기를 내야 하고, 나를, 내 몸을 매력의 심판대 위에 세워야 한다. 그런 잃을 게 뻔한 도박을 안 해도 된다니, 나는 안도감에 가슴을 쓸어내린다.

지금 생각하면 판단 기준 자체가 기울어져 있다. 당시의 난 키스는커녕 그 누구와도 성적으로 접촉한 적이 없다. 귓가에 종소리가 울리고, 입에서 딸기사탕 맛이 나고, 그렇게 황홀하다는 키스는 좀처럼 현실에서 내 신체에 있을 수 있는 일로 다가오지 않는다. 난 대학에 들어가서야 처음으로 연애를 하고, 키스하고, 물론 더한 것도 하고, 그 상대와 결혼까지 한다. 그 경험을 겹쳐 보면 더욱 코웃음만 나온다. 나는 하기 전에도 하고 싶다는 갈망에 그리 몸부림치지 않고, 하고 난 후라고 다르지 않다. 남자와의 첫 키스는 미끄덩한 살과 침의 맛이고 나는 조금 어리둥절할 뿐이다. 그렇다고 해서 내가 이성애자가 맞는지 의심해 보라는 조언은 들은 바 없다.

어린 시절부터 레즈비언으로 살아온 내 친구들을 보면, 암벽등반을 하듯이 그 부당한 질문 너머로 기어코 용감하게 넘어가는 아이들도 있었던 게 분명하다. 나도 그럴 수는 없었던 걸까? 중학생인 나는 현실 경험만 없을 뿐 성에 아예 무지하지는 않았다. 본 게 있었고 알 건 알았다. 내가 정보를 얻는 주된 창구는 인터넷이었다. 혹시 그게 문제였던 걸까?

인터넷이 지금도 여자에게 모멸적인 성착취 영상으로 넘쳐 난다는 사실을 모르지는 않으나, 막 길이 뚫린 2000년대의 인터넷은 눈 가리고 아웅 식의 울타리조차 미비한 무법지대다. 어린이용 포털사이트인 쥬니어네이버는 학교 컴퓨터에서 인터넷 첫 화면으로 띄울 만큼 안전해 보이는 겉모습과는 달리 클릭 몇 번에 어떤 제재도 없이 포르노물 플래시로 연결된다.

누나, 여기 와서 이거 봐봐. 2001년, 나는 초등학교 5학년이고 한동네에 사는 친척 남자애들까지도 우리 집에 한 대뿐인 컴퓨터를 돌려쓴다. 한 살 차이인 사촌 남동생이 우리를 컴퓨터 앞으로 불러 모은 후 플레이 버튼을 누른다. 조악한 그래픽, 뚝뚝 끊기는 장면, 지독히 엉성한 서사지만 고개를 돌릴 수가 없다. 엘리베이터 문이 닫히면 여자는 남자의 성기를 입으로 빨고, 엘리베이터 문이 다시 열리면 복장을 추스르고 없던 일이 된다. 여자는 낯설 만큼 잔뜩 일그러진 얼굴로 입으로 신음을 흘리며 좋다고 말한다. 전혀 좋아 보이지 않아 혼란스럽다. 그러나 이것이 어른들이 우리에게 금지한 것, **야한 것**, 성적으로 흥분해야 마땅한 것이라는 걸 직감적으로 안다. 컴퓨터 앞에 모인 우리는 모두 그때 처음으로 **포르노**의 문법에 노출됐겠지만, 그중 여자는 나뿐이다. 같은 것을 봤다고 같은 영향을 받을 리 없다.

그 시절 인터넷에서 유료인 모든 것은 손만 뻗으면 닿을 곳에 무료로 떠돈다. 기업들은 복제와 공유라는 신기술 앞에 아직 속수무책이다. 운영체제도, 프로그램도, 노래도, 폰트도, 만화도, 소설도 인터넷에서는 어떤 죄책감도 없이 약탈해 실컷 누릴 수 있다. 파일을 올리면서 동시에 받을 수도 있는 P2P 방식 공유 서비스가 우후죽순 생겨난 것도 이 시기다.

지금은 다른 기술에 자리를 내준 당나귀, 프루나 혹은 엔티카 같은 공유 프로그램에서 졸부가 된 기분으로 이것저것 받다 보면 그 틈엔 언제나 포르노물이 서비스로 주는 군만두처럼 끼어 있다. 〈소설 텍본 1000개 모음〉을 다운로드하면 〈달과 6펜스.txt〉와 〈오만과 편견.txt〉 사이에 남자 대학생이 술에 취해 정신을 잃은 선배를 강간하는 이야기를 일종의 모험담처럼 그린 〈캠퍼스

애정비사(1).txt〉가 섞여 있는 식이다. 초등학교 고학년인 나는 주변에 아무도 없는지 두리번거리며 스크롤을 내린다. 금지는 곧 유혹이고, 봐선 안 되기 때문에 나는 보고야 만다. 주인공이 꼭 먹지 말라는 열매를 먹고, 열지 말라는 상자를 열어젖히고, 돌아보지 말라고 하면 돌아보고야 말듯이.

몰래 들여다본 포르노 소설 속의 세상은 내가 아는 어떤 것과도 다르다. 남자 주인공이 손만 대면 자지러지고 어떤 행위도 허락하고야 마는 그 안의 여자들은 지독하게 낯설고, 한 번 머릿속에 박힌 이미지가 끈끈이처럼 붙어 잘 떨어지지도 않는다. 어떤 남자가 혼자 써 내려갔을 소설과는 달리 실제 여자들이 연루되어 있음이 틀림없는 포르노 영상은 거의 플레이 버튼을 누르자마자 중단해 버린다. 여자의 엉덩이를 무자비하게 때리는 소리가 환청처럼 남는다. 나는 무엇이 역겨운지도 모르면서 본능적으로 역겨움을 느낀다. 나는 다시는, 자의로는 그런 영상을 보지 않으며 필사적으로 피해 다닌다. 그게 결코 쉬운 일이 아닐 정도로 온 사방은 포르노다.

그런 게 중학생인 내가 아는 유일한 섹스다. 여자를 야하게 보는 단 하나의 방법이다. 나는 당연히 하진을 그런, 의미로는 볼 수 없다. 혹은 하진이 나를 그런 눈으로 보는 것을 기꺼워할 수도 없다. 차라리 하진을 사랑하지 않으면 않았지, 물건 같기도, 가축 같기도, 노예 같기도 한 포르노 속의 여자를 보듯 하진을 보지는 못한다. 그게 섹스라면, 그게 진정한 사랑이라면. 이게 내가 나를 레즈비언이라고 생각하지 않은 한 가지 이유일 것이다.

그러나 만들어 나가는 단계인 인터넷이 우리에게 꼭 나쁘게만 작용하라는 법은 없다. 현실 세계에선 자기 방조차 마음대로 못하는 10대 여자 청소년에게 드넓은 인터넷이 자유와 기회의 땅이 되어 주기도 한다.

나는 그렇게 생겨난 팬픽 이반이라는 말을 아주 나중에서야 듣게 된다.[16] 남자 아이돌 그룹 H.O.T.가 폭발적인 인기를 끌고 있던 1999년, 온라인 커뮤니티 세이클럽이 서비스를 시작한다. 그곳에 모인 여자 청소년들은 남자 스타를 선망하는 데서 그치지 않고, 나라고 '오빠들'처럼 되지 못할 게 없다고 생각한다. '오빠'가 주인공인 소설을 쓰고, '오빠'처럼 입고, 상상 속의 '오빠'처럼 행동하며, 서로와 사랑에 빠진다. 나보다 몇 년 일찍 태어난 언니들은 칼머리와 힙합바지로 대표되는 팬픽 이반 문화 속에서 레즈비언이 된다.

일부는 계속 레즈비언으로 살지만 모두가 그러지는 않는다. 대학에 가고, 치마를 입고, 화장을 하고, 서둘러 남자를 사귀면서 과거를 묻어 버리기도 한다. 그때의 감정이 졸업해 버릴 수 있는 무엇인 것처럼. 한 번 왔다가 시들해지는 유행인 것처럼.

왜 그래야만 했을까? 나는 레즈비언으로 남은 일부보다 변해 버린 그들의 이야기가 궁금하다. 남자로 가득 찬 세상의 압력을 도저히 버텨 낼 수 없었을까? '오빠'의 얼굴을 하지 않은 여자는 사랑할 수 없었거나, 내가 '오빠'가 아니고서는 여자를 사랑할 수 없었을까? 혹시 여자인 내가 여자를 사랑할 수 있다는 진실을 마주할 용기가 있는 사람만이 그 자리에 남았던 것은 아닐까?

답을 줄 사람은 없고, 나로서는 내가 중학교에 입학하기 전에 이미 그 문화가 사그라들었다는 사실을 알 뿐이다. 젝스키스는 2000년에, H.O.T.는 2001년에 팬들에게 충격을 안겨 주고 해체한다. SBS 탐사 보도 프로그램 〈그것이 알고 싶다〉는 2002년 10월 〈10대 동성애의 두 얼굴〉이라는 제목으로 팬픽 이반 문화를 다뤘다가, 비난이 폭주해 다시 보기 서비스를 중단한다. 당시 담당 PD는 동성애를 쉽게 생각하는 일부 10대들의 모습이 동성애를 심각하게 생각하는 사람들에게 또 다른 상처를 준다는 것을 이야기하고 싶었다면서 두 부류를 무 자르듯 나눈다.[17] 그러나 두 부류가 극명히 나뉘는 건 어쩌면 방송 후다. 이전까지는 머리가 짧아도 신경 쓰지 않던 사람들이 역겹다고 수군거리고, 누군가에겐 같은 모습을 유지하는 게 버거워졌을 것이다. 모여 있던 가재들이 바위를 들추면 사방으로 흩어지듯, 나에게 다른 가능성을 보여 줄 수 있던 세계는 그렇게 사라져 버리고 말았다.

이반은 가도, 팬픽은 남았다. 팬픽 이반 문화에서 가장 전복적인 부분이 둥글게 깎여 나가고 있던 2002년, 나는 인터넷에서 팬픽과 맞닥트린다. H.O.T. 다음 세대인 아이돌의 팬카페에 가입

해서, 팬들 사이에서 명작으로 등극한 소설들을 밤새 눈이 벌게져 가며 읽는다. 웃기게도 나는 팬픽을 읽기 전까지 그룹 구성원의 얼굴도 모르고 이름도 모른다. 실은 무대조차 본 적이 없다. 그러나 나와 또래거나 조금 언니일 재능 넘치는 작가들이 온 힘을 불어 넣은 소설 속에서, 그들은 야성적인 늑대인간이나 백 년 넘게 산 뱀파이어로, 병약한 재벌 도련님이나 거리에서 자란 킬러로, 평범해도 사랑스러운 고등학생이나 오토바이를 타고 쿨워터 향을 풍기는 불량 학생으로 활보하면서 서로를 힘껏 사랑한다. 그들은 여자가 한다고는 상상할 수 없는 일을 하고, 여자가 맺을 수는 없을 것 같은 관계를 맺는다. 나는 그 세계에 그만 홀려 버린다.

작가와 나의 거리가 이렇게 가까운 이야기는 정말이지 처음이고, 남자가 즐기는 포르노와는 달리 팬픽의 공기는 숨 쉬기 편하다. 여자가 만들고 여자가 즐기는 이야기임에도 여자는 등장하지 않거나 철저히 도구화되어 있다. 기껏해야 웃는 얼굴의 조력자, 아니면 소름 끼치는 악역, 혹은 의도치 않은 곳으로 관심이 쏠리지 않게 하는 **이쪽엔 아무것도 없어요**라는 표지다. 역설적이게도 바로 그 점 때문에 우리는 마음 놓고 숨을 쉰다. 여기는 안전하다고 느낀다.

여자가 수박만 한 가슴을 흔들며 얼굴을 붉히는 세계, 강간당하면서 좋아하는 세계, 엉덩이를 맞으며 교성을 지르는 세계보다는 여자가 아예 없는 이야기가 낫지 않은가. 그러나 과연 그렇게 넘길 일일까. 차라리 낫다고 해서, 우리가 즐거웠다고 해서 우리에게 어떤 해도 끼치지 않았을까.

아직도 제목을 또렷하게 기억할 만큼 감명 깊게 읽은 팬픽을 구글에서 검색한다. 역시나 인터넷에서는 아무것도 사라지지 않는다. 클릭을 몇 번 거치자 낡지도 상하지도 않은 당시 경험한 그대로의 텍스트 파일이 열린다. 그 와중에 의도치 않게 작가가 나보다 10살쯤 많고 소설을 썼을 때는 20대 초반이었다는 사실을 알게 된다.

그때의 작가보다 나이가 많아진 지금 와서 봐도 서사는 탄탄하고 인물은 생동감이 있지만, 나는 그리 많이 읽지 못하고 자꾸 막힌다. 일단 시작하자마자 신원을 알 수 없는 여자 하나가 시체가 되어 나부끼고, 다음 장면에서는 이름도 없는 여자애들이 옆을 지나가는 잘생긴 남자애에 군침을 흘리며 자기들끼리 다툰다. 나는 이 팬픽을 몇 번이고 읽었던 내가 이 서두를 완전히 잊고 있었다는 데 충격 받는다. 그도 그럴 것이, 정말 중요한 건 바로 다음에 등장하는 주인공이다. 우리에게 친숙한 아이돌의 이름을 한 남자 주인공, 여자는 그 남자의 활약을 보여 주는 징검다리이자 매력을 돋보이게 하는 배경일 뿐이니까.

읽다 보면 어느새 우리는 남자에게 눈을 고정하고 여자는 보지 않는다. 아니, 여자가 보이지 않는다. 여자가 보일 때에 우리는 그를 철저히 미워한다. 이 소설에서 쓰러트려야 할 궁극의 적으로 설정된, 표독스럽고 욕심 많은 그 여자처럼.

이건 연습이다. 여자가 아니라 남자를 사랑하는 연습. 아무도 시키지 않아도 우리가 좋아서 그걸 해 왔다는 게 웃을 수 없는 잔혹한 농담처럼 느껴진다. 여자가 배경이자 소품인 이야기는 팬픽만이 아니지만, 우리가 사랑했던 이야기는 싫어했던 이야기보다 항상 더 깊게 찌르고 들어오기 마련이다. 마음 한쪽이 아직도 욱신거린다.

내친김에 그보다 좀 더 나중에 좋아했던 비엘 소설 제목도 검색해 본다. 현실의 스타를 재료로 쓰는 팬픽과는 달리 보이즈러브 Boys' Love의 약자인 비엘BL은 맨바닥에서 시작하는 창작이다. 역시나 여자가 없는 곳에서 남자끼리 사랑하며, 실존 인물에게 죄책감을 느끼지 않아도 돼서 그런지 더 잔혹하거나 더 성적인 행위가 본격적으로 등장한다. 어차피 팬이라서 팬픽을 읽은 것도 아닌 나는 쉽사리 비엘로도 건너간다. 그리고 대사를 일기장에 옮겨 적을 정도로 내게 큰 영향을 끼쳤던 이 비엘 소설은 무려 한 남자 고등학생이 남자 세 명에게 둘러싸여서 집단 성폭행 당하는 장면으로 문을 연다. 나는 차마 더 읽지 못하고 파일을 닫지만 차차 더 끔찍해진다는 것을 기억하고 있다. 강간 피해자는 강간범 중 한 명과 사랑에 빠지고 나머지 두 명과는 친구가 된다.

거기에는 여자가 없지만 우리는 여자를 감지한다. 여자 앞에 놓인 참혹한 현실이 공이니 수니 하는 기막힌 은유에 둘둘 말려 있다. 그렇게 돌려 말하지 않았다면 쓴맛이 나는 우리의 운명을 삼킬 수나 있었을까. 어떤 비유도 필요 없이, 더할 것도 뺄 것도 없이, 나를 모욕하는 강간범을 사랑하지 않으면 발붙일 곳이 없었던 게 얼마 전까지의 내 결혼 생활이다. 강 건너 불구경 같아 안전하게까지 느껴졌던 남의 고통은 실은 도망칠 수 없는 내 이야기고, 우리의 고통이다. 나는 나에게 그런 기만을 가르친 작가들을 쉽사리 탓하지 못한다. 다르게 살아갈 방도를 모르는 이상, 우리는 이 고통을 쾌감으로 받아들일 방법만을 서로에게 알려 주고 배울 수 있을 뿐이다.

원래도 내 몸은 멀고, 남자의 몸은 가깝다. 비엘은 나를 내 몸과 더 떨어트려 놓는다. 나는 비엘을 읽으며 남자의 신체 구조를 배우고 남자가 무엇을 기분 좋아하는지를 익힌다. 여자의 클리토리스는 어떻게 생겼는지 모르면서 귀두와 쿠퍼액과 전립선이 무엇인지는 안다. 곧 나는 파블로프의 개처럼 남자가 느낄 쾌감을 상상하지 않으면 성적 흥분을 느낄 수 없게 된다. 나중에 가서도 남자가 날 만질 때가 아니라 내가 남자를 만질 때가 더 좋고, 나는 비엘에서 배운 대로 남자를 흥분시키려 한다.

그러나 정교하고도 기괴한 이 훈련이 어떻게 생겨났는지 좀 더 생각해 볼 필요가 있다. 내가 내 몸을 먼저 혐오하지 않았다면 비엘에도 끌리지 않았을 것이며, 여자의 몸이 혐오스럽지 않았다면 우리는 애초에 비엘을 만들어 내지도 않았을 것이기 때문이다.

초등학교 6학년 교실에는 다음은 나일 수 있다는 일촉즉발의 위기감이 감돈다. 교실에 들어서면 여자아이들 몇 명이 한쪽에 모여서 평소보다 낮은 목소리로 뭔가를 의논하고 있다. 대부분은 자신에게 벌어진 일을 의연하게 받아들이지만 우는 아이도 간간이 있고, 나머지는 그 애를 둘러싸고 토닥거린다. 귀가 아주 밝은 사람이라도 그들의 대화에서 생리나 생리대 같은 단어를 듣기는 힘들 것이다. 모든 것은 눈짓으로, 표정으로, 지시어 몇 개로, 거의 텔레파시에 가까운 초감각으로 전달된다. 아이들끼리 주고받는 꽃무늬 파우치 속에 있는 물건만이 이게 무슨 귀신 이야기가 아니라 실체가 있는 현상임을 드러낸다.

나에게도 그 일이 일어나고 말 것이다. 인류의 절반이 평균적으로 12세 전후[18] 시작해 50세 전후 완경[19]에 이르기까지 생애 중 40년 이상을 매달 2~7일간[20] 겪는 일. **생리**라고도, **월경**이라고도, **그날**이라고도 한다. 그날은 말할 것도 없고, 생리 현상의 줄임말인 **생리**나, 한 달에 한 번 겪는다는 뜻인 **월경**이라는 표현은 그게 쉬쉬해야 할 일이라는 경고밖에는 내 몸에 곧 일어날 일에 대해 그 무엇도 알려 주지 않는다. 동생들을 키우느라 바쁜 엄마는 내게 귀띔조차 해 주지 않고, 나는 하필 비슷한 일을 먼저 겪을 언니도 없다. 두루뭉술한 성교육 시간과, 순정 만화 그림체로 그려진 일본 성교육 책 《소라의 봄》[21] 정도를 통해 겨우, 거의 기적적으로, 나는 내 몸에 생길 일을 미리 알고 있다.

그리고 나는 그 일이 재앙이라는 결론을 내린다. 곧 닥쳐올 걸 알면서도 어떠한 대비도 할 수 없는 이 재앙을 피할 수 있다면 피하고만 싶다. 까보지 않으면 모르는 성기 외에는 남자애와 아무런 차이가 없는 이 상태를 조금이라도 유예하고 싶다. 물론 그렇게 아프다는 생리통도 두렵고 매달 생리대를 챙기기는 분명 귀찮겠지만 그런 문제가 아니다.

나는 **진짜 여자**가 되고 싶지 않다. 《소라의 봄》의 소라처럼 얼굴을 붉히고 초경 파티 따위에서 모두에게 축하받는다고 생각만 해도 자존심이 상한다. 진짜 여자라는 건 아마 포르노 속의 여자와 비슷할 테니까, 세상을 누비는 멋진 주인공이 매달 피를 흘리는 광경은 상상이 되지 않으니까. 내가 살아온 열두 해는 이 세상에서 여자가 된다는 게 어떤 의미인지 알기에 충분한 시간이다.

나는 아니지만 어떤 여자아이들은 벌써 갑갑한 면 브래지어를 입는다. 눈으로 보기에 작년과 별 차이도 없는 가슴을 가리기 위해서다. 같은 반 남자애들은 마침내 우위를 확인할 방법이 생겼다는 듯이, 우리의 브래지어 끈을 당기거나 가슴이 사물함에 부딪히도록 우리를 뒤에서 밀어 버린다. 이제 우리에겐 분노보다 수치심이 어울린다는 것을 우리는 그렇게 배운다.

점점 내 차례가 가까워진다. 내 가슴 속에도 돌처럼 단단한 무언가가 들어차고 있다. 그건 성교육 시간 보건 선생님의 조심스러운 표현대로 피어나는 꽃봉오리 같은 게 아니다. 멍울 같은 가벼운 말로는 다 담아내지 못한다. 차라리 나를 어디 멀리 가지 못하도록 강하게 짓누르는 누름돌, 토해 낼 수 없는 좌절이 똘똘 뭉친 암석 덩어리, 이 여자라는 벗어날 수 없는 운명은.

나는 조금 체념한 채로 팬티에 묻어 있는 것을 본다. 결국엔 이렇게 되고 말았구나. 아주 짙은, 거의 검정에 가까운 색에, 뻑뻑해서 가루가 묻어날 것 같다. 생리대 광고처럼 푸른 액체가 아닐 것은 알았지만 나는 좀 더 선홍색의 맑은 피를, 운동장에서 넘어져서 까진 무릎에서 나는 피 같은 것을 생각했다. 자세히 볼수록 그건 피가 아니라 일종의 스키드 마크처럼 느껴진다. 브레이크를 꽉 밟았을 때 타이어가 밀리면서 남긴 자국. 이제 내가 다시는 같은 속도로 달릴 수 없다는 증거다.

나는 휴지를 둘둘 말아서 가랑이 사이에 끼고 화장실을 나선다. 덜덜 떨리는 몸을 최대한 숨긴 채 엄마에게도, 친구에게도, 그 누구에게도 말하지 않고 이 비밀을 철저히 지킨다. 그렇게 몇 달간을 휴지로 버티다가 갑자기 양이 늘어난 어느 달에는 밝은색 바지 전체가 붉게 물들어 버린다. 엄마 몰래 화장실에서 미친 듯이 옷가지를 비벼 가며 붉은 기를 지우려고 했을 때, 겨우 얼룩이 사라진 젖은 옷들을 조마조마한 마음으로 빨래통에 내려놓았을 때, 어디 앉았다 일어나는 간단한 행위마저 불안해졌을 때, 집 화장실에 언제부터 있었을지 모를 생리대를 훔치듯 빼냈을 때, 매번 한 발자국씩 나는 부정할 수 없는 진짜 여자가 되어 버린다. 그렇게 철저히 혼자서, 어둠 속에서, 나를 가두는 쇠창살의 위치를 서서히 더듬어 확인한다.

많은 시간이 흐른 후에야 나는 내 몸에 일어나는 일을 다르게 볼 수도 있다는 걸 알게 된다. 내가 필사적으로 지웠던 그 흔적이 한때는 성스러웠다는 이야기를 읽는다. 전라남도 진도군에서는 월경혈 묻은 속옷을 대나무 장대에 걸어 높이 쳐들고 집마다 돌아다니는 의식을 치렀다고 한다. 그것이 도깨비를 물리치는 힘이 있다고 믿었기 때문이다.[22] 나는 이 문장을 읽으며 창문을 활짝 열어젖힌 듯한 해방감을 느낀다. 온라인에서 페미니스트 자매들이 고안한 **정혈**精血이라는 말을 처음 봤을 때의 기분이다. 내가 그런 의식을 보면서 자라난 여자아이였다면 내가 흘린 피가 정결한 피라고, 정혈이라고 믿을 수 있지 않았을까. 적어도 어떻게든 숨겨야 하는 범죄 현장처럼 식은땀을 흘리지는 않았을 것이다.

이 일이 왜 나에게 일어나는지를 정확히 알았다면 또 어땠을까? 생리는 결코 오지 않는 정자를 기다리다 아기집을 허무는 과정이 아니다.[23] 온라인 여초 커뮤니티에 잊을 만하면 다시 올라오는 글의 제목이다. 이 글은 우리를 5분짜리 교육용 애니메이션[24]으로 인도하는데, 영상은 여자의 몸에 임신이 큰 위험이며 투자기 때문에 위험요인을 청소하듯 전부 들어내는 과정이 바로 정혈이라고 설명한다. 그 누구도 내게 해 주지 않은 얘기다. 나뿐이 아니다. 영상을 소개하는 글이 커뮤니티에 처음 올라온 건 2017년인데, 글이 올라올 때마다 나와 나이가 비슷하거나 조금 어릴 여자들이 처음 듣는 이야기라는 댓글을 줄지어 단다.

학교에서 성교육을 받다 보면 내 몸에 들어앉은 자궁이라는 장기는 내가 무슨 인생 계획을 세우는지, 어떤 상황인지 관심도 없으면서 그저 임신만을 기다리다 임신에 실패하면 복수하듯 피를 흘려보내는 것처럼 느껴지곤 했다. 아이, 그것도 아들만을 바라는 듯한 **자궁**子宮이라는 명칭도 그런 생각에 한몫했다.

그러나 당연하게도 내 몸은 누구보다 나의 안녕을 우선시하는 것이다. 아직 세포에 불과한 것을 혼자 살아 숨 쉬는 인간으로 키워 내는 임신이라는 놀라운 기적도 내 삶보다 중요하지는 않기 때문에, 나는 **포궁**胞宮에서 **정혈**을 흘려야 했던 것이다. 그 자명한 이치를 알았다면 매달 깨끗하게 피를 흘리는 내 몸을 좀 더 이해하고 사랑할 수 있지 않았을까. 그리고 여자인 내 몸을 사랑했다면, 더 빨리 다른 여자를 사랑할 수 있지 않았을까.

중학생인 내 귀에 들려오는 건 그와는 정반대의 메시지다. 여자가 월경을 할 경우, 그는 칠 일 동안 부정할 것이다. 누구든지 그의 몸에 닿는 사람은 저녁때까지 부정할 것이다. 그 칠 일 동안에 그 여자가 눕는 자리나 물건도 부정할 것이다. 그리고 그 여자가 앉는 자리나 물건도 부정할 것이다.[25] 교실마다 달린 방송용 스피커에서 성경의 레위기

15장이 흘러나오고 있다. 월경을 하는 여자는 피가 멎고도 7일이 지나야 부정함을 벗는데, '정액'을 흘리는 남자는 저녁때면 다시 깨끗해진다. 월경을 하는 여자는 고름을 흘리는 남자만큼이나 오랫동안 더러운 취급을 받고, 고름을 흘리는 것보다는 월경이 당연히 자주 있는 일이다.

창문이 모두 열려 있어서, 같은 소리가 미세한 시차를 두고 전교에 울려 퍼지는 것을 알 수 있다. 성경을 펴 놓고 책상에 앉아 그 소리를 잠자코 듣는 학생 중 절반은 여자다. 하진도 저기 어딘가에서 듣고 있을 것이다. 매일 아침 드리는 조례 예배에서 성경 오디오북 테이프를 틀어주는데, 우리는 구약의 창세기 1장 1절부터 시작해 신약의 복음서까지 진도를 나간다. 우리는 남자가 남자를 낳고, 그 남자가 또 남자를 낳는 지독하게 지루한 계보를 지나서, 새로 세워진 왕을 여자가 번번이 타락시키는 것을 보고, 예언대로 태어난 신의 아들 예수가 가장 열렬한 여자 지지자를 두고 부족한 남자 12명을 제자로 세우는 것까지 단 한 줄도 놓치지 않고 훑는다. 하루의 분량이 끝나면 방송이 꺼질 뿐, 그중 어떤 낯뜨겁고 모멸스럽고 이상한 이야기도 따로 해석을 들을 수 없다.

대신 우리는 믿는 법을 배운다. 이 모든 게 다 신의 뜻이라고, 미천한 인간은 감히 헤아릴 수 없는 큰 그림이 존재한다고, 의심이 갈 때는 기도하라고. 조례 예배와 종례 예배, 점심 기도와 종교 수업, 본격적인 주말 예배까지, 아무리 믿지 않아도 믿는 흉내라도 내지 않고서는 다닐 수 없는 학교다. 나도 어느새 그럴듯하게 기도할 수 있게 된다. 어떤 절대자가 우주의 티끌 같은 나의 인생까지 다 계획해 두었다는 생각은 확실히 기대고 싶을 만큼 매력적이다. 나를 둘러싼 세상이 여자인 내가 얼마나 무의미하고 작은 티끌인지를 주입하고 있을 때는 더더욱 그렇다.

나와 하진은 항상 반쯤은 삐딱하지만 반쯤은 믿는다. 우리는 꽤 야망에 차 있다. 나중에 우리가 유명해지면, 네가 나의 자서전을 써 줘. 말을 잘하는 하진은 아나운서가 되고 싶어 하고 글쓰기를 좋아하는 나는 작가가 되리라고 생각한다. 나에게 그렇게 말하는 하진의 눈은 꺼트릴 수 없는 자신감으로 빛나고 있어서, 나는 꼭 그러자고 약속하고 만다. 겨우 다음 중간고사 범위 따위가 가장 큰 걱정이어야 할 중학생에게는 사실 그 꿈이 까마득하고도 아슬아슬하게만 보인다. 그러다 보면 아직 이 세상에 책임질 일이 없는 중학생 특유의 냉소로 모든 허례허식과 위선을 비웃다가도, 가끔은 전지전능한 신의 힘을 빌려야 할 만큼 간절해질 때도 있는 것이다.

그래서 우리는 반쯤은 반항하면서도 반쯤은 죄의식을 가진다. 그건 죄를 짓는 순간에도 짓지 않는 순간에도 항상 죄를 생각하고 있다는 뜻이다. 왜 우리가 완벽한 하나님의 어린양이 아닌가에 대해. 금지된 것을 원하는 우리의 비뚤어진 욕망에 대해. 우리의 신은 우리 머릿속까지도, 말이 되지 못한 감정까지도 들여다보고 단죄할 수 있는 신이다. 나는 비엘 소설을 읽을 때도 내가 레즈비언이 아닌가 고민할 때도 내 마음속에 달린 CCTV를 의식한다. 언제나 누군가가 나를 보고 있을 것처럼 느낀다. 하진과 내가 종교 학교가 아닌 곳에서, 어쩌면 여자만 있는 중학교에서 만났다면 상황이 좀 다르게 돌아갔을까.

글쎄, 다르지 않았을지도. 우리가 느끼는 죄의식은 단순히 종교적으로만 구성되어 있지는 않으니까. 우리는 하나님 앞에 신실한 여종이 되어야 하는 동시에, 가족에게는 착한 딸이 돼야 하며, 학교에서는 모범생이 돼야 하고, 동시에 남자 눈에 매력적인 여자가 돼야 한다. 실은 우리에게 지워진 의무는 서로 거의 구분되지 않을 만큼 한 덩어리로 뭉쳐 있고, 그중 하나라도 어기지 않으면 한 발짝도 나아가기 힘들다.

중학생이 되자 책상에 앉아 있는 시간이 길어져 살이 붙기 시작하지만, 딱 붙게 디자인된 여자 교복은 체형 변화를 용서하지 않는다. 꽤 비싼 교복을 엄마한테 다시 사달랄 엄두가 나지 않는다. 매일 아침 억지로 단추를 잠그고 지퍼를 올리고 스타킹을 끌어당길 때마다 나는 내 몸을 더 싫어하게 된다. 지엄한 교칙상 우리는 치마 밑에 스타킹만을 신을 수 있다. 여름에는 살구색 스타킹이 땀에 젖어 쓸리고, 겨울에는 얼음장 같은 냉기를 막아 보려고 조금이라도 두꺼운 검은 스타킹을 신었다가 교문 앞에서 타이츠가 아니냐고 잡힌다. 학교에서 야간자율학습을 마치고 잠잘 때가 되어서야 집에 들어오는 나에게 교복은 내 몸보다 한 치수 작은 감옥이다.

여드름이 올라와 이마를 덮는다. 자연스러운 성장 과정이라지만 부쩍 거울을 자주 보게 된 내 눈에는 긁어내고 싶을 만큼 흉물스럽다. 앞머리를 잘라 여드름을 가린다. 교칙을 어기지 않으려면 계속 앞머리 길이를 신경 써야 하고, 기름진 머리카락에 접촉해 여드름은 더 심하게 난다.

발목에 이런 모래주머니를 달고서 우리는 공부를 해야 한다. 그것도 잘해야 한다. 모든 과목, 모든 시험의 석차를 낱낱이 알려주는 중학교에서 여자는 남자보다 성적이 좋다. 여자가 1등에서 5등을 차지한 후에야 겨우 남자가 나올까 말까여서 '남자 1등'이라는 괴상한 용어가 나돌 정도다. 하지만 고등학생이 되면 타고난 체력도 좋고 한 방이 있는 남자가 역전한다는 근거 없는 소리를 듣는 우리는 몇 번을 이기더라도 예견된 실패가 불안하다.

그러니까 몸이 원흉이다. 모든 죄가 이 몸뚱이에서부터 솟아나는 듯하다. 기독교에서는 모든 인간이 용서를 빌어야 할 죄인이라고 하지만, 여자 쪽이 남자보다 죄가 크다고도 한다. 세계가 창조되었을 때 신의 모습을 본뜬 최초의 인간은 남자다. 여자는 나중에 남자의 필요에 따라, 남자로부터 만들어진다. 그 여자는 금기된 열매로 손을 뻗어 지식에 눈을 뜨고 남자에게도 권한다. 이 최초의 죄, 원죄는 우리 피에 흐르고, 우리는 몸으로써 죗값을 치른다. 질병도 고통도 없던 에덴동산에서 인류가 쫓겨날 때 여자는 신에게 이런 벌을 받는다. 내가 너에게 아기를 가지는 고통을 크게 하고, 너는 고통 중에 아기를 낳게 될 것이다. 너는 네 남편을 지배하려 할 것이고, 남편은 너를 다스릴 것이다.[26]

내가 짓지 않은 몇천 년 전의 죄가 나를 괴롭힌다는 걸 믿기란 쉽지 않지만 나는 가슴에 얹힌 돌덩이를, 매달 묻어 나오는 핏덩이를, 불어나는 살덩이를 끝내 받아들이듯이 천천히 그 교리를 삼킨다. 여자로 태어난 내 몸은 하나님의 은혜로만 씻을 수 있는 저주로 뒤덮여 있다.

서로를 부르는 영혼. 내가 왜 레즈비언이 아니라는 결론을 내렸는지 이미 그 말에 힌트가 있다. 우리의 **영혼**이 서로를 부를지라도 우리의 **몸**은 서로에게 등을 돌린 채다. 나의 몸을 사랑하지도 못하면서 다른 여자의 몸을 사랑할 수는 없는 일이다.

내가 레즈비언이 아니라고 확신하게 될 때쯤 하진은 남자친구를 사귄다. 같은 반 남자애다. 딱히 하진과 나처럼 잘 통하는 것 같지는 않다. 하진은 계속 나와 더 오랜 시간을 보내고, 더 깊은 애기를 하고, 나랑만 팔짱을 끼고 다닌다. 교칙으로 '이성' 교제가 금지되어 있지는 않으나 선생님들은 여학생과 남학생이 사귀다가 성적이 떨어질까 봐, 혹은 성적으로 금지된 행위를 할까 봐 눈에 불을 켠다. 그래서인지 하진과 그 남자애는 언뜻 서먹하게까지 보인다. 그래도 가끔 체육 시간에, 아니면 우리가 매점에 빵을 사러 갔을 때, 그 남자애가 우리 쪽으로 다가오면 나는 슬쩍 뒤로 빠진다. 그냥 그래야 할 것 같다. 우리가 어떤 사이이건 그 위에 남자와의 관계가 있다는 게 암묵적인 규칙인 것 같다. 내가 잠시라도 품었던 마음을 하진이 알게 될까 봐 나는 지레 더 조심한다.

하진이 중학생치고 꽤 긴 연애를 하는 동안 나는 언젠가 나타날 운명의 짝을 상상한다. 언젠가 꼭 만날 거라는 의지를 담아 윌^{Will}이라는 이름을 붙인 후, 힘들 때는 상상 속 남자친구 윌에게 편지를 쓴다. 내가 여태 받은 편지와 쓴 글을 모아 놓은 '추억 상자'를 뒤지다가, 봉투처럼 접히는 보라색 편지지를 발견한다. 촉이 얇은 펜으로 한 바닥을 빼곡하게 채운 편지는 이렇게 시작한다. 윌에게, 어느 것 하나 믿을 수 없이 부실할 때도 믿을 수 있는 나의 길버트, 힘들어. 너무 많이. 너 없이는 하루도 견딜 수 없을 정도로.

하진과 나, 둘 중 어느 쪽이 앤이고 어느 쪽이 다이애나인지 정해 두지는 않았지만 나는 항상 내가 앤이라고 생각한다. 하진은 예쁘고 누구에게나 사랑받고 빛나니까, 외모가 덜 매력적이고, 뻣뻣하고, 괴상하리만치 예민한 내 쪽이 앤일 수밖에. 나는 하진을 좋아하는 만큼이나 하진의 모든 특성을 질투하고, 누군가는 하진보다는 내 쪽을 선호해 주기를 바란다. 내가 너무나 사랑하고 싶지만 도저히 사랑할 수 없는 나라는 인간을 누군가가 대신 사랑해 주기를 바란다. 나중에 앤과 결혼하는 길버트처럼 말이다.

나는 중학교 3학년 1학기를 마치고 미국으로 유학을 가지만 하진과 나의 우정은 이어진다. 태평양을 사이에 둔 고등학교 시절을 넘어, 관심사와 취향이 달라진 대학생 시절을 지나, 삶의 경로가 어긋나기 시작한 대학원 때까지. 나는 대학을 졸업하자마자 결혼하고, 하진은 결혼식에 와서 내 사진을 찍어 주고 결혼 선물로 비싼 르크루제 무쇠 냄비까지 사 준다. 내가 던지는 부케를 받는 것도 하진이다. 중학생 때 상상한 월과는 차이가 있지만, 나는 내 옆에 있는 이 남자가 그토록 찾아 헤매던 운명의 짝이라고 믿는다.

나, 남자친구랑 결혼할까 봐. 그때쯤 다른 남자와 연애를 하고 있던 하진이 카카오톡으로 내게 그런 말을 툭 던진다. 어쩐지 미적지근한 말투에 나는 조금 당황해서 그 남자를 그만큼 사랑하냐고 묻는다. 하진은 더 좋은 조건을 가진 남자를 만날 것 같지 않다고 대답한다. 그때 우리는 겨우 스물다섯이었다. 나는 하진에게 조금 더 생각해 보라고 말한다. 네가 할 말은 아니지. 나는 그 말에 상처를 받고서도 하진에게 무슨 뜻이었는지는 묻지 않고, 아직도 모르겠다. 지금 와서 보면 정말 내가 할 말은 아니었는지도.

우리는 결국 멀어진다. 아니, 이미 남자와의 관계 때문에 하진은 뒷전이 된 내가 사소한 갈등 끝에 먼저 연락을 끊는다. 내 시간은 이제 온통 남자로 채워지게 된다. 《빨강머리 앤》을 읽으면서 앤이 멀리 대학을 가고 길버트와 결혼한 후 다이애나와의 사이가 멀어지는 게 그렇게 가슴이 아팠으면서, 정해진 운명처럼 우리는 갈라져 버린다. 결국 팬픽 이반 시절을 부정하게 된 언니들과 끝은 다르지 않은 셈이다.

나는 가끔 하진의 페이스북 계정을 찾아서 전체 공개로 써진 몇 개 안 되는 글을 보고, 하진이 나를 부르지 않고 결혼했다는 사실을 알게 된다. 하진도 가끔은 나를 떠올릴지 궁금하다. 하진이 나에겐 닫힌 문 뒤에서 행복할까 궁금하다.

진심으로 하진이 행복하기만을 바란다. 하지만 나는 이제 문 뒤에서 무슨 일이 벌어질 수 있는지 안다. 직접 겪어서 너무 잘 안다. 부당한 대우를 당하더라도 말하지 못하는 심정을 알고, 문을 내 손으로 걸어 잠그기는 했으나 그래도 고통스럽다고 말하기까지 얼마나 큰 용기가 필요한지도 안다. 혼자 다시 열고 나오기에 그 문이 얼마나 무거운지도 안다. 그러니까 하진이 혹시 불행하더라도 내가 알 길은 없을 것이다. 하진에게 약속한 자서전은 써 주지 못하더라도, 그 대신이라고 생각하면서 문을 활짝 열어젖히듯 이 이야기를 쓴다. 내 이야기는 결국 우리의 이야기고, 우리의 이야기는 네 이야기기도 할 테니까. 언젠가 나는 다시 네게 연락할 용기를 낼 수 있을 것이다.

내가 이혼 후 돌아온 본가에는 어릴 때 읽었던 《빨강머리 앤》 전집이 그대로 있다. 귀퉁이가 접힌 구절에 눈길이 머문다.

네가 나를 사랑한다고 말했을 때의 그 가슴 설레던 기쁨을 지금도 잊을 수가 없어. 내 어린 시절이 얼마나 쓸쓸하고 애정에 굶주린 것이었는지 요즘에 와서 가슴속 깊이 깨달았어. 나를 부모처럼 염려해 주는 사람도 없었고 맡아 주겠다는 사람도 없었으니까. 그 신기한 꿈의 나라에서 간절히 원하던 친구와 애정을 얻지 못한다면 얼마나 비참했을까?[27]

4 알파걸의 베타 엔딩

4. 알파걸의
베타 엔딩

　　　　　아, 또 이 꿈이네. 이혼 서류를 낸 지 얼마 되지 않아 깊게 잠들지 못하는 나는 몽롱한 채로 감지한다. 그와 동시에 15년도 더 된 과거의 어떤 순간으로 순식간에 미끄러져 들어간다. 미국으로 유학 간 내가 4년간 다녔던 고등학교다. 그중에서도 내가 배정된 기숙사 방에 처음으로 발을 들여놓은 시점이다.

안녕, 나는 앤이라고 해. 나는 온 힘을 짜내서 인사를 건넨다. 내 입에서 나오는 영어도, 《빨강머리 앤》에서 따온 새 이름도, 모든 것이 어색하다. 세상천지 나 혼자 뚝 떨어진 막막한 기분이다. 이제 다른 룸메이트 둘이 돌아볼 것이다. 나보다 먼저 도착해 이미 서로 친해진 오드리와 세라는 미간을 찌푸리고 날 잠시 볼 것이다. 미리 몸이 굳는다. 그들은 입꼬리를 끌어올린 채 반갑다고 호들갑을 떨면서도 눈빛으로는 나를 밀어낼 것이고, 나는 곧 분위기를 읽는 능력이 생길 것이다. 나를 가로막는 유리벽을 부딪쳐 보지 않고도 감지하게 될 것이다. 이제 4년간 나는 여기서 벗어날 수 없다. 원래라면, 그래야 한다.

어? 수진아? 지영아? 너희가 왜 여기서 나와?

그러나 이건 꿈이다. 최근 친해진 친구들이 장난기 어린 얼굴로 돌아보고 있다. 이상하다, 수진이랑 지영이가 여기 있을 리 없는데. 오래 고민할 여유는 없다. 나는 친구들에게 학교 구석구석을 소개한다. 자유롭고 세련된 휴게실은 내가 기억하는 학교보다는 며칠 전 인터넷에서 본 구글 사옥과 비슷하다. 대체 무슨 조합이야, 이게? 난 황당해하며 깨어난다.

늘 이런 식이다. 내 무의식은 자꾸 고등학교 시절을 변주해서 내 눈앞에 집요하게 들이민다. 내 삶에 변화가 있을 때마다 이렇게 현재와 과거, 소망과 절망이 버무려진 꿈을 마주하곤 한다. 나는 이제 미국도 아니고 고등학생도 아니다. 충분히 멀어졌다고 믿는데도, 무의식은 그 시기를 흘려보낼 준비가 되지 않은 듯하다. 아마도 그건 매듭짓지 않은 무언가가 있다는 신호다.

이제는 그곳으로 돌아가야 한다. 맨정신으로, 내 의지로 되돌아가되, 다른 눈으로 보아야 한다. 그저 덮어 두기 급급했던 기억 속에 내가 놓친 단서가 숨겨져 있으리라는 예감이 든다. 아직도 혼자 가기는 두렵다. 이 글을 읽는 당신과 같이 돌아간다는 든든한 상상에 겨우 용기를 내면서, 나는 심호흡을 한다.

내가 중학교 2학년이던 2004년은 유독 유학 성공기가 많이 쏟아져 나온 해였다. 나는 자립형 사립고를 2년 만에 졸업하고 미국 명문대 10곳에 합격한 박원희(《공부 9단 오기 10단》)나, 미스코리아 진을 거쳐 하버드로 유학 간 금나나(《너나 나나 할 수 있다》), 중학교 때 영국으로 건너가 영국 대입 시험에서 전 과목 A를 받고 케임브리지 대학에 입학한 손에스더(《한국의 꼴찌소녀 케임브리지 입성기》)28를 보면서, 미국 유학의 꿈을 꾼다. 우연인지 필연인지 이들은 모두 여자였다. 여자가 배워서 뭐 하냐는 말이 아니라, 여자니까 전문직이 되어야 한다는 말을 듣고 자란 딸들이었다. 나는 학력고사 시대의 촉망받는 맏아들 대신, 나보다 나이가 네 살에서 일곱 살 많을 뿐인 그 언니들을 영웅처럼 우러러본다.

언니, 나는 내가 하버드 갈 줄 알았어! 나는 은수를 만나 이화대학 앞 밤거리를 걸으며 그 시절의 이야기를 하다가, 짐짓 큰소리를 치는 은수를 보며 웃음을 터트린다. 야, 나도거든? 페미니즘 행사를 함께 준비하며 친해진 은수는 내가 아는 그 누구보다도 추진력 넘치고, 나보다 네 살이 어리다. 까마득히 높은 곳을 향해 몸을 던졌다가 추락해야 했던 과거를 농담거리로 삼을 수 있을 만큼 우리는 나이가 들었다. 우리는 똑똑했고, 이왕이면 최고가 되고 싶었고, 왠지 모르게 필사적이었다. 한국의 공고한 대학 서열을 우물 안 개구리 싸움 취급할 수 있는 곳으로, 세계에서 가장 우수한 학생들이 모여드는 대학으로 갈 수만 있다면 뭐든 할 수 있을 것 같았다.

딱 그 무렵, 꿈은 크게 꾸라고 은수와 내가 정말 하버드에 갈 수도 있다고 생각했을 무렵, **알파걸**이라는 말이 세계를 강타한다. 이 말을 처음 퍼트린 댄 킨들런은 공교롭게도 하버드대 아동심리학 교수고, 한국 매체는 킨들런 교수의 책[29]이 한국어로 번역되기 전부터 외신 기사를 받아 적으며 호들갑을 떤다. 가장 시기가 이른 2006년 〈국민일보〉 기사는 알파걸이 **수천 년 동안 지속돼 온 남녀 불평등 통념에 아랑곳없이 자신의 능력으로 남성을 추월한 13~17세 엘리트 여학생**[30]이라고 소개한다. 당시의 13~17세라면 딱 은수와 내 또래다. 기사는 머지않아 학교뿐 아니라 사회 각 분야에서도 알파걸 선풍이 확산될 것이라는 희망찬 전망으로 끝을 맺는다.

나는 〈국민일보〉가 인용한 영국 언론 〈더 타임스〉 기사도 검색해서 읽어 본다. 이들은 페미니즘 혁명이 낳은 딸이지만, 자기가 남자보다 똑똑하다는 걸 아는 이상 페미니스트가 될 필요를 느끼지 못한다.[31] 과거의 나를 정확히 비추는 문장이 낯부끄럽다. 그런 여자아이가 알파걸이라면 과연 나는 부정할 수 없는 알파걸 세대다.

출발선에 선 우리 앞에 장애물은 없다. 페미니즘 운동이라는 것이 장애물을 치우는 역할을 한 모양이지만, 알 바는 아니다. 과거는 우리 잘못이 아니니 고마울 필요도 없지 않은가. 우리는 달리기만 하면 된다. 게임의 규칙은 이론상 공평하고 우리는 작은 반칙 따위는 거슬리지도 않을 만큼 명백히 우수하다. 아니지, 나는 우리라는 단어로 사고하지도 않는다. 다른 여자애들은 몰라도 나만은 성별에 상관없는 1등이 될 수 있기를. 할머니나 엄마나 언니 세대는 왜 못했는지 몰라도 나만은 다르기를. 아마도 그들은 나만큼 똑똑하지 않았을 거라고 내심 믿으면서, 출발을 알리는 신호탄에만 촉각을 곤두세운다.

내가 그렇게 부푼 꿈을 갖고 유학 간 고등학교는, 아이비리그 잘 보내기로 유명한 동부 사립학교도, 날씨 좋은 서부 해안의 공립학교도 아니다. 나는 큰 호수를 끼고 있어 눈이 무지막지하게 많이 오는 미시간주의 벽촌으로 간다. 내가 다니던 중학교와 실낱같은 연이 있는 기독교계 기숙학교다. 그리 넉넉한 사정은 아닌 엄마 아빠가 감당할 수 있을 만큼 학비가 저렴하다는 것, 사실상 학교에 대해 아는 건 그게 다다. 몰라서 더 용감하다. 넌 어디 가든 잘할 거야. 내가 중학교 자퇴서를 내러 간 날, 선생님들과 친구들은 그렇게 말하며 등을 두드린다. 나는 그 말을 믿는다.

구글 지도에 내가 다닌 고등학교를 검색한 나는 허락하는 한 가까이 확대했다가 다시 허락하는 한 멀리서 학교를 본다. 그렇게 몇 번을 반복한다. 세계가 한눈에 보일 만큼 멀어져야, 내가 태어나서 자란 아시아 대륙과 학교가 있는 미대륙이 동시에 보인다. 그 사이에 있는 북태평양은 무정하리만큼 드넓어서 징검다리가 될 만한 땅조차 보이지 않는다. 그렇게나 징그럽게 멀다.

다시 가까이 간다. 미국 특유의 자로 대고 그은 듯한 네모꼴 구획이 바둑판처럼 나뉘고, 더 작은 네모로 갈수록 점점 별 표지도 없이 지도가 성글어진다. 더는 나뉘지 않는 가장 작은 네모, 도시는커녕 마을이라고 하기도 민망한 이 사각형이 내가 4년을 보낼 곳이다. 바닷물 한 컵이 바다에 대해 말해 주는 바가 있다면, 나도 이 사각형에서 겪은 일로 미국에 대해 조금은 말할 수 있을 것이다.

돌아가기 위해 왕복 170만 원을 내고 비행기 표를 끊을 필요는 없다. 내가 찾는 건 전부 내 기억 속에 있다. 나는 조금은 망설이다가 기억을 유영하는 한 마리 새가 되어 사각형 속으로 몸을 던진다.

엄마, 나 데리러 와. 나 여기 못 있겠어. 집에 갈래. 내 첫 룸메이트 오드리가 30분째 전화통을 붙잡고 숨이 넘어갈 듯 흐느낀다. 이 학교는 핸드폰도 허락되지 않을 만큼 교칙이 엄격해서 무조건 기숙사 공용 전화기를 써야 하는데, 소리가 복도를 타고 방 안까지 들릴 만큼 크게 운다. 오드리처럼 이 땅에서 태어나 영어로밖에 말하지 못하는 미국인일지라도 열다섯은 엄마와 완전히 떨어져 살기에는 조금 이른 나이다.

모든 게 낯설고 말이 제대로 들리지 않던 첫 학기는 부옇게만 기억나지만, 오드리의 전화를 본의 아니게 엿듣던 순간은 또렷하다. 눈물에 섞여 뭉개지는 단어들은 영어라는 점만 빼면 내 입에서 튀어나온 것만 같았기 때문에.

응, 응, 난 괜찮아. 응, 수업 잘 듣고 있어. 하지만 난 엄마에게 전화를 걸어도 고작 이런 말만 한다. 목이 메도 눈물이 고여도 우리는 최대한 서로에게 티를 내지 않는다. 자청해서 유학 와 놓고 돌아가겠다고 떼를 쓰기에는 자존심이 상하고, 일만 킬로미터도 넘는 곳에 있는 엄마가 날 위해 차를 끌고 올 수 없음은 명백하다.

항상 뚱하게 날 본체만체하던 오드리는 결국 한 달도 되지 않아 짐을 싸서 집으로 돌아간다. 나는 남는다. 숨 막히게 힘들어질 때면 엄마가 동대문 시장에서 사서 기어코 이민 가방에 싸준 분홍색 극세사 담요에 코를 박고 냄새를 맡는다. 대체 어떻게 빨았는지 몰라도 진한 섬유유연제 향이 사라지지 않는다. 내가 그렇게 이불은 가서 사겠다고 해도 가져가라고 우기던 엄마 모습이 떠오르고, 이 낯선 땅에서 담요를 통해 쉬는 숨만 진짜처럼 느껴진다.

아빠는 우리 인휘 믿는다. 한국인이랑 놀지 말고 거기 애들을 사귀어. 전화 너머의 아빠는 엄숙한 목소리로 성공적인 유학 생활을 위한 조언을 한다. **백인 친구 말이다.** 아빠는 혹시라도 내가 못 알아들었을까 봐 확실하게 덧붙인다. 나는 아빠에게 이쪽 상황을 어떻게 전달해야 할지 도무지 몰라서, 그냥 짜증을 낸다. 아빠, 그런 말 좀 하지 마.

아빠는 틀렸지만 맞기도 하다. 내 자리를 찾는 것, 어쩌면 승패는 거기에 달려 있다. 나는 어떻게 발음하는지도 모르는 음식을 식판에 받은 채 전교생이 식사하는 학교 카페테리아를 둘러본다. 한가운데쯤 테이블을 멋대로 옮겨서 길게 붙인 자리에 먼저 눈길이 간다. 거기 앉은 아이들은 쾌활하고 당당하며 무엇보다 공간을 넓게 쓴다. 전부 백인은 아니지만 거의 백인이고, 구김살 없이 밝다. 누가 일러 주기도 전에 그들이 이곳의 주인이라는 사실을 알아차린다. 말을 잘 못 알아듣기 때문에 동물적 감각이 더 예민하게 작동하는지도 모른다. 저 식탁에 자연스럽게 앉을 수만 있다면, 나도 저 무리에 낄 수 있다면, 내 이야기는 어떤 유학 성공기 못지않을 것이다. 그러나 식탁을 둘러싼 투명한 방어벽이 나를 튕겨 내는 듯 느껴진다.

나는 어정쩡하게 식판을 들고 고민한다. 앉기는 앉아야 한다. 하지만 어디에 앉을 것인가. 식탁은 무리로 구분되어 있다. 주로 인종으로, 인종 안에서도 관심사에 따라서. 흑인끼리, 히스패닉끼리, 백인 중에서도 하나님을 열심히 믿는 아이들끼리. 나는 이미 형성된 무리 어디에도 속하지 않는 것 같다. 첫해에는 한국인 유학생이 거의 한 손에 꼽을 정도라, 아빠의 조언을 어기려 해도 같이 앉을 한국인이 없다. 억지로 끼어 앉기라도 할 무리를 찾지 못한 나는 아무도 없는 테이블에 식판을 내려놓고 위축된 기분으로 식사를 시작한다. 빨리 먹고 여길 빠져나가고 싶다는 마음뿐이다.

내가 처음부터 끝까지 혼자서 한 테이블을 차지할 수 있었던 적은 거의 한 번도 없다. 누군가가, 주로 마음씨가 유독 착한 여자아이가, 친구와 함께 들어오다가 혼자 앉은 날 보고 일종의 도덕적 의무라는 듯 친구를 보내고 내 앞에 앉는다. 그 과정이 얼마나 물 흐르듯 자연스럽든 간에 나는 늘 그 친절이 비참하다고 느낀다. 몇 학년이야? 학교 다니기는 좀 어때? 동생 있어? 겉을 맴도는 얄팍한 질문이 이어지고, 나는 다음에 나오는 질문이 더 싫다. 한국 날씨는 어때? 한국에도 크리스마스가 있어? 한국에서도 엔칠라다를 먹어? 한국인이라는 거대한 탈을 뒤집어쓴 기분이다. 그런 탈을 쓰고 있는 줄도 몰랐는데 화들짝 놀라 벗으려 해도 벗어지지 않고, 어딜 가도 나는 그 탈로만 보이는 듯하다. 당연한 호기심이라는 걸 알지만, 선의라는 걸 알지만, 좋게 잘 넘겨야 한다는 걸 알지만, 나는 대범해질 여유가 없고 그런 질문을 받을 때마다 마음의 문을 걸어 닫게 된다.

공부는 차라리 쉽다. 내게 익숙한 장르다. 처음에는 숙제가 무엇인지조차 알아듣지 못해서 선생님을 다시 찾아가고 전자사전에서 단어 다섯 개를 찾아야 한 문장을 겨우 이해하지만, 빠르게 나아진다. 나는 캠퍼스의 어떤 공간보다도 교실이 마음이 편하다. 거기가 내 자리인 듯해서 공부에 더 매달린다. 고등학교 성적표를 찾아보니 나는 미국에 막 도착한 9학년 1학기에도 전부 A 혹은 A-를 받고, 79명의 같은 학년 졸업생 중 2등으로 졸업한다.

실은 그게 문제다. 지나치게 쉽다는 것. 내가 똑똑한 게 아니라 아무도 이런 경기에는 진심이 아니라는 것. 입시 준비에 특화된 학교가 아니어도 한국 인문계 고등학교의 분위기와 비슷하리라는 막연한 예상은 빠르게 깨진다. 와, 넌 천재인가 봐. 내 미국사 쪽지 시험 점수를 들은 룸메이트는 아무런 미련 없이 나를 칭찬한다. 역시 아시아인이라 그런가. 퍼즐이 맞춰졌다는 듯이, 내 성취는 부러운 게 아니라 당연한 게 된다.

혹시 보라색 아이섀도 있는 사람? 제발!

미국에 와서 맞는 첫 번째 주말, 기숙사 방문을 두드리는 소리가 들린다. 내가 열어 주기도 전에 벌컥 문이 열린다. 지나치며 봤을 뿐 이름도 긴가민가한 사이다. 그는 화장기 없는 내 얼굴을 보고 대번에 실망스러운 표정을 짓고는 다음 방문으로 향한다. 열린 방문 사이로 바깥의 소음이 새어 들어온다. 몇 갠지 모를 드라이기가 방마다 윙윙거린다. 야, 나 저번에 빌렸던 하이힐 좀! 누군가는 복도를 가로지르며 미리 소리친다. 온갖 미용 도구가 날아다니고 있다. 앞으로 매 주말 반복될 일상이다.

내가 별종이라는 건 곧 명확해진다. 남자애들이야 너드[Nerd]라고 불리며 몰려다니는 소수가 있어도 여자애들은 그 누구도 나처럼 성적에 목숨 걸지 않는다. **알파걸**의 본고장이라지만, 내가 공부를 잘하는 게 여기서는 아무 의미가 없다. 내가 발버둥을 칠수록 은근히 질려 하는 듯한 눈빛만 쏟아진다.

여기서 높게 치는 건 따로 있다. 예를 들어 학교 체조팀에 들어갈 수 있었다면 달랐을 것이다. 체조팀은 누구나 선망하지만 아무나 들어갈 수는 없는 특별활동이다. 매년 초 엄격한 선발시험을 거쳐서 뽑힌 이들은 자유시간을 바쳐 꼬박꼬박 연습에 참여하고, 학교 체육관에서는 물론이고 지역 사회에도 초대받아 공연하러 다닌다. 체조라곤 올림픽에 체조라는 종목이 있다는 것밖에 몰랐던 나지만 공연을 보고 나서는 왜 그렇게 난리인지 이해한다. 〈캐리비안의 해적〉 배경 음악처럼 웅장한 음률에 맞춰서 서른 명도 넘는 아이들이 척척 움직이면서 각종 기예를 펼친다.

공연의 백미는 공들여 쌓은 거대한 인간 탑 위로 가장 가볍고 늘씬한 여자아이들이 손을 번쩍 들고 솟아오르는 순간, 그리고 이들이 허공으로 몸을 던져 미련 없이 탑을 무너트리는 순간이다. 물론 이들을 솟아오르게 하고, 떨어진 이들을 든든하게 받아내는 건 몸집 두툼한 남자아이들이다. 어두운 체육관에서 이들을 비추는 스포트라이트는 마치 이들이야말로 완벽하게 조형된 인간상이 아니냐고, 여자는 마땅히 이래야 하고 남자는 마땅히 이래야 하지 않겠냐고 묻는 듯하다.

체조팀 아이들은 카페테리아 한가운데 테이블을 당당하게 차지하고, 휴게실에서는 가장 편한 소파에 몸을 겹쳐 앉은 채 분위기를 장악하고, 학교 강당에 모여 영화를 볼 때면 불이 꺼질 때까지 활기차게 떠든다. 어디에 앉아야, 언제쯤 나타나야 내가 외톨이라는 게 최대한 눈에 덜 띌까? 내가 몇천 번이고 치열하게 하는 고민을 이들은 하지 않는다. 아마도 이 세계에 장르가 있다면 하이틴 로맨스일 것이고, 모든 자리가 제집처럼 편안한 체조팀 아이들은 주인공일 것이다. 체조팀 소속 남자애가 체조팀 여자애에게 꽃을 주며 고백했다는 이야기는 단 몇 시간 만에 학교에 퍼지고, 묵묵하고 재미없게 공부만 하는 나는 도무지 장르에 맞지 않는다.

졸업한 지 10년도 넘어 들어간 학교 홈페이지에는 체조팀 페이스북이 링크되어 있는데, 페이스북 피드를 내리다가 익숙한 얼굴들과 마주친다. 운영자가 추억에 잠기기라도 했는지 2007년 체조팀 여자아이들끼리만 찍은 사진이 2020년 4월에 다시 올라왔다. 당시 학교에서 가장 인기 있던 애들을 대라면 누구나 여기 있는 이들을 꼽았을 것이다. 이들은 공통점이 많다. 열일곱 명 전부가 백인이고, 연갈색 머리 두 명 정도를 제외하면 머리카락이 아주 밝은 금발이다. 뺨은 딱 보기 좋은 분홍색으로 달궈지고, 가지런한 이는 치약 광고에서처럼 희게 빛난다. 당시 유행하던 아베크롬비, 아메리칸이글, 홀리스터 같은 브랜드의 딱 달라붙고 깊게 팬 상의 안에 탱크톱을 받쳐 입어서 곡선을 강조한다.

사진 속 얼굴을 보고 있으니 그들의 목소리와 말투까지 희미하게 들려온다. 높고 가늘어서 아기 같기도 한, 애정 어린 놀림을 유도하는 그들의 영어를 오래 귀로 관찰했기 때문일 것이다. 나만 그들을 질투한 건 아니어서 학교에서는 체조팀 누구누구가 가짜로 꾸며낸 새된 목소리로 말한다는 소문이 주기적으로 돈다. 소문의 주인공인 여자아이가 억울해 하며 절대 아니라고 항변하면 둘러싸고 있는 남자애들은 그조차 귀여워하며 놀린다. 비슷한 맥락에서 그들의 머리카락이 태생적으로 금발은 아니라는 소문도 퍼진다. 마치 그게 사실이면 그들의 가치가 어떻게든 훼손되기라도 하는 것처럼.

노력한다고 되는 일이 아니다. 한두 개 정도가 다르면 미련이라도 있을 텐데, 난 아예 꿈도 꾸지 않는다. 피부색을 어쩔 수도 없고 염색을 해 봤자 동화에 등장할 법한 금으로 자아 올린 실 같은 머리 색을 낼 수는 없다. 그래도 조금은 흉내 내 본다. 딱딱하고 뚝뚝 끊기는 외국인의 말투나마 말끝을 질문하듯 살짝 올려서 그들처럼 부드러워 보이려고 한다. 그들의 티 없는 쾌활함을 가장해 말을 건네기도 한다. 차로만 두세 시간 가야 하는 쇼핑몰에 누가 태워다 주면 엄마가 준 용돈을 들고 그들이 입는 브랜드 옷가게를 기웃거린다. 힘을 조금만 세게 주면 찢어지게 생긴 천 주제에 비싸고, 인종이 다른 내 체형에는 도무지 어울리지 않지만 몇 개 사보기는 한다. 그냥, 그렇게 무용한 시도를 한다.

무엇을 바라든 내 욕망은 나를 초라하게 만들 뿐이어서, 나는 점점 뭘 원하지 않게 된다. 그래도 아무에게도 보이지 못하고 혼자 품었던 바람이 있다. 홀러웨이 선생님의 수업 준비를 돕는 학생 조교가 되고 싶었다. 내게 영어와 종교를 가르쳤던 선생님을 나는 학창 시절을 통틀어 가장 좋아한다. 선생님은 아이디어가 넘치고 어떤 재미없는 수업 내용이라도 흥미진진하게 만드는 재주가 있다. 욕심은 많고 표현은 잘 안 되는 내 글을 인내심 있게 읽어주고, 그러면서도 빨간 펜으로 꼭 필요한 조언을 해 주고, 올리브그린 색 눈을 빛내며 칭찬을 쏟아부어 준다.

나는 선생님을 더 깜짝 놀라게 하고 싶어서 숙제에 온 힘을 쏟는다. 한 해 동안 쓴 글을 포트폴리오로 꾸며 오라고 하면 냅킨 여러 장을 겹쳐 색색으로 물들여 종이부터 만들고, 예수의 고난을 시각적으로 표현해 보라고 하면 손바닥만 한 예수 모형을 찰흙으로 빚어 골판지로 만든 골고다 언덕을 따라 움직이게 해서 낸다. 선생님이 놀라서 잠시 내 영어 이름을 길게 늘여 부를 뿐 아무 말도 못 할 때가 가장 짜릿하다.

홀러웨이 선생님은 혼자서 도시 여자 같다. 해가 잘 나지 않는 이곳의 창백한 사람들과는 달리 기계로 태닝한 불그스름한 피부를 한 것도 그렇고, 딱 붙는 청바지 위에 무릎까지 오는 스웨이드 부츠를 신는 것도 그렇다. 잘 관리한 다갈색 단발머리는 항상 결 좋게 찰랑거린다. 무엇보다 왼손 약지에 낀 다이아몬드 반지, 그리고 학생들이 보고 있어도 한달음에 달려와 선생님을 번쩍 안아 들고 키스하는 남편이 완벽한 삶을 완성한다.

체조팀 여자아이들이 나이가 들면 저렇게 되는 걸까. 선생님의 교실에 붙은 작은 사무실이 항상 체조팀 아이들로 북적거리는 걸 보면 그럴 거 같기도 하면서도, 또 그렇게는 믿고 싶지 않다. 선생님은 매년 자기 학생 중에서 몇 명을 조교로 뽑아 수업을 돕고 교실을 꾸미게 한다. 선생님이 뽑은 조교 언니들은 전부 흰색으로 보일 정도로 밝은 금발이고, 백인이고, 또 체조팀이지만, 나는 그건 우연의 일치일 수도 있다고 생각한다. 알고 보면 내가 선생님을 더 잘 이해할 수 있는 부분도 있을 것 같다. 내가 여기서 태어났더라면, 영어를 조금만 더 잘했더라면, 낭만적인 눈빛으로 《위대한 유산》을 읽어주는 선생님과 더 깊은 얘기를 할 텐데. 날 조교로 뽑아 주면 모두를 놀라게 할 아이디어를 내고, 꼼꼼한 손재주로 교실을 다른 세상처럼 꾸밀 텐데.

말할 것도 없이 나는 조교가 되지 못한다. 새 학년이 시작된 후 나보다 성적도 좋지 않고, 멍청하다고 조금은 깔봤던 같은 학년 체조팀 여자아이 둘을 선생님 사무실에서 처음 발견했을 때 쓴 약을 삼킨 것처럼 괴롭다. 표정을 일그러트리지 않기 위해 내 모든 에너지를 쏟는다. 아무에게도 들킬 수 없다. 영어도 더듬더듬 겨우 하는 내가 영어를 가르치는 홀러웨이 선생님 조교를 꿈꾸다니, 누가 들으면 얼마나 웃길까. 상상만 해 봐도 안 어울리는 그림이지 않냐고 나부터 나를 비웃는다. 그때 처음으로 이 유학이 성공할 리 없다고, 내가 쌓아 올린 거대한 꿈은 끝내 하중을 버티지 못하고 무너져 버릴 거라고, 희미하게 예감했던 것 같다.

내가 더 빨리 미국에 와서 영어를 능숙하게 했으면 어땠을까? 모두 나를 사랑하지 않고는 못 배길 만큼 내 성격이 밝았다면? 내가 여기서 태어난 아시아계 미국인이었다면? 내가 백인이었다면? 백인인데 체조팀은 아니고, 뚱뚱하고 못생겼다면? 나는 어떤 평행우주에서 조교가 될 수 있었을까. 누구도 답할 수 없는 질문이라는 걸 잘 안다. 조건을 바꿔 가며 실험해 볼 수도 없는 일이고, 무엇보다 조건을 바꾸면 내가 아닌데, 나는 어차피 미국에 온 지 얼마 안 된 한국인 유학생 이외의 무언가가 될 수 없는데 파고들어 봤자 무슨 소용인가 싶다.

그러나 정해진 시간 안에 같은 시험지를 놓고 풀 때는 곧잘 1등을 하는 내가, 다른 모든 대결에서 번번이 불리했다는 걸 어떻게 설명해야 할까? 컴퓨터와 미술 수업에서는 A를 받아도 졸업 앨범 편집부 부장 자리는 나보다 컴퓨터를 잘 못 다루고 손이 여물지 못한 같은 학년 에마에게 돌아간다. 우리 학년 졸업 무대의 뒷배경을 꾸미는 것도, 손재주 있다고 찬탄 받는 내가 아니라 나에게 조언을 구하러 오는 모건에게 맡겨진다. 심증이 있을 뿐 결정적인 증거가 있을 수 없는 대결에서는, 아니 그런 대결에서만, 나는 한 번도 이기지 못한다.

자로 잴 수 없는 무언가가 부족했다고 생각해야 할 것이다. 내가 또 아시아인의 버릇을 못 버리고 숫자와 등수에 집착해서 무언가를 놓친 것이다. 커뮤니케이션이나 친화력, 뭐 그런 거 말이다. 내가 더 노력해야 했노라고, 아니, 노력해도 도저히 안 되는 무언가가 있는 거라고, 그렇게 생각해야 속이 편할 것이다. 어디 따질 수도 없는 미묘한 좌절은 한참 축적되고 난 후에야 차별이라는 그림이 드러난다. 그마저 군데군데 영원히 잃어버린 퍼즐 조각 때문에 평생을 가도 자, 여기를 보라고, 내가 말하지 않았느냐고, 얄미운 상대를 입 다물게 할 만큼 명확해지지는 않는다.

증명할 수 있는 차별, 차라리 그쪽이 나은지도 모른다. 정당한 분노를 품고 화염병을 던져서 바꿀 수 있는 규칙 한 줄이었다면 나는 나를 그렇게 채찍질하고 속을 끓이지 않았을지도 모른다.

나는 알파걸답게 노력으로 해결하려 한다. 때로는 내 탓을 하고, 때로는 더 열심히 하기로 다짐한다. 점수로 결판나는 종목에서 이기면 되지 않느냐고 나 자신을 애써 안심시킨다. 여기 사정은 아무것도 모르는 엄마 아빠는 당연히 똑똑한 우리 딸은 아이비리그라도 갈 줄 알고, 나는 누구의 도움도 없이, 턱없이 부족한 대입 시험 점수로 무작정 원서를 넣는다. 허공에 쏘아 올린 종이비행기처럼 내가 아무 데도 도착하지 못할 게 확실해졌을 때, 내가 알파걸로서 실패했을 때, 나는 더는 내가 무엇인지 알지 못한다.

세상은 우리에게 승리가 보장된 양 굴었지만, 우리에게 보장된 건 실패였다는 생각이 이제 와 든다. 나는 이것저것 자료를 찾아보다가 내가 유학길에 오른 2005년 기준 고등학교 학생 중 조기 유학생 수가 단 5,582명이었다는 통계에 충격받는다.[32] 많은 수가 이 단계부터 튕겨 나갔을 것이다. 2007년 기준으로 북미에서 대학을 다니는 한국인 유학생도 3만 5,921명밖에 되지 않는다.[33] 그중에서도 공부에 목숨 걸기로 유명한 아시아인끼리 경쟁을 붙이는 아시안 쿼터*를 뚫고서 한국의 엄마 아빠가 이름을 들어 봤을 만한 대학에 다니는 유학생은, 그것도 막대한 학비를 장학금으로 충당할 만큼 특출나게 우수한 학생은 몇 명 정도 됐을까. 대학을 졸업한 후에 아시아인이자 여자라는 한계를 극복하고 번듯한 기업에 취직해 미국에 남을 권리를 취득한 사람은?

유학 가지 않고 한국에 남은 은수도 쓰라린 패배를 맛본다. 제주도에서 자란 은수는 경쟁률이 지금보다 훨씬 치열했던 외국어고등학교에 합격하고 싶어서 강남 대치동까지 와서 기숙학원에서 공부한다. 은수가 합격하지 못한 건 열심히 하지 않아서가 아니다. 2007년 기준 전국의 특목고와 자사고 정원을 모두 합치면

---

* 하버드, 예일, 프린스턴 등 아이비리그 대학은 아시아인 입학생을 특정 비율 이상으로 뽑지 않는 아시안 쿼터Asian Quota의 존재를 부정하지만, 1990년대 이후 대입 연령대인 아시아계 미국인 인구가 증가하는 동안 아이비리그 아시아계 입학생 비율은 오히려 줄었다. (Ron Unz, "Statistics Indicate an Ivy League Asian Quota," 〈The New York Times〉, 2013년 12월 3일.)

1만 2,506명이다.[34] 전국에서 단 만 명 남짓, 여자가 반이라면 오천 명, 나머지는 무조건 지는 게임이기 때문이다.

　나는 한국에 돌아와 대학수학능력시험을 치른다. 그 냉혹한 줄 세우기를 피하려고 갖은 애를 써 놓고, 문제를 풀어 나가며 일말의 편안함마저 느낀다. 질문은 내게 가장 익숙한 언어로 되어 있고, 숫자와 순위로 된 결과는 내 위치를 정확히 일러줄 테니까. 높은 곳이든 낮은 곳이든 내게도 위치가 있다는 것만으로도 감지덕지한 기분이다. 게다가 내가 답안을 적어나가는 OMR 카드는 색안경을 낄 눈이 없어서, 내가 여자든지 남자든지, 가난하든지 부자든지, 자국인이든지 외국인이든지 같은 판정을 내릴 테다. 일단 보이는 데까지는 그렇다.

　짧은 준비 기간을 고려하면 운 좋게, 나는 누군가는 가고 싶어 할 서울 내에 있는 대학에 합격한다. 그런데도 기뻐하는 것이 아니라 중학교 동창들이 다니는 '위쪽' 대학과 비교하며 열등감과 무력감을 느낀다. 한편 은수는 다니는 대학이 마음에 들지 않아 다시 수능을 보기까지 한다. 소위 'SKY'로 묶이는 서울대, 연세대, 고려대의 입학 정원 역시 고작 1만 1,000여 명,[35] 역시 여자가 반절이라 치면 오천 명 남짓, 좁디좁지만 불가능해 보이지는 않는 그 바늘구멍 앞에서 좌절한 여자의 수는 전국에서 매년 오천 명을 뺀 만큼이다.

　시합 하나에서는 극적으로 승리할 수도 있었을 것이다. 아니,

그 모든 시합을 멋지게 때려눕힌 알파걸 중 알파걸도 어딘가에는 존재할 것이다. 그러나 아무리 그래도 오래 알파걸로 남지는 못했을 것이다.

과학고와 카이스트를 우수한 성적으로 졸업하고 입이 떡 벌어질 만큼 잘 알려진 미국 명문 대학에서 석박사 과정을 밟고 있는 세영은 내가 만난 사람 중 가장 엘리트다. 과학고 시절, 물리 올림피아드 시험을 보러 가는 45인승 대절 버스 안에서 여자는 세영 혼자다. 남학생들은 세영 들으라는 듯 같은 학교 여학생을 인기순으로 줄 세우고, 세영의 이름은 끝의 끝까지 나오지 않는다. 세영은 아무 노랫소리도 나오지 않는 이어폰을 귀에 더 세게 쑤셔 박는다. 아무리 대학에서 날고 기어 본들 유학 가기 전에 결혼하지 않으면 혼기를 놓친다는 말이나 듣고, 한국 IT 대기업들은 인재에 목메면서도 여자인 세영에게만은 손을 내밀지 않는다.

나에게 지대한 영향을 미친 《공부 9단 오기 10단》을 다시 펴 본다. 책날개 뒷면에는 저자 박원희가 그린 자화상이 실렸는데, 귀여운 캐리커처 위에 앞머리 좀 내리면 볼살 가려지는 줄 안다. **볼살, 숨길 수 없다**와 **이마 엄청 넓다** 같은 글씨가 적혀 있다. 미국 명문대 열 곳을 동시에 합격하는 기염을 토한 열일곱 학생조차 자기 볼과 이마의 생김새를 고민하게 하는 사회의 압력이 언젠가는 밀고 들어오고야 만다. 영웅 같았던 언니들의 이름을 검색해 보다가, 한 온라인 커뮤니티의 글을 보고 기분이 나빠진다. 골드미스들의 전철을 밟고 있는 것 같아요. 그 말에 반박하는 댓글도 딱히 반갑지 않다. 여기저기 좋은 선 자리 많이 들어오겠죠. 결혼 못 할 거라 걱정되지 않아요.

나는 우리가 왜 그렇게 절박했는지 이제 안다. **천재 아시아인으로서도, 알파걸로서도 나는 항상 초조하다.** 페미니즘 따위에 기댈 필요 없다고 생각하면서도, 이건 나의 피부색도 성별도 발목을 잡을 수 없는 공평한 경기라고 믿으면서도, 경기장 바깥을 의식하지 않을 수 없었던 것이다.

실은 모든 경기는 경기장 바깥과 무관하지 않다. 선수는 경기장에서 태어나지도, 경기장에서 살지도 않는다. 우리는 남자애들과는 달리, 백인 애들과는 달리 이번 판에 목숨을 건다. 독종 소리를 들으면서까지 우리 자신의 가치를 증명하려 한다. 그래야만 한다. 알파라는 것은 노력 없이 유지되는 지위가 아니라 심장이 터질 만큼 달려서 얻는 성취고, 알파 훈장이 떨어진 베타우먼의 삶은 너무도 당연한 패배이기 때문에. 그러니까 아무리 평평해 보이는 운동장도 실제로는 평평하지 않다.

인휘 씨, 나는 그때 이건 못 이길 판이구나 싶었어요. 나는 대학교 교양 수업에서 만나서 친밀해진 소연과 스카이프로 통화한다. 내가 대학원에 다닐 무렵 취업을 준비하는 막학기 학생이 된 소연은 어떤 절망적인 상황도 웃으면서 가볍게 전달하는 버릇이 있었다. 이런 처지인 자신이 바보 같아 웃지 않을 수 없다는 듯이. 나는 말투에 속은 척 따라 웃으면서도 소연의 눈에 깃든 무게에 마음이 먹먹해지곤 했다. 졸업이 몇 년 늦은 문과 여자라는 악조건 때문에 번번이 서류부터 미끄러진다는 말에도 농담을 섞어 놓고서, 한 대기업의 최종 면접에 다녀온 후 만났을 때만은 소연은 내게 눈물을 보였다.

나는 재수, 삼수하면서 그거 하나는 얻었거든요. 안 될 게임은 과감히 접는 능력. 거기까지 온 여자는 단둘이었고, 누가 봐도 둘 중 하나만 뽑겠다는 심산이었다. 화사하고 상냥하고 나서지 않는, 자신과는 모든 면에서 다른 경쟁 상대를 보면서 소연은 탈락을 예감한다. 그러고는 한국 기업에 취업할 생각을 접는다. 주요 30대 기업의 여성 직원 비율은 2019년까지도 20%에 불과하고[36] 숱한 사기업은 물론 공기업까지도 여자가 면접에서 덜 뽑히도록 조작하는 판이니[37] 소연에게는 안 될 게임이 맞다. 스카이프 영상의 좋지 않은 화질을 뚫고서 소연의 눈에 고이는 굵은 눈물방울이 보인다. 나도 같이 눈물이 난다. 정말 잃을 게 없었어요. 다른 선택지가 없었어요.

탈출했다고 생각해요? 나는 준비한 질문을 던질 때라고 생각한다. 소연은 한국과 다섯 시간 시차가 있는 곳의 국제기구에서 근무하고 있다. 분명 누군가는 탈조선 성공 사례라 할 만큼 꿈 같은 자리에 오른 것이다. 2015년부터 신문 기사에 등장하기 시작한

탈조선[38]이라는 유행어는 처음에는 청년층 전반에서 한국이 생지옥 같아 벗어나고 싶다는 뜻으로 쓰이지만, 이후 일부 페미니스트 사이에서 좀 더 구체적인 의미를 입게 된다. 탈조선은 한국의 숨 막히는 가부장제와 2등 시민 취급에서 벗어나는 유일하고도 최종적인 해결책처럼 거론되곤 한다.

그렇다. 나는 친구들이 희망에 차서 탈조선을 입에 올릴 때마다 창문을 닫지 못한 마음속으로 내가 겪은 미국의 칼바람이 들이치는 기분이다. 넌 어디 가든 잘할 거야. 내가 유학 가기 전 들었던 그 말이 가장 무난한 응원이라는 걸 알아도 차마 입이 떨어지지 않는다. 나의 해묵은 좌절과 미련이 자칫 가시처럼 튀어나올 것 같다. 네가 잘되기를 바란다. 네가 나보다 운이 좋기를 바란다. 나의 미숙함과 부족함이 너에게는 해당하지 않기를 바란다. 그렇지만 내가 정말 전하고 싶은 말은, 내가 아직도 같은 꿈을 꾸는 이유는……

소연은 내 질문에 바로 대답하지 않는다. 아주 신중하게, 얻은 것과 잃은 것을 셈한다. 6개월짜리 단기 인턴으로 가서 정직원에 가까운 지위를 획득하려고 소연이 얼마나 뼈를 깎는 노력을 했는지 나는 이미 잘 안다. 영어권으로 유학도 다녀온 적 없는 소연이 영어로 업무를 하는 건 발목에 추를 달고 뛰는 것과 같다. 나 국밥 없이 못 사는 애인 거 알잖아. 소연이 무거워진 분위기를 또 농담으로 푼다. 작년 여름 소연이 오랜만에 한국에 들어왔을 때 우리는 을지로 뒷골목의 낡은 순댓국밥집 앞에서 삼십 분도 넘게 줄을 서서 순댓국을 먹었다. 순수한 환희로 가득 찼던 소연의 얼굴을 당신도 봤어야 했는데. 한때 일주일에 한 번은 꼭 만나던 우리는 이제 스카이프 상에서만 가끔 얼굴을 보고, 생활은 우리를 서로 비껴가게 만든다.

내가 남자였으면, 남자인데 이만큼 잘했으면 안 나갔을 거예요. 외국에서 공부하거나 일하는 다른 친구들에게 물었을 때와 비슷하다. 누구도 나는 탈출했다고 단언하지 않는다.

지영이 작년 초 호주로 유학 갔을 때 나는 공항까지 배웅을 나간다. 여섯 명도 넘는 친구가 인천까지 와 줄 정도로 사람을 몰고 다니고, 누구나 기꺼이 휘말리고 싶어질 만한 에너지를 내뿜는 지영은 어쩌면 정말 어디 가든 잘할 사람일 것이다. 그러나 게이트 앞에서 지영을 마지막으로 껴안을 때, 나는 조금은 지영을 보내기 두렵다. 어려운 일 있으면 연락해. 뭐든 도와줄게. 내가 도와줄 수 있는 영역은 고작 영어 몇 마디지, 어리고 머리 짧은 동양인 여자에게 시비 거는 호주 남자를 가서 쳐내 줄 수 있는 것도 아닌데. 탈출은 무슨, 언니, 나는 어차피 여기서도 저기서도 못 섞이는 존재야. 지영이 거기서 다치고, 부딪히고, 또 혼자서 단단해지는 것을 나는 무력하게 전해 들을 뿐이다.

이게, 이게 답이라고 할 수 있을까? 뼈를 얻으려면 살을 내줘야 하는 것이? 이렇게 맨살에 눈을 비비듯 시린 느낌이 드는 것이?

고작 각자의 무운을 빌고서 돌아서야 하는 외줄 타기가? 아니다, 이 이야기를 이렇게 끝낼 수는 없다.

나는 답을 얻기 위해 여기로 돌아와야 했던 건지도 모른다. 다시, 내가 찾는 건 전부 내 기억 속에 있다. 묻어둔 기억 중에서도 가장 밑에 깔린 파일, 사진 끄트머리에 우연히 찍힌 형체, 짝이 들어맞지 않아서 서랍에 처박아 둔 양말 같은 기억을 봐야 할 때다.

날씨가 쾌청하고 따듯했는데, 아마 졸업을 앞둔 어느 주말 같다. 나는 학교에서 꽤 떨어진 대로변에 있는 아이스크림 가게에서 같은 학년 여자아이들 몇 명과 디저트를 먹는다. 누가 있었는지는 희미해도 에밀리가 있었던 것만은 확실하다. 나는 갈 데가 없어서 에밀리 집에 신세를 지고 있던 처지였으니까. 바나나 스플릿이 뭔지 모른다고? 너 이건 꼭 먹어봐야 해! 그게 뭔가 했더니 바나나를 반으로 잘라 초코, 딸기, 바닐라 맛 아이스크림을 끼운 후 시럽을 올린 디저트다. 미국 대학 입시에 실패한 내 고통에만 심취한 나는 그들의 호들갑이 질린다고 생각하면서 심드렁하게 맞춰 준다.

바나나 스플릿은 역시나 딱 상상 그대로의 맛이다. 먹지 않았다 해도 후회하지 않을 맛. 나는 그 자리에 있던 여자아이들과의 관계도 똑같이 생각한다. 혼자라는 순간적 수치심을 회피하기 위해 함께 있을 뿐이지, 맺지 않았어도 후회하지 않을 관계라고. 한국에 가면 이런 인연 따위는 다 잊어버릴 거라고. 그들은 체조팀도 아니고, 금발도 아니고, 날씬하지도 않고, 공부를 잘하는 것도 아니고, 그냥 내가 보기에는 뭣도 아니다. 그리 어울리고 싶지도 않은데, 내가 그들의 호의에 기대야 한다는 게 지독히 자존심이 상할 정도다.

그 순간이 아직도 마음에 남아 있는 건 아이스크림을 다 비워 갈 때쯤 던져진 질문 때문이다. 너네는 **어떤 결혼식을 꿈꿔?** 세상에서 가장 재미있는 주제라는 듯이 한껏 신이 나서, 볼을 붉혀 가면서 그중 누군가가 묻는다. 나는 꿈과 결혼식이 그렇게 가까이 붙어 나오는 게, 결혼식이 꿈이 될 수 있다는 게 낯선데, 그 자리에 있는 아이들은 망설임도 없이 일평생을 깊게 생각해 온 일인 양 결혼식 이야기를 한다. 에밀리는 무슨 농장을 빌려서, 흰색과 금색을 테마 색으로 잡고, 가슴팍을 레이스로 가린 드레스를 입고 싶다고 했던가. 얼마나 흘려들었던지 자세히 기억도 안 난다.

예의상 나에게까지 질문이 돌아왔을 때 나는 딱 자른다. **나는 그런 건 생각도 안 해 봤는데.** 말투야 좀 부드러웠을지 몰라도 한창 재밌는 얘기에 찬물을 끼얹는 것이나 다름없다. 아이들은 흐지부지 다른 얘기로 넘어간다. 어디 말만 그렇게 했나? 속으로는 더하다. 나는 고작 결혼이 꿈인 애들을 힘껏 무시하고 경멸한다. 나와는 근본적으로 다른 존재처럼 느낀다. 아주 한심하다고 생각한다. 그래도 내가 쟤들보다는 낫구나. 그런 우월감으로 침울한 기분을 잠시라도 달랜다.

내 후회는 여기에 있다. 그러지 말았어야 했다. 마트에서 산 여자 청소년용 잡지에서 쉽게 살 빼는 열 가지 방법 따위를 읽는 에밀리를 보며 속으로 혀를 차지 말았어야 했는데. 웬 흐리멍덩한 남자애에게 학교 파티에 같이 가자는 고백을 받고서 기숙사 방에서 세상을 다 가진 것처럼 소리를 질러대는 에밀리를 깔보지 말았어야 했는데. 난 에밀리와는 다르다고 그렇게 확신하지 말아야 했다.

에밀리를 위해서 그랬어야 한다는 말이 아니다. 짧은 방학마다 돌아갈 집이 없는 나를 기꺼이 자기 집에 거두어 주고 나를 자매라고 부르며 기뻐하던 그의 선함이, 은혜도 모르는 나의 오만함과 서로 대비되어 눈에 밟히기는 한다. 그래도 잠깐 스쳐 지나간 한국인 유학생이 뭘 어떻게 생각했건 에밀리의 인생에는 털끝만큼의 영향도 없었을 것이다. 내 은근한 무시가 에밀리의 삶을 바꿔 놓았으리라고 생각하는 거야말로 오만이다.

이건 전부 내 삶을 위해서, 철저히 이기적으로 하는 후회다. 그런 태도는 확실히 내 삶만은 바꾸어 놓았으므로. 내게 대체 뭐가 급해서 대학을 졸업하자마자 결혼했냐고 하면, 역설적이게도 결혼식은 생각도 안 해 봤다고 선을 긋던 그 순간을 빼놓고 설명할 수 없으므로.

그때의 나는 나 혼자 탈출할 길이 있다고 생각한다. 좁고 긴 외나무다리 위에서 한 발짝만 잘못 디디면 지옥불이지만, 그래도 똑똑하게 정신을 차리기만 하면 저 너머로 갈 수 있다고 생각한다. 힐끗 아래를 보면 여자로 살아가는 일상의 지옥도가 펼쳐진다. 어떤 비명도 들려오지 않는다는 사실이 나를 더 공포에 질리게 한다. 다리는 우리 모두를 수용하기에 턱없이 비좁고, 나는 어쩌면 친구들이 하나둘 밑으로 떨어지는 소리를 반기는지도 모른다. 그건 내 생존 가능성이 올라간다는 뜻이니까. 그들과 멀어질수록 나는 안전해지는 것 같다.

에밀리와 나는 다르다고 믿게 해 준, 고작 시험 성적 같은 것이 의미 없어진 후에야 난 죗값을 치른다. 내가 다리 아래로 던졌던 모욕은 고스란히 내 차지가 된다. **걔는 그래도 돼.** 그 문장을 수백 번 되뇐 내가 걔가 되어 버렸을 때 나는 나를 보호할 어떤 심리적 방어막도 없다. **알파** 훈장을 빼앗겨 이도 저도 아닌 **베타우먼**은 이런 대우를 받아 마땅하다고, 아무리 밟혀도 꿈틀하지 못하는 상태로 나는 대학에 가고 결혼할 남자를 만난다. 그러니까 정말이지 그러지 말았어야 했다.

졸업하고 한국에 돌아와 수능을 준비하는 나의 일상은 단조롭다. 일어나서 아침을 먹고 할머니가 싸 준 도시락을 들고 자전거로 5분 거리에 있는 독서실에 가고, 공부를 마친 후에는 집으로 돌아와 잔다. 나는 대부분의 생각을 시험 뒤로 유예한다. 그러나 배경 음악처럼 잔잔하게 한 가지 질문이 나를 떠나지 않는다. 이제 나는 왜 살아야 하지? 4년의 유학 생활 동안 모든 것을 잃은 것처럼 느껴진다. 혹독한 겨울을 거치며 종교마저 버렸다. 어떤 욕심이, 어떤 이유가, 어떤 목적이 필요하다. 우습게도 그게 연애다.

죽기 전에 그 대단하다는 연애나 한번 해 보고 싶었어요. 그래서 대학에 왔어요. 연애 초기, 아직 서로 존댓말을 쓰던 때다. 용기 내서 한 고백에 남자는 엄청난 농담을 들었다는 듯 폭소한다. 몇 번이나 되물으면서 나를 놀린다. 나는 남자가 나를 조금은 안쓰럽게 여겨 주기를 바랐던 듯하다. 남자의 눈을 통하지 않고서는 과거의 나를 껴안을 방법을 모르던 때였으니까. 그래도 웃음거리가 되는 것도 나쁘지 않다. 인정하지 않을 수 없다. 세상을 다 태울 듯 폭발적이던 욕망이 고작 두 명을 비추는 촛불만큼 사소해진 꼴이 나도 우습다.

나는 미국에서 알던 사람 모두와 연락을 끊었지만, 가끔은 상처에 앉은 딱지를 잡아 뜯는 기분으로 그때 쓰던 페이스북 계정을 확인한다. 고등학교를 졸업하고 1년도 채 안 되었을 때부터 나와 같은 기숙사를 쓰던 아이들이 하나둘 배가 불러 오고, 결혼을 하거나 하지 않은 채 아기를 낳는다. 안 그래도 흔하기 그지없는 그 애들의 이름을 나는 성으로 겨우 구분하곤 했는데, 이제 대부분 이름 뒤에 낯선 남자의 성이 붙어서 완전히 모르는 사람처럼 느껴진다. 그건 인기가 없어 위축되던 에밀리나, 항상 주목받던 체조팀 여자아이들이나 마찬가지다. 자기 엄마처럼 시골 학교 선생님이 된 에밀리의 이름 뒤에는 내가 못마땅해하던 그 흐리멍덩한 남자애의 성이 따라 나온다.

그들을 한심해할 수 있는 기간은 아주 짧다. 만 스물셋에 결혼한 나는 서서히 우리가 얼마나 같은 운명인지를 깨닫는다. 국적이나 인종, 사는 지역이나 나이, 성을 바꿨는가 혹은 아이를 낳았는가는 그저 부차적인 문제다. 눈을 감으면 우리의 삶을 한 줄기로 수렴하는 거대한 급류가 느껴진다.

남자와의 이혼 절차를 밟던 즈음에 나는 거의 잊고 있었던 홀러웨이 선생님을 떠올린다. 선생님은 인사 한마디 없이 새 학기와 함께 갑자기 학교에서 사라진다. 당연히 선생님 수업을 들을 생각이었던 나는 누구에게 따질 수도 없는 상실감을 느낀다. **버네사 이혼했잖아, 몰랐어?** 몇 달이 흐른 후 친하지도 않은 남자애가 하던 말을 주워듣고서야 선생님이 왜 떠났는지 알게 된다. 나는 선생님을 남편의 성으로만 알고 있었다는 깨달음이 닥친다. 결혼하기 전 버네사 뒤에 붙었을 성을 나는 모르고, 지금 선생님이 어떤 성으로 살아가고 있을지도 모른다.

그러나 나는 그때는 몰랐던 것을 많이 알고 있다. 그렇게 알이 굵은 결혼반지를 안겨 주고 다정하게 키스하던 남편과 선생님이 어떻게 이혼에 이르게 되었는지 이제는 그렇게까지 수수께끼 같지 않다. 선생님의 결혼이 나의 결혼과, 선생님의 이혼이 나의 이혼과 그렇게까지 달랐을 것 같지도 않다. 내가 다시 선생님과 마주 앉을 수 있다면 이제는 우리가 정말 서로를 이해할 수 있지 않을까. 정말 그럴 수만 있다면.

지금 기억을 보존한 채로 시간을 되돌린다면 나는 아마 절대 날 이해할 수 없다고 단정 지었던 아이들과 눈을 마주칠 수 있었을 것이다. 내가 번역한 첫 책《코르셋》에서 나는 흑인 여자들에게 길고 곧은 머리가 어떤 의미인지 비로소 알게 된다. 흑인 페미니스트 저술가 미셸 월러스는 "우리에게 여성적으로 보인다는 건 백인으로 보인다는 것 그 자체였다"고 설명한다.[39] 백인처럼 보여야 아름답다는 불가능한 목표 아래, 흑인 본래의 곱슬곱슬한 머리카락을 펴주는 스트레이트 크림과 고데기 등은 내가 미국에서 목격했듯 거대한 산업으로 자리 잡았다.

이제 이 장면을 이해할 수 있다는 뜻이다. 네 머리는 어쩌면 이렇게 부드러워? 동양인이라 그런가? 그리 가깝지도 않던 같은 학년 흑인 여자애들, 티아라와 제이다는 내 머리카락을 한 올씩 쓰다듬으며 부러워한다. 티아라와 제이다는 다른 흑인 아이들과 기숙사 방에 모여 머리를 땋거나 펴는데 긴 시간을 쏟곤 한다. 나는 쓸데없는 짓에 몰두한다고 혀를 차며 지나쳐 간다. 내 방으로 돌아갈 때 열린 방문 너머로 보이던 풍경, 내 기억은 그 정도에서 끊겨 있다. 머릿속에 다른 사진을 저장해 둘 수도 있었을 텐데. 그들과 나는 모양만 다르지 같은 압박 아래 신음하고 있다는 걸 그때도 알았더라면.

    되돌릴 수 없다면 나아가야 한다. 복구할 수 없다면 상쇄해야 한다. 반복되는 꿈은 나에게 그 말을 하려는지도 모른다. 내가 다리 밑으로 밀어 버린 여자들은 계속 다리 밑에 있다. 그들이 거기 있는 한 나는 계속 그 시점에 묶여 있을 것이고, 탈출은 탈출이 아닐 것이다. 그 꿈이 꼭 나쁜 건 아니라는 생각이 든다. 어떤 비행기 표도, 어떤 이혼 서류도 내 발목의 사슬을 끊어 주지 못한다는 사실을 그렇게라도 기억할 필요가 있다. 내 노력이 너에게 닿을 때까지 싸우는 것, 나는 그 외에는 탈출할 방법을 모른다.

    나는 우리가 다 같이 탈출할 수 있기를 바란다. '우리가 피해자다'라는 누군가의 고함이 나를 깨웠듯, 어떤 자매도 미워하지 않으려 한다. 내가 착한 성격을 타고나서도 아니고, 착하도록 교육받아서도 아니다. 나 혼자 탈출해서는 남성 사회가 언제든 나를 다시 진창으로 밀어 넣을 수 있어서다. 돌이킬 수 없는 최종적인 변화를 끌어내려면 우리가 모두 탈출해야만 한다.[40] 내가 이혼하기 전 썼던 옮긴이의 말은 여전히 진실이다.

5 언니 없이, 언니처럼

5. 언니 없이,
　　언니처럼

　　　　　내 흑역사는 여기 다 묻혀 있어. 지금은 밋밋한 잔디밭으로만 보이는 곳을 친구들과 가로지르면서, 나는 지나치게 감회에 젖지 않으려고 일부러 가볍게 말한다. 학부와 대학원을 합쳐 6년을 다닌 학교 근처에서 점심 약속이 잡혔으니 애초에 틀려먹은 일인지도 모른다. 역에서 내릴 때부터 기분이 이상했다. 나는 이곳을 천 번도 넘게 오가며 울었고, 웃었고, 취했고, 맨정신이었고, 죽고 싶었고, 또 살고 싶었다. 겹치고 겹친 기억이 무덤에서 기어이 빠져나온 유령처럼 나를 급습했다.

　기억의 밀도로 치면 어느 장소도 이 잔디밭을 이기지 못한다. 믿기 힘들겠지만 십여 년 전에, 그러니까 10학번인 내가 막 입학해서 비좁은 캠퍼스를 실망 어린 눈으로 돌아봤을 즈음에, 이곳은 페인트가 다 벗겨져 가는 낡은 노천극장이었다. 거의 눈에 띄지 않는 뒤쪽 계단으로 내려가면 당장 꺼질 듯 아슬아슬한 형광등 아래 아는 사람만 아는 세계가 나타났다. 내가 1학년 때 회장을 맡아서 졸업할 때까지 활동했던 문학창작 동아리는 여기 자리 잡고 있었다.

학교가 노천극장을 때려 부수고 나서 우리는 멀끔한 새 방을 받아 이사했지만 이미 이곳에서 너무 많은 일이 일어난 후였다. 풍물패와 밴드부와 힙합 동아리가 동시에 만들어 내는 소음에 귀가 먹어 버릴 것 같던 지하의 이곳만을 나는 동아리방으로 기억한다.

잔디밭 아래 묻혀 있는 것, 그게 왜 내가 결혼했는지를 알려 주는 마지막 단서다. 나는 2010년 봄 바로 여기서 남자를 처음 만났으니까.

첫 학기가 시작한 지 두 주쯤 지났을까, 나는 동아리 홍보 포스터를 보고 있다. 아니, 홍보라기엔 좀 불친절하다. 접었던 자국이 뚜렷한 흰 전지에 빨간색과 검은색 마카로 쩍쩍 그은 글씨, 밑에는 동아리 이름과 핸드폰 번호가 다다. 마치 이래도 올 테면 와 보라는 것 같다. 포스터에는 이렇게 적혀 있다.

> 나는 손목이 없고
> 사내는 떠났다
> 봄은 오지 않는다
>
> 외대문학회
> 010-

 처음에는 힐끗 보고 지나간다. 저게 대체 뭔 말이야? 왜 손목이 없다는 건지, 벌써 3월인데 왜 봄이 오지 않는다는 건지, 아니 애초에 손목과 봄이 무슨 상관인지, 고작 세 줄인데 질문도 세 개다. 포스터는 하필 내가 주로 수업을 듣는 인문사회관으로 걸어가는 길에 붙어 있다. 신학기라 워낙 넘쳐 나는 온갖 대자보와 홍보 포스터 속에서 나는 자꾸 그 글귀를 읽게 된다. 볼수록 마음이 술렁거린다.

 혹시 아직도 신입 회원 받나요?

 나는 망설이다가 폴더폰의 버튼을 꾹꾹 눌러 그 번호로 문자를 보낸다. 답장은 꽤 빨리 온다. 노천극장 지하로 일단 와 보라는 조금 무성의한 답. 난 고민 끝에 운명에 나를 내맡겨 보기로 한다.
 첫인상은 그리 좋지 않다. 모든 게 어수선하다. 책상과 의자는 어디서 주워 온 것처럼 짝이 맞지 않고 벽은 검은색 페인트로 반쯤 칠하다 말았다. 나와 문자를 주고받은 남자는 대뜸 내게 좋아하는 작가를 묻고, 내가 수능 언어 영역 지문에서 읽은 남자 시인 몇 명의 이름을 더듬거리자—1학년 1학기다. 공부만 하던 내가 뭘 알겠는가—의미심장하게 한쪽 입꼬리를 올린다. 아하, 그러시군요.

남자는 대강 나라는 사람을 알겠다는 듯 뭔가를 받아 적는다. 그 순간 나의 취향이, 아니 나라는 사람을 말해 줄 작가 이름 하나 대지 못하는 나의 취향 없음이 확 부끄러워진다. 남자는 그렇게 몇 가지 질문으로 내 자존심을 짓뭉개고 나서, 아예 내가 없는 양 다른 회원들과 내가 끼어들 수 없는 얘기를 나눈다. 별로였던 첫인상은 최악으로 치닫는다.

와, 이 남자는 절대 아니다. 나는 눈앞의 남자를 남자친구 후보에서 황급히 제외한다. 그렇다, 마주치는 모든 남자를 잠재적 연애 상대로 바라보던 시절이다. 여기까지 온 것도 그런 속셈이 컸는데, 모르긴 몰라도 이 남자는 아니겠다는 확신이 든다.

당신과 남편 맞추기 놀이를 할 생각은 없다. 이제 와 무엇을 숨기겠는가? 여기서 일 년 반이 지나면 절대 아니라고 생각한 이 남자가 내 남자친구가 되고, 사 년이 지나면 나는 남자와 때 이른 결혼을 한다. 그래서 **남편은 어떻게 만났어?** 누가 호기심에 차 물을 때마다 이 얘기를 들려주면서, 난 흔한 로맨스 드라마의 플롯과도 같다고 느낀다. 첫 장면에서 여자 주인공이 만나는 남자는, 얼마나 무례하고 얼마나 불쾌하고 얼마나 그럴 법하지 않든 간에 여자와 사랑에 빠지기 마련이다. 우리에게 익숙한 법칙이자 약속이다.

장르가 로맨스가 아니었다면, 내가 그런 법칙과 약속을 지킬 필요가 없었다면, 이야기는 다르게 흘러갔을 텐데.

실제로 한동안 남자는 내게 존재감이 없다. 무대 소품처럼 희미해서, 발에 걸리적거리지 않는 한 나는 남자를 신경 쓰지 않는다. 생각해 보면 내가 그 봄에 넋을 잃고 바라 봤던 건 여자들이다. 내가 질투와 경외를 동시에 품었던 능숙하고 어른스러운 언니들, 언니처럼 되고 싶어서 나는 언니 립스틱 색을 관찰하고 언니가 읽는 책을 따라 읽었고, 언니 같은 운명적인 사랑을 꿈꿨다.

그러니 어디서부터 꼬였는지를 알려면 언니 얘기부터 해야 할 것이다. 내가 꼼짝없이 남자의 1인극에 사로잡히기 전까지만 해도 내 무대에서 가장 빛났던 여자들을, 더 먼저 등장하고서도 장르 특성상 주연 자리를 뺏긴 그들을, 나는 한때 열렬히 사랑했다. 내가 결정적인 순간에 그들의 손을 놓지 않았다면 남자의 1인극도 막이 오르지 못했으리라.

다시, 다시 시작하자. 삶을 다시 시작할 수 없다면 이야기라도 다시. 왜 내가 동아리 홍보 포스터의 글귀를 그냥 지나치지 못했는지, 거기서부터가 좋겠다.

수험생일 때는 아무렇게나 기른 머리를 하나로 대충 묶었고, 세수도 겨우 한 채 목이 늘어난 운동복을 입고 독서실로 향했다. 그때뿐 아니라 지난 12년간은 거의 언제나 공부할 의무가 모든 의무를 이겼다. 설령 여자처럼 보일 의무라 해도 마찬가지였다. **공부 잘하게 생겼네.** 내가 듣던 그 말은 꼭 욕은 아니었다. 어른들의 흐뭇한 시선으로 보아 나는 제대로 된 길을 가고 있었다. 그러나 마침내 시험이 끝나고 갈 대학이 정해진 순간, 거짓말처럼 유예 기간이 끝난다.

이제부터 장르는 로맨스다. 그렇게 정해져 있다. **대학 가면 너도 연애해야지.** 전혀 준비되지 않은 나를 누군가 무대 위로 떠미는 듯하다. **대학에 간다. 예뻐진다. 남자친구를 사귄다.** 지금 와서 보면 서로 일절 관계없는 세 가지 일이, 신기하게도 그때는 피할 수 없는 한 가지 숙명처럼 느껴진다. 그건 꼭 그 순서로 일어나야만 하는 할 일 목록이다. 맨 위에 있는 대입을 지웠으니 이제는 예뻐져야 할 차례일 것이다. 그래야만 남자의 눈길을 끌 수 있고, 그 대단히 황홀하다는 연애를 할 수 있는 것이다.

기억나시는지, 내가 새내기가 된 2010년은 그런 해였다. 연애를 하려면 나를 바꾸지 않으면 안 된다고, 그게 당연하다고 온 세상이 속삭였다. 그해에 전 세계에서 인구 대비 성형수술이 가장 많이 이루어진 나라는 다른 어디도 아닌 한국이었다.[41] 특정 브랜드 화장품만 모아서 파는 '로드샵'이 길거리를 점령했고, 로드샵

매출은 2008~2012년 5년간 연평균 20퍼센트씩 쑥쑥 자랐다.[42] 지금과 달리 우리는 무엇에 의문을 가져야 할지조차 몰랐다.

불행인지 다행인지 나는 혼자가 아니었다. 그때 내 곁에는 몇 달 만에 나를 머리부터 발끝까지, 표면부터 내면까지 뒤바꿔야 한다는 불가능한 임무를 가능하게 해 줄 든든한 언니들이 있었다.

나는 여자로만 회원 수 80만 명을 채운, 역사 깊은 온라인 여초 커뮤니티에 들어간다. 당시 내가 들락날락했던 곳은 시대의 부침을 이기지 못하고 문을 닫았지만, 이 커뮤니티를 포함해 많은 여초 사이트 이용자들이 서로를 불렀던 호칭이 언니였다. 인터넷은 지금보다도 노골적으로 남자의 공간이고, 여초 커뮤니티는 극도로 폐쇄적이거나 조금 덜 폐쇄적이거나 한다. 우리는 여자라는 걸 검증하는 몇 겹의 벽을 쌓고서야 안도의 한숨을 내쉬곤 했다. 나이도 얼굴도 모르면서 우리는 여자라는 공통점만으로 서로에게 친언니처럼 다정했다.

그렇게 겨우 만들어 낸 안전한 틈새 공간에서 우리가 무엇을 했던가? 우리는 고작 더 예뻐지는 법을, 남자에게 더 사랑받는 법을 연구하고 공유했다.

나는 여초 커뮤니티에서 개강을 검색한다. 2010년으로 기간을 설정했을 때 가장 댓글이 많이 달린 글은 대학 생활 팁을 모아 놓은 글이다. 그 글을 클릭해 20대 여자에게 주는 서른일곱 가지 충고를 읽어 내려가다가 미모는 인생의 마스터키라는 말에 입술을 깨문다. 얼마나 많은 닫힌 문을 마주한 후에, 글쓴이는 이런 표현을 떠올리게 되었을까. 그 구절에는 이렇게 주석이 달려 있다. 꾸준한 운동, 거울 자주 보기, 열심히 사랑하기, 미소 짓기 연습 등 이뻐지는 방법은 되게 많아요! 댓글 대부분은 글쓴이에게 고마워할 뿐이다.

예뻐질 방법이 많다는 그의 말은 반박의 여지가 없다. 대학 입학을 앞둔 겨울에 나는 여초 커뮤니티의 성채 안에서 무궁무진한 해결책을 발견한다. 콘택트렌즈를 두려움 없이 한 방에 눈에 집어넣는 방법을, 포만감은 주지만 살은 찌지 않는 음식을, 검은 스타킹이 남자들에게 섹시해 보인다는 사실을, 하이힐 굽은 몇 센티가 적정한지를, 눈을 천천히 깜박이며 환하게 웃으면 남자들이 정신을 못 차린다는 노하우를, 피부의 결점을 제거하는 수백 가지 화장품 중 무엇을 골라야 할지를, 이렇게 나열해서는 끝나지 않을, 이제는 휘발되어 버린 지식과 아직도 기분 나쁘게 남아 끈적거리는 수많은 지식을, 나는 거기서 다 알게 된다.

마침내 학기가 시작한 첫날, 나는 집을 나서기 전에 전신 거울을 확인한다. 머리부터 발끝까지 여초 커뮤니티 언니들의 해결책이 닿지 않은 곳이 없다. 말 그대로 변신이다. 거울로 본 나는 몇 개월 전과는 완전히 다른 사람 같다. 이 정도면 로맨스라는 장르에 그럭저럭 대비된 것이 아닐까? 그렇다면 오늘 당장이라도 어떤 남자와 쉽게 사랑에 빠지게 되지 않을까? 나는 마지막으로 언니들이 꼭 하나 장만하라고 일러준 검은색 앵클부츠를 신고서 현관문을 연다.

부푼 기대는 집 밖을 나선 순간부터 시시각각으로 깨진다. 처음에는 고통 때문이다. 비유적 의미가 아니라 실질적인 신체의 고통이다. 누가 안쓰러워해 주는 것도 아니고, 아주 꼴만 우스워지는 고통이다. 잘못 낀 렌즈는 눈꺼풀 안에서 반으로 접혀 굴러다니고, 주변 살까지 끌어모아 가슴을 커 보이게 해 준다는 브래지어는 숨이 턱 막힌다. 3월의 가로수 가지는 아직 앙상하고 봄이라기에는 추워서 얇은 코트 안쪽으로 숭숭 바람이 들어온다. 보온 기능이라고는 없는 검은 스타킹 안쪽의 피부는 시리다 못해 아리다.

무엇보다 발이 아프다. 당시 유행이던 앵클부츠는 길거리 신발가게에서 신어 봤을 때는 그럭저럭 견딜 만했는데, 7cm짜리 통굽을 밟고 버스를 놓치지 않기 위해 뛰어가면서 나는 발이 쪼개지는 듯한 얼얼함에 기겁한다. 무언가 잘못된 것이 틀림없다. 남들보다 조금 더 큰 내 발이, 다이어트가 덜 된 내 몸무게가, 혹은 싸구려인 이 신발이. 그게 아니라면 어떻게 길거리에 하이힐 신은 여자가 그렇게 많을 수가 있겠는가?

고통보다도 견딜 수 없는 건 스쳐 지나가는 여자들이고, 그들에 비해 초라해 보이는 나다. 경기도 외곽에 사는 내가 서울에 있는 학교에 가까워질수록 내 또래 여자들이 지하철 칸에 많아진다. 그들은 정말이지 하나도 고통스러워 보이지 않는다. 내가 설령 백 가지를 한다 해도 그들은 기어이 백 한 가지를 해낼 듯이 완벽하다. 나는 그들을 훔쳐보면서 내가 얼마나 못 미치는지, 무엇을 더 해야 할지를 셈한다. 온라인에서 만났다면 친근했을 그들이 경쟁자로만 느껴진다. 나는 잔뜩 주눅이 든 채 집으로 돌아와 번진 눈화장과 아픈 신발과 그 사이 올이 나간 스타킹을 벗어 버린다.

편한 부츠. 편한 하이힐. 비싼 하이힐. 하이힐 신으면 아픈 발. 나는 컴퓨터 앞에서 검색어를 바꿔 가며 언니들에게 답을 구한다. 여초 커뮤니티 게시물 수십 개와 댓글 수백 개가 마지못해 한 가지 절망적인 사실을 인정하고 있다. 거기에만은 어떤 해결책도 없이, 원래 아픈 것이라고, 어떤 발이라도 어떤 비싼 신발이라도 그 정도 높이 위에서는 고통스럽기 마련이라고. 우리가 고통을 공유하고 있다는 사실은 위로가 되기보다는 어쩐지 외롭게만 느껴진다.

발이 없다고 생각하고 걸으면 돼.

충고의 무더기 속에서 나는 그런 댓글을 읽는다. 처음엔 그게 가능한가 싶지만 며칠 신고 걸어 다녀 보니 무슨 말인지 알 것 같다. 앞으로 내디딜 때마다 엄연히 존재하는 내 발이 보내는 모든 신호를 무시하는 것, 그건 걸려 오는 전화를 받지 않는 일과도 비슷하다. 나는 지금 바쁘니까. 중요한 할 일이 있으니까. 나 자체인 내 몸보다도 훨씬 더 중요한 일, 이를테면 길거리에서 지나치는 남자들의 시선을 끄는 일이. 그렇게 서서히 나는 내 몸이 보내는 쓸데없는 신호를 하나둘 수신 차단해 버린다.

나는 손목이 없고

대자보의 시가 그렇게 운을 떼지 않았다면 나는 아마 그냥 지나쳐 갔을 것이다. 시의 서두는 바로 전주에 여초 커뮤니티에서 읽은 충고와 지나치게 비슷하다. 물론 나는 아직 아무것도 모른다. 고작 몇 주가 지났다. 내 몸을 뒷전으로 두는 매 순간이 차곡차곡 모여서 나를 어떻게 좀먹을지 깨닫기엔 너무 짧은 시간이다.

그러나 여느 훌륭한 문학처럼, 그 시는 내가 말로 옮길 수 없던 어떤 불길한 예감을 정확히 꿰뚫고 있다. 그건 언니들이 알려 주는 해결책이 궁극적으로는 아무것도 해결해 주지 않으리라는 것, 내 고통도 내 불안도 그저 키우기만 할 것이고, 나는 내 몸을 점점 싫어하게 될 것이다. 그토록 몸에 관심을 기울이면서도 막상 모든 감각에 둔감해져서 무언가를 느끼려면 내게 더 깊은 상처를 내야만 할 것이다.

해결책은 있는지도 몰랐던 문제를 점점 더 많이 밝혀낼 것이다. 코끝의 블랙헤드를 팩으로 뽑아낼 수 있다는 건 바늘로 찍은 점만 한 모공에까지 신경을 써야 한다는 뜻이고, 큐티클을 제거한 후 손톱을 칠해야 깔끔해 보인다는 팁은 여태 존재감 없이 내 손톱을 감싸 온 얇은 피부를 원망하게 만든다. 해결책은 더없이 구체적이고 세세하게 내 몸을 문제 삼는다. 그러니 내가 얼마나 노력한들, 아무리 고통스러워한들, 나는 아무것도 해결하지 못한 채 서서히 문제 그 자체가 되어갈 것이다. 그렇게만 정해져 있다.

 나는 내 작은 키를 커 보이게, 발목과 종아리가 가늘어 보이게 하는 앵클부츠를 굽 끝이 다 닳도록 신는데, 살얼음 낀 노천극장을 그 신발로 돌아다니다 몇 번이나 나동그라지기도 한다. 퍽 소리가 나고 몸이 빙판 위로 주르륵 미끄러져도 나는 아프지 않다. 아픈데, 아프지 않다. 그 순간에도 날 둘러싸고 있는 시선만이 신경 쓰인다. 아무렇지 않게 몸을 일으키고 나를 넘어지게 만든 신발로 또박또박 땅을 밟아 현장을 벗어나면서 나는 더없이 외롭다. 얼마나 많은 여자가 높은 굽 위에서 곡예를 타는지 알면서도, 이상하게도 온 우주에서 나 홀로 겪는 일 같다. 모두가 내가 넘어지는 모습을 보고 비웃은 것 같다가도 또 아무도 내 고통을 보지 않은 것 같다. 그러니까 그건, 아프다기보다 이상하다.

 오랜 시간이 지난 후에야, 땅에 단단하게 발 붙이는 신발만을 신게 된 후에야, 나는 대자보에 적힌 시가 절규였다는 사실을 깨닫는다. 그 시뿐만이 아니다. 당시에 무슨 말인지 이해도 가지 않으면서 마음을 뒤숭숭하게 했던 많은 작품이, 내가 동아리에서 어쭙잖게 써 내려간 시와 소설이, 아니 여자가 쓴 세상의 거의 모든 글이 다시 읽으면 찢어지는 비명처럼 들린다. 우리는 소리를 지를 수가 없어서 글을 써야 했던 건 아닐까.

동아리에 들어간 후에야 알게 된 거지만 나를 동아리로 이끈 수수께끼의 글귀는 진은영 시인의 〈봄이 왔다〉[43]라는 시에 보낸 답장이었다. 사내는 초록색 페인트 통을 엎지른다, 나는 붉은색이 없다, 손목을 잘라야겠다라는 간결하면서도 가혹한 삼단 논법에, 손목조차 없고 사내는 떠나고 봄조차 오지 않는 절망을 덧붙인 것이었다. 비록 그 포스터에 적힌 연락처는 남자의 전화번호였다 해도 도저히 남자가 쓸 수 있는 글은 아니었다고 하겠다. 당연히, 그건 소담 언니가 쓴 시였다.

언니라고 불러도 돼요?

나는 짐짓 태연하게 자연스러운 순서인 척 묻는다. 떨림을 감추고 있다. 언니만큼 언니라고 부르고 싶은 사람은 처음이다. 키가 크고, 아주 가는 붓으로 그려야 할 것처럼 마른 소담 언니는 프랑스 영화에 나오는 여자를 연상시킨다. 남자 예술가가 뮤즈로 삼았을 만한 어떤 아슬아슬한 분위기를 풍긴다. 그러나 그런 영화를 봤다면 10분도 안 돼서 졸았을 내가 언니에게선 눈을 뗄 수 없는 것만이 다르다.

언니는 실제로 그런 프랑스 영화를 본다. 내가 처음 들어 보는, 국적을 알 수 없는 감독을 좋아하고, 서양권의 낯선 작가를 친근하게 성으로만 부르고, '리비도'나 '죽음 충동'처럼 어려운 말을 쓴다. 언니에게는 내게 없는 취향이 있다, 그것도 확고하게. 나는 언니가 언급하는 작품을 핸드폰 메모장에 몰래 받아 적어두었다가 학교 도서관에서 빌려 읽는다. 아무리 따라 읽어 봐도 언니 입에서 흘러나온 나직한 해석이 실제 작품보다 더 아름답고 특별하게 느껴진다.

솔직히 말해 봐요, 불편하지 않았어요?

언니는 내게 그렇게 말해 주는 사람이다. 나보다 다섯 살 많은 동아리 남자 선배는 새내기인 나를 따로 불러내서, 학교 앞 이자카야에서 비싼 사케를 끝도 없이 먹인다. 오빠라고 불러. 나이와 학번을 막론하고 서로를 '~씨'라고 부르던 우리 동아리지만 남자들은 술만 들어가면 그렇게 오빠 소리를 들으려고 한다.

오빠는 언니와는 완전히 다른 호칭이다. 오, 오, 오, 오빠를 사랑해. 아, 아, 아, 아, 많이 많이 해. 2010년 각종 연말 시상식을 휩쓴 노래[44]를, 배꼽을 훤히 드러낸 치어리더가 오빠를 응원하는 이미지를, 머릿속에서 떨치기 힘들었던 걸까. 남자를 오빠라고 부르고 싶지 않다. 남자의 눈에 담긴 어떤 기색이 구더기가 온몸을 기어오르는 것처럼 기분 나쁘다. 그러나 내가 받는 용돈으로는 점점 감당할 수 없어지는 계산서를 보면서, 술기운에 정신이 흐릿해진 나는 결국 정당한 대가를 치르듯 그 말을 입에 올린다.

나는 한 발짝씩 뻘밭으로 끌려 들어간다. 문자는 잦아지고, '오빠'는 내게 턱없는 기대를 하는 것 같고, 결국엔 내 잘못처럼 느껴진다. 뒤풀이하러 파닭 집으로 향하는 길에 '오빠'가 내 머리를 허락도 없이 쓰다듬으면서 귀엽다는 듯한 눈빛을 보냈을 때, 나는 동아리를 나갈 생각까지 한다. 언니가 나에게 다가오지 않았다면 분명 나는 그렇게 튕겨 나갔을 것이다.

언니는 듣지 않고도 안다. 알고 보니 이전에 다른 여자 회원들에게도, 심지어 언니에게도 비슷한 짓을 한 적이 있는 남자다. 언니가 사 주는 따끈한 소고기 샤부샤부를 정신없이 넘기면서 나는 멍청한 짓을 했다는 수치심을 지워 내고 안도감으로 차오른다. 언니는 그 후로 남자가 다가오면 얼른 옆에 다가와 서 주고, 남자를 은근히 면박 준다. 나는 이제 안전하다. 그러나 그런 일이 있고 나서도…….

저는 여자로서 차별받은 경험이 없어요.

정말이다. 동아리 합평 시간에 나는 이렇게 말한다. 나를 너무 타박하기 전에, 시대적 배경을 헤아려 주기를 바란다. 내가 대학을 다니는 동안 페미니즘 운동은 깊은 겨울잠에 들어간 듯 고요하다. 여학생 인권 최후의 보루인 총여학생회는 딱 내가 입학한 해부터 모든 권한을 총학생회에 넘기고 사라졌다.[45] 우리 학교만이 아니라 전국적인 추세였다. 그때는 구경도 하기 힘든 페미니스트보다는, 남성 인권이 위협받는다고 설치는 자들이 더 시끄럽고 집요했다.

어떤 엄혹한 시대라도 목소리 내 주는 언니 한 명쯤은 있기 마련이다. 잊고 싶을 만큼 창피한 그 말을 내뱉을 때 소담 언니도 그 자리에 있다. 언니는 비웃지도 한숨을 쉬지도 않는다. 인휘 씨도 언젠가는 알게 될 거예요. 졸업반인 언니는 그저 예언하듯 말한다. 차별이라는 진실에 서서히 눈뜨기 시작한 건 그 순간부터인지도 모른다. 언니가 없었다면, 언니조차 없었다면 어땠을지.

나중에 동아리에서 성추행 사건이 일어났을 때도, 직책만 회장이지 나이도 어리고 무른 나 대신 언니가 나선다. 그건 말도 안 되죠. 언니는 고학번 남자 선배를 감싸고도는 남자 회원들을 꿋꿋하게 몰아세운다. 항상 나른하던 언니가 가장 맹렬했던 순간이다. 언니는 성추행 가해자를 끝내 동아리에서 쫓아낸다. 그렇게 든든하면서도 예리하고, 따듯하면서도 서늘한 언니를 좋아하지 않을 도리가 있었을까?

무엇보다 글이다. 언니의 글 하나만으로도 난 언니를 사랑했을 것이다. 내가 동아리방에 처음으로 합평이라는 것을 하러 간 날이다. 나보다 조금 먼저 동아리에 들어온 남자 회원이 자기가 쓴 시를 인쇄한 A4 용지를 돌리고 있다. 내 앞에도 종이가 놓인다. 〈죽음을 위한 수음〉. 제목에서 연상되는 것처럼, 남자가 자위한 후 자기가 토해 낸 정자의 죽음을 고찰하는 시다. 남자 회원들은 낄낄거리며 수음이라는 단어를 몇 번이고 입에 올리고, 시는 어쩌면 그런 대화를 나누기 위한 핑계 같다. 인휘 씨는 어떻게 생각하세요? 난 한마디도 입을 떼지 못한다. 글쎄요. 기분이 나쁘다고 했다간 문학이라고는 모르는 고루한 여자처럼 보일까 두렵다. 하지만 이런 게 문학이라면 나는 차라리 문학을 모르는 게 낫겠다 싶다.

언니는 그날 불참이지만 물건이 두서없이 놓인 동아리방 테이블에는 언니가 쓴 소설이 인쇄되어 굴러다니고 있다. 남들이 수음과 죽음의 유사성을 두고 열띤 토론을 벌이는 동안 나는 언니의 소설에 빠져든다. 날이 밝으면 창살을 떼 버릴 것, 내일 여자가 해야 할 일은 그것뿐이다. 정물화처럼 살아온 여자가 자기 삶을 바꾸려고 다짐하는 순간, 이야기는 그렇게 끝을 맺는다. 창문도 없는 지하 동방에 창살을 떼어낸 듯 청량한 공기가 불어온다. 이건 누가 쓴 거예요?

늘 그런 식이었다. 이름과 성별을 떼고 난 후에도 나는 여자가 쓴 글에 끌리곤 했다. 내 스마트폰 주소록에는 그때의 인연들이 아직도 학번으로 정렬되어 담겨 있다. 이름을 보고 있으면 무슨 글을 썼는지가 바로 연상된다. 잘 꾸민 정원처럼 예쁜 글을 쓰던 06학번 소혜 언니, 날것의 글을 천재처럼 잘 쓰던 08학번 지인 언니, 기발한 상상력을 뿜어내던 09학번 유라, 경쾌한 박자로 거대한 세계를 그리던 10학번 명진, 위험한 걸 알면서도 속절없이 매혹되던 10학번 한샘…. 어디 출판된 적도 없는 그들이 내 인생 작가였고, 그들의 글과 삶과 말은 내 것과 어지럽게 얽혔다.

이 남자인가? 이상한 일이다. 나는 언니들을, 언니 같던 동생들을 너무 사랑해서 이 순간이 지나가 버리지 않기를 바랄 정도이면서, 그 짓을 멈추지 않는다. 합평 때마다 만나는 동아리 남자 회원들이 한 명씩 남자친구 후보에서 제거된 후에는 가끔 인사를 건네는 같은 과 남학생들에게 기대를 건다. 가망이 없어 보이자 잃어버린 지갑을 찾아 준 남자와의 로맨스를 상상하는가 하면, 지하철에서 스쳐 지나가는 낯선 타인이 접근해 오기를 바란다. 연애로 이어지지 않는 모든 스침은 거절처럼 느껴져서 나는 점차 절박해진다. 남자와 사귀어야 한다는 한 가지 목표로 가득 찬 내가 어떤 짓까지 했느냐 하면…….

> 10/08/25 06:03 PM
> 답변할 가치도 없나보네ㅋ
> 좀 어이없다 여자는 다 그런가
> 뭐 어쨌든그렇게 살지마라
> 답장 삭제

서랍 어딘가에 당시 쓰던 폴더폰이 있다. 온 집안을 뒤져 맞는 충전기를 찾고서 겨우 전원을 켠다. 문자 보관함에 남아 있는 이 문자가 내가 여름 방학 내내 몰두했던 미친 짓의 유일한 증거다.

무작위로 대화 상대를 연결해주는 랜덤채팅 서비스는 얼핏 낭만적으로 보일지 몰라도, 실상은 난장판이다. 랜덤한 사람이 대화방에 입장했습니다. 편하게 대화하시길 바랍니다. 안내 메시지가 뜨고 난 후 낯선 상대가 첫 메시지를 입력하기까지 아주 짧은 순간 나는 어쩔 수 없이 기대를 품는다. 이 남자인가? 보통은, 열에 아홉은, 그런 기대가 터무니없게 느껴질 정도로 저급한 말을 듣게 된다.

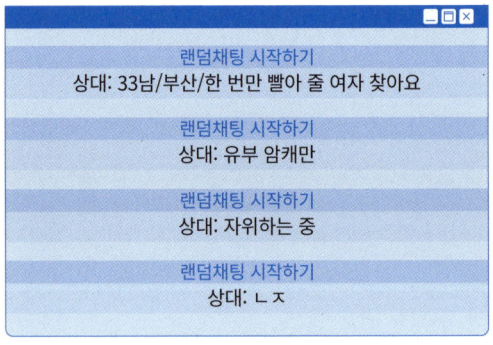

가장 흔하게는 ㄴㅈ라는, 말조차 되지 못한 약자가 돌아온다. 남자라는 두 글자를 입력할 노력조차 사치라는 듯. 성비는 절대적으로 남자가 많고, 남자는 내가 원하는 운명적 로맨스에는 관심이 없는 것이 명백하다. 저는 여자예요. 그래도 나는 그렇게 밝힐 때 남자가 보내는 환호가 좋다. 내 성별이 가치 있게 느껴지는 순간에, 내가 조금이라도 가치 있다고 느껴지는 순간에 중독되어 버려서, 새벽 내내 불 꺼진 방에서 눈이 벌게진 채 새로 고침을 반복한다.

안녕하세요. 어느새 내가 남자를 보는 기준은 낮아질 대로 낮아져 있다. 평범하게 인사를 건네고 취미가 무엇인지 물어봐 주는 당연한 일이 대단히 감격스럽다. 얼굴도 이름도 모른 채 고작 몇 분 말을 나눴을 뿐이면서 남자는 나를 사랑하게 된 것처럼 군다. **전화번호 알려 줄 수 있어? 목소리 듣고 싶어.** 두 시간 넘게 핑퐁이 이어지자 남자는 조심스럽고 달콤하게 묻는다.

나는 갈등한다. 지금이라면 없던 일로 할 수 있다. 버튼 하나만 클릭해도 우리는 모르는 사이가 된다. 여태의 무모함은 그렇게 쉽게 빠져나갈 수 있다는 감각 덕분이었다. 그러나 남자는 끈질기고, 그게 사랑의 증거처럼 느껴져서 나는 결국 함락된다. 이번에야말로, 이 남자일지도 모른다. 나는 매번 조금씩 더 허락한다. 전화번호를 알고, 내 이름과 학교를 알고, 내가 사는 지역을 알고, 남자가 많이 알수록 정보는 지렛대가 되어 나를 움직이기는 더 쉬워진다.

내가 살면서 했던 가장 무모한 일이 결혼이라면 그 남자를 만나러 나간 건 두 번째쯤 될 것이다. 부산에 사는 남자는 오직 나를 만나기 위해 국내선 비행기를 탄다. 나는 공항으로 마중을 나간다. 여초 커뮤니티의 언니들이 가르쳐 준 대로 한 치의 어긋남도 없이 단장한 내 모습을, 가는 길에 보이는 모든 거울에 비추어 본다. 어떤 거울에서는 완벽해 보이다가도 다른 거울에서는 흉물스러워서 불안해진다. 우와…. 소녀시대 티파니 닮았어. 남자는 머리가 단발이라는 것 외엔 나와 별 공통점이 없는 여자 아이돌 멤버를 첫인사 대신 거론한다. 오, 오, 오, 오빠를 사랑해. 역시 그 노래가 머릿속에서 울려 퍼지고 있었을까. 아마 칭찬일 것이라는 생각에 붕 뜬 기분이 된다.

이후로는 내리막길이다. 맛없고 비싼 음식을 먹고 이어지지 않는 대화를 억지로 잇는다. 모니터의 글자를 보며 혼자 했던 상상과는 모든 것이 다르다. 남자가 과감함을 과시하듯이 내 손을 주물럭거리기 시작했을 때—주물럭이라고밖에 표현하기 힘든 움직임이었다—나는 빨리 이 '오빠'에게서 벗어나고 싶어진다.

이 남자도 아니구나. 착잡한 마음에 집으로 돌아가는 지하철에서 잠깐 답장이 없었을 뿐인데 남자는 이미 다다닥 문자를 보내며 내가 자신을 이용했다는 결론에 도달한 상태다. 남자는 내가 대단한 사기라도 친 양 여자는 다 그러냐고 묻는다. 반면 나는 생각보다 쉬운 마무리에 가슴을 쓸어내릴 뿐, 남자는 다 이런 건지는 묻지 않는다. 아예 그런 생각을 떠올리지도 않는다. 나를 구원해 줄 다른 남자가, 종이 아예 다른 남자가 있을 거라는 나의 믿음은 무엇으로도 깰 수 없다.

이건 솔직히 언니 책임도 있다? 십여 년의 세월을 넘어 카카오톡에서 ㅋ을 가득 담아 장난스러운 메시지를 보낸다. 왜 그렇게 살았냐고 안타까워하며 날 타박하던 소담 언니 역시 웃으면서 인정한다. 언니와 언니의 글을 좋아해서, 남자를 더 열심히 찾게 됐다는 잔인한 역설을 어떻게 설명해야 할까.

언니가 내게 보여 줬던 글은 전부 파일로 저장해 두었는데, 나는 시도 아니고 소설도 아니고 언니의 삶이 담긴 〈기록〉이라는 제목의 긴 글을 제일 좋아해서 읽고 또 읽었다. 넌 내 뮤즈야. 당시 언니가 사랑했던 남자는 쪽지에 그렇게 적어 주면서 언니의 마음을 뒤흔들었다고 한다. 그녀는 자신의 삶에 관해서 쓴다. 그래서 소설이 아니라 기록이라는 이름이 붙은 일종의 연대기다. 그러나 그를 만난 이후의 삶에 관해서만 쓴다. 만약 그를 만나기 이전의 삶을 과거라는 이름 아래 묶어둘 수만 있다면 그녀에게 과거는 아무것도 아니다. 나는 모니터에 떠오른 아무것도 아니다라는 글씨를 손으로 몇 번 문질러 본다. 그런다고 지워지지는 않는데도.

내가 그토록 닮고 싶던 언니는 달을 가리키는 손가락처럼 애달프게 남자만을 가리킨다. 내가 따라 쓸 수 있다면 뭐든 바쳤을, 언니의 아름다운 비유와 강렬한 이미지는 아무 의미도 없는 것처럼 전부 남자에게만 바쳐진다. 손가락이 아무리 아름다워도 누구나 끝내 달을 바라보기 마련이라면, 내가 나를 뮤즈라고 불러 줄 남자를 찾아 헤맨 데에는 정말 언니의 책임도 있을 것이다.

니가? 니가 날 좋아한다고? 니가?

수화기 너머에서, 남자는 도저히 못 믿겠다는 듯 헛웃음을 터트리며 몇 번이고 되묻는다. 나는 핸드폰의 각진 모서리가 아프게 느껴질 만큼 손에 힘을 꽉 주고 있다. 남자가 몰랐을 리는 없다. 시를 쓰는 섬세한 남자다. 나는 남자가 부를 때마다 달려가 마시지도 않은 술값을 계산했고, 남자를 본뜬 인물이 나오는 소설을 써서 보여 줬으며, 남자가 입대하자 과자를 직접 구워 부대원과 나눠 먹을 만큼 잔뜩 보냈다. 뭐가 그렇게 괴로운지 매일 술을 부어대는 남자의 옆모습을 훔쳐보며 둘이서 속을 버린 날만 해도 셀 수가 없다. 그러니 남자의 반문은 네까짓 게 감히 그런 마음을 털어놓느냐는 면박에 가깝다.

너의 밑 빠진 독에 나를 갖다 붓고 싶어. 어느 날엔가 너의 구멍은 아물고 내가 차오를 수 있지 않을까 싶어. 이제는 영원히 줄 수 없게 된 고백 편지에 나는 이렇게 썼다. 아마도 나는 내 헌신에 중독되어 있었다. 아무것도 받지 않고 모든 것을 내 놓는, 기꺼이 더러운 길바닥에 같이 주저앉아 버리는, 어떤 모욕에도 꺾이지 않는 이 지독한 감정만이 내게 진실했다. 그건 사랑보다는 통각에 가까웠지만, 실상 그게 모든 신체 부위가 없다시피 살아가는 내가 느낄 수 있는 유일한 감각이었고 궁지에 몰린 내가 발견한 유일한 해결책이었다. 나의 밑 빠진 독을 메우고 싶어. 내 몸을 되찾고 싶어. 너 없이도 의미 있고 싶어. 남자가 빠져 있는 그 문장이 얼마나 정확하든 간에 그렇게 쓸 수는 없었으므로.

사내는 떠났다

  소담 언니는, 나는, 우리는, 대신 그렇게 써야 했다. 우리의 사랑을 되돌려 주지 않는 남자 이야기가 우리에게 허락된 이야기였다. 우리는 그렇게만 비명을 지를 수 있었다. 글 속에서 우리는 애원하기도, 분노하기도, 짓밟기도, 깔보기도 했지만, 결국 중력에 붙들린 위성처럼 남자를 중심으로 공전했다. 남자에 발이 묶여 있는 한 우리는 결코 뮤즈 신세를 벗어날 수 없었다. 남자보다 글을 그 얼마나 잘 써도 똑같았다. 현실에서도, 예술에서도 우리는 무대 한 칸 아래 남자를 응원하는 치어리더였다.

  사내가 떠나면 다른 사내가 온다. **똥차가 가면 벤츠가 온다.**[46] 여초 커뮤니티의 언니들은 당시 유행하던 조언을 퍼 나르며 나를 위로한다. 말인즉슨 차가 올 때까지 대로변에서 무작정 기다려야 한다는 뜻이다. 나는 하이힐 위에서 위태하게 균형을 잡은 채 지나가는 차를 살핀다. 이 남자인가? 나는 기계적으로 기대를 품고 거절은 매번 새롭게 나를 할퀸다. 똥차든 벤츠든 어떤 차라도 차이기만 하면 타고 싶을 만큼 자포자기한 이후 내 앞에 차가 한 대 선다.

  제가 소담이랑 비슷한 데가 많아요. 남자 버전이랄까. 인휘 씨는 레즈비언이 아니니까…. 남자는 횡설수설하다가 뒷말을 흐린다. 함께 동아리 활동을 하면서도 서로 소 닭 보듯 하던 남자와는 문집을 준비하다가 가까워진 상태다. 남자는 옆에서 봐 와서 내가 언니를 얼마나 좋아하는지 알고 있다. 그러니 생략된 말은, 언니와 비슷한 자신과 사귀어야 마땅하다는 알쏭달쏭한 매력 어필이다. 남자는 언니와 동갑이고, 같은 학번이고, 언니만큼은 아니지만 어려운 말과 난해한 작품을 많이 알고 있다. 그렇다고 남자가 언니와 비슷하다는 생각은 해 보지 않았는데 그 순간 둘을 겹쳐 보게 된다.

언니와 남자, 둘 중 하나를 선택해야 하는 문제라면 당연히 언니를 택해야 하지 않았을까. 저울에 일일이 올려 비교한다 해도 남자가 앞서는 점이라곤 남자라는 것, 그리고 내게 적극적으로 다가온다는 게 다다. 언니는 물론이고 동아리 여자 회원들 모두가 남자와는 사이가 좋지 않다. 보석처럼 소중히 아껴 온 그들을 잃을 것인가. 다 제쳐 놓고라도 항상 예리했던 그들 모두의 판단을 믿었어야 한다. 따질 것도 없는 문제다.

너 걔랑 사귀면 난 너 안 볼 거야. 전화기 너머로 소담 언니가 밀어도 밀리지 않는 단단한 바위처럼 선언한다. 나는 그 순간으로 되돌아가는 상상을 자주 해 왔다. 언니, 그러면 안 사귈게요. 언니를 안 볼 수는 없어요. 간단하고 명료한 대답. 상상 속에서도 입이 떨어지지 않는다. 몇 번을 돌아가도 나는 그 대답을 못 하고, 울면서 전화를 끊는다. 그게 선택이었다면, 나는 언니를 선택했을 것이다. 나에게 선택의 여지가 있었다면.

언니가 쓴 글에 나오는 여자들처럼, 언니가 추천해 준 작품 속의 여주인공처럼, 언니처럼 나는 남자와의 관계 속으로 온몸을 내던진다. 모든 것을 잃더라도 남자 하나를 얻기로 한다. 언니 없이, 언니처럼.

그러니까 조금은 언니 책임이 맞다. 같이 문학회를 했던 여자들도, 온라인에서 예뻐지는 법을 가르쳐 줬던 여초 커뮤니티 이용자도 내 삶에 조금은 책임이 있다. 그건 아마 내가 언니의 삶에 대해, 나를 언니라고 불러 온 여자들의 삶에 대해 져야 할 책임의 무게와 같을 것이다. 남자가 개입되지 않은 우리만의 대화 속에서조차 우리는 서로를 남자 쪽으로 밀어 냈다. 유일한 탈출 기회를 그렇게 낭비했다.

그러나 언니의 책임뿐일까. 소담 언니를 고작 뮤즈로 격하시킨 남자, 언니가 좋아하던 수많은 남자 예술가들(그중에는 아동 강간범인 감독도, 그 감독을 위해 탄원서에 서명한 작가도 있다), 그들이 만든 여자가 불행해지는 이야기들을 두고서, 그들 때문에 불행해진 여자의 책임만을 물을 수 있을까.

교문에서 지하철역으로 짧게 뻗은 도로는 다양한 브랜드의 화장품 가게, 불편하기 짝이 없는 플랫과 힐을 파는 신발가게, 철마다 새로운 스타일을 내걸던 옷 가게로 빼곡했다. 과외를 두 개 넘게 해도 돈은 항상 부족했다. 그 돈은 누구에게로 흘러 들어갔을까. 학교 앞 로드샵 브랜드 다수를 거느린 아모레퍼시픽만 봐도 알 것이다. 아무리 여자 직원 비율이 높다고 자랑해 봤자 2010년 기준 남직원이 평균 3,000만 원이나 많은 연봉을 챙겨 간다.[47] 성형을 고민할 만큼 괴로워하는 건 절대다수가 여자지만, 국립대병원 5곳은 2020년까지 무려 11년간 단 한 명의 성형외과 여성 전공의도 선발하지 않았다.[48]

여자들의 피 묻은 돈으로 장사하는 남자들 앞에서, 미모가 인생의 마스터키라고 믿을 만큼 남자가 가하는 모멸과 굴욕을 감내해 온 여자의 책임은 상대적으로 사소해진다. 내가 어떻게 언니들을 원망할 수 있을까. 내게 더 좋은 걸 나눠 줄 수 있었다면 선의로 가득 찬 언니들은 기꺼이 그렇게 했을 텐데. 그게 선택의 문제였다면.

화장을 하지 않은지는 꽤 되었지만 차마 버릴 수 없던 화장품이 하나 있다. 당시 여초 커뮤니티에서는 화장품 소분이 유행해서, 커다란 아이섀도 하나를 네 개, 여덟 개, 심지어 열여섯 개로 쪼개 나눠 가지곤 했다. 그러면 더 많은 색을 더 저렴하고 휴대성 좋게 쓸 수 있었다. 말이 쉽지 오백 원 동전보다 조금 큰 가루 덩어리를 정교하게 잘라 틈 하나 없이 합치는 건 기예에 가까웠다. 나는 내게 아직도 남아 있는 4분할 된 아이섀도를 들여다보면서 그런 말도 안 되는 노동을 거의 돈 한 푼 안 받고 해 줬던 '금손' 언니들을 생각하고, 나와 이 아이섀도를 나눠 가진 나머지 세 명의 언니들을 생각한다.

내 몸이 문제라는 걸 의심할 수 없을 때 고통이라는 해결책은 지나치게 달콤하고, 우리끼리 나눌 수 있는 게 고통밖에 없을 때 서로가 주는 고통은 군불 앞에서 나눠 먹는 감자처럼 귀하고 애틋하게까지 느껴진다. 우리는 그런 악순환의 고리 안에서 서로의 꼬리를 꽉 물고 있었다. 우리가 선택하고 있다고 믿었던 수많은 순간이, 실은 선택이 아니었기 때문에.

봄은 오지 않는다

봄처럼 보인다고 꼭 봄은 아니다. 문학회 여자 회원들과 모두 흐지부지 사이가 갈라진 이후에 나는 내가 그렇게 간절히 바라던 연애에 몰두한다. 남자는 나를 사랑한다고 말하고 나는 행복하다고 생각하려 한다. 거의 그렇게 믿기까지 한다.

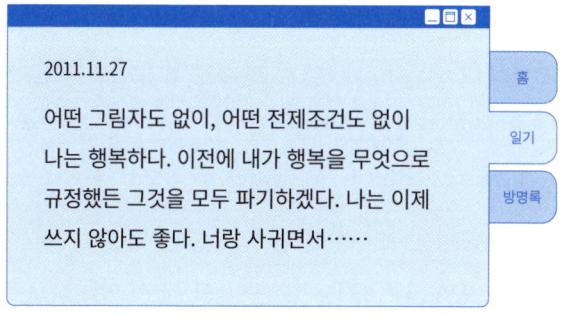

2011.11.27
어떤 그림자도 없이, 어떤 전제조건도 없이 나는 행복하다. 이전에 내가 행복을 무엇으로 규정했든 그것을 모두 파기하겠다. 나는 이제 쓰지 않아도 좋다. 너랑 사귀면서……

모든 일이 벌어졌던 문학회 동아리 방이 잔디밭으로 변했듯이, 당시 우리의 온라인 사랑방이었던 싸이월드도 데이터를 백업할 틈조차 주지 않고 문이 닫혔다. 나는 2020년 가을 며칠간 새로고침을 반복한 끝에 잊고 있던 일기장을 겨우 되찾는다. 일기 속에서 나는 멀어진 친구들에게 과시하듯이 몇 번이고 내가 행복하다고 되뇌고 있다. 무엇이 행복인지 지금도 매일 헷갈리면서 그때라고 행복을 알았을 리가. 지금 와서 보니 얼굴이 화끈 달아오른다. 어쩌면 영영 잃어버리는 쪽이 나았다는 생각마저 든다.

모두 없었던 일로 할 수만 있다면. 이야기가 아니라 삶도 다시 시작할 수만 있다면. 남자와 연애도 결혼도 하지 않고, 언니와도 멀어지지 않고, 나 자신을 잃지도 않고, 이런 부끄러운 이야기는 할 필요가 없었을 것이다.

이러니까 꼭 동방에 있는 것 같지 않아요?

나와 소담 언니, 한샘은 이야기를 도무지 멈추지 않는다. 한샘의 자췻집에서 저녁을 먹자고 모였는데, 벌써 새벽 4시다. 이제 자자고 한 지도 몇 시간째. 나와 언니는 침대에, 한샘은 바닥에 누운 채로 계속 새로운 주제를 꺼낸다. 동아리방에서 얘기로만 밤을 꼴딱 새우던 2010년에서 세월이 단 하루도 흐르지 않은 듯이 우리에게는 어색함이 없다.

그러나 자세히 보면 많은 것이 다르다. 손이 야무지고 감각이

탁월한 한샘이 내온 술과 안주는 지갑 가벼운 대학생 때 새우깡을 안주로 들이켜던 피처 맥주와는 비교가 되지 않는다. 거리낌 없이 페미니스트라고 말할 수 있게 된 우리는 남자 회원을 의식하고 있었을 때는 절대 할 수 없었던 이야기를 한다. 서로 간직하고 있는 기억의 조각들이 하나로 모여 보이지 않았던 그림이 드러난다.

소담 언니도 변했다. 계속 글을 쓰지만, 그때 같은 글은 쓰지 않는다. 온몸에 있는 뼈의 위치를 짚어낼 만큼 말랐던 언니는 선이 둥글어졌다. 따듯한 카페라테 한 잔으로 식사를 거르는 대신, 눈을 빛내며 매 끼니 메뉴를 진심으로 고민한다. 화장하지 않은 얼굴을 구겨 가며 힘껏 웃는다. 하늘하늘한 원피스 대신 편한 바지를 입는다. 남자의 뮤즈가 되는 연애는 이제 하지 않겠다고 한다.

나는 언니를 더 잘 알게 되었다. 김 서린 차창 너머의 흐릿한 풍경에 매혹되듯, 어떤 것은 모를 때 더 멋져 보이기도 한다. 그러나 나는 아무래도 신비가 걷힌 후의 언니가 더 좋다. 살아야 할 의미를 고민하며 캠퍼스를 휘적휘적 거닐던 언니도 좋지만, 결국 여기까지 살아 낸, 생에 대한 투지가 넘치는 언니가 좋다. 멋진 글을 쓰던 언니를 사랑했기 때문에 더더욱 누구의 뮤즈도 아닌 지금의 언니를 기뻐한다.

뭐야, 언니 어렸을 때 엄청 귀여웠네. 남자를 만나기 전의 과거는

아무것도 아니라고 썼던 언니가 내게 유년 시절 사진 묶음을 건넨다. 역시나 우리의 과거가 아무것도 아니었을 리 없다. 우리가 다시 같은 자리에 서기까지의 과정이, 낯부끄러운 순간들과 폭력의 기억으로 얼룩진 역사가, 의미가 없었을 리 없다.

2010년에는 오지 않을 것만 같던 봄이 오고 있다. 봄이 오면 우리가 묻은 것 중 일부는 썩어서 퇴비가 되고, 일부는 움을 틔워 세상 밖으로 고개를 내민다. 기다리던 순간이다.

흔녀의 연애

6. 흔녀의
연애

　　　　　사귄 지 2년쯤 됐을까, 우리는 같은 방에 있다. 아무도 들어오지 못하게 방문을 걸어 잠갔지만 한편으로 우리와 세상을 가르는 건 고작 얇은 나무문에 불과하다. 몇 분 전까지만 해도 이불 속에서 평화롭게 뒹굴던 우리였는데, 화가 난 남자가 자리에서 일어선다. 네 말은, 원래 그래 왔으니까 앞으로도 그래도 된다는 거야? 커튼 틈으로 어슴푸레하게 들어오는 빛이 역광으로 남자의 뒷모습을 비춘다.

　남자가 씨근덕거리며 숨을 고른다. 내 심장은 그 리듬에 맞춰 불안정하게 뛴다. 밖에 있는 내 가족들을 의식하고 있다. 결혼을 앞둔 여자가 네이트판에 올린 고민 글을 읽고서 남자에게 스마트폰을 건넬 때만 해도 이렇게 될 줄은 몰랐다. 우리의 가벼운 잡담은 열띤 토론으로, 다시 격한 말다툼으로 번졌다. 결혼할 때 남자는 집을 마련해 오고, 여자는 혼수를 갖춰야 한다는 사회적 기대를 두고 우리는 맞붙었다. 나는 그 기대가 당연하게 여겨지는 이유가 있다는 쪽이었고, 남자는 아니었다. 나는 글을 쓴 여자의 편이었고, 남자는 아니었다.

남자는 다시 내 쪽으로 몸을 돌려서, 살짝 머뭇거리다 이 말만은 해야겠다는 듯 입을 뗀다. 나는…. 페미니스트야.

난 얼른 이해가 가지 않는다. 현실에서 자신이 페미니스트라고 선언하는 사람은 처음 봐서 얼떨떨하다. 언제부터? 그런 질문이 생각을 거치지 않고 입 밖으로 튀어나온다. 원래부터. 남자는 내 눈을 똑바로 바라보며 답한다. 원래라는 건 정확히 언제부터일까? 페미니스트라면 남자가 집을 해 오길 바라면 안 되는 걸까? 나는 멍하니 그런 궁금증이나 품는데, 모든 일에 워낙 냉소적이던 남자는 드물게 진지해 보인다. 세상이 바뀌어야 해. 그러려면 여자들이 힘을 합쳐 들고 일어나야 해.

내가 나를 페미니스트로 여기게 되는 건, 정말 내 또래 여자들이 힘을 합쳐 들고 일어나게 되는 건 아직도 한참 후, 족히 2~3년은 남았다. 나는 이 기억을 엽서처럼 보관하고 있다가 세상이 바뀌고 내가 바뀔 때마다 다시 꺼내 보곤 했다.

모든 일을 겪고 난 지금은 이 기억이 각종 신호로 가득 찬 추리소설의 도입부처럼 읽힌다. 그래도 결혼하기 전에 무슨 신호가 있지 않았어? 조심스럽게, 같은 결말을 피하고 싶다는 듯 내게 물어올 때의 그 신호 말이다.

대답하자면 신호는 많았다. 머리가 빠르게 돌아가는 독자는 지금껏 나온 얘기에서도 수만 가지 복선을 읽어 낼지 모른다. 결말을 알면 이야기는 더 쉬워지니까, 내가 더 일찍 도망쳤어야 한다는 게, 남자가 싹수부터 노랬다는 게 불을 보듯 뻔해 보일 수도 있다. 그러면 나는 멍청하게도 떡하니 아가리를 벌리고 있는 덫으로 걸어 들어간 첫 번째 시체쯤 될 것이다.

나는 모니터에서 깜박이는 커서를 바라본다. 아니면…. 다른 식으로 이야기할 수도 있다. 이건 내가 쓰는 얘기니까, 그렇게 할 수도 있다. 내 사지처럼 익숙한 키보드 위에서 손가락을 잘만 놀리면 나는 전혀 예측할 수 없는 완전범죄에 당해 버린 순결한 피해자가 될 수도 있다. 남자는 악한 계획을 완벽히 감춘 사이코패스 악당이 되고, 언제나 암흑 속에서 발을 디디듯 불안한 마음으로 세상을 살아가라는 게 이 이야기의 교훈일 것이다.

어느 쪽일까, 진실에 가까운 것은? 신호는 노골적이었을까, 아니면 감쪽같았을까? 내가 지나치게 멍청했을까, 아니면 남자가 지나치게 사악했을까? 그러니까 나는 피할 수 있었을까, 아니면 없었을까.

나는 양쪽을 번갈아 보다가, 결국엔 가운데 나 있는 샛길로 들어가기로 한다. 추리소설에서 시체가 나오기 전은 평온한 일상인 것처럼, 우리도 그럭저럭 평범한 연애였다.

우리 싸움의 도화선이 된 네이트판을 보면 알 것이다. 2012년 한국인이 가장 많이 찾는 포털 게시판이던 네이트판에는 평범함이 무엇인지 정의 내릴 수 있는 권위가 있었다. 당시 주간지에 실린 기사는 네이트판을 이렇게 설명한다. 네이트판의 전형적인 이용자는 20대 혹은 30대의 평범한 여성이다. 이들은 학교, 직장, 시댁에서 있었던 이러저러한 일을 판에 털어놓으며 수다를 떤다.[49] 네이트판에서는 지금은 연애 중, 결혼/시집/친정, 여자들끼리만 같은 게시판이 인기가 좋았고, 이용자는 꼭 자신이 흔한 여자, 흔녀라고 소개하며 글을 시작하곤 했다.

누구나 흔히 4단 도시락쯤은 싼다. 2012년 4월 19일, 집을 나서기 직전 도시락을 펼쳐 놓고 찍은 사진이 내 앨범에 남아 있다. 지금 쓰는 스마트폰 카메라에 비하면 부옇고 흐릿한 화질을 뚫고서 메뉴는 알록달록하다. 다진 소고기를 직접 빚어 구운 미트볼 꼬치가 메인이고, 양배추와 당근과 옥수수콘을 새콤한 소스에 절인 코울슬로로 섬유질을 챙겼고, 밥은 야무지게 유부 모자를 씌워서 칸을 착착 채웠으며, 껍질을 미리 깐 한라봉과 찬물에 깨끗이 씻은 딸기는 후식이다.

대학 홈페이지에서 학사 달력을 넘겨 보니 중간고사 기간이 채 끝나지도 않은 시점이다. 그 학기에 나는 20학점을 들으면서

4.5 만점에 4.45 성적 평점을 얻었다고 나온다. 기억은 희미해도 아마 시험공부를 하는 틈틈이 치열하게 메뉴를 고민하고, 마트에 가서 재료를 하나도 빼놓지 않고 사고, 영어 원서를 읽으며 밤을 새운 후 새벽부터는 도시락을 싸야 했을 것이다. 어쩌면 도시락을 준비하는 틈틈이 시험공부도 했다는 쪽이 더 정확하지 않을까. 시험을 치르는 내내 그저 데이트하기로 한 북서울꿈의숲 공원의 벚꽃이 다 져 버릴까 걱정이니까.

아니, 정말로, 어디 자랑할 수도 없을 만큼 흔한 일이다. 네이트판 검색 결과로만 봐도 4단 도시락보다는 5단 도시락이, 5단 도시락보다는 10단 도시락이 더 많다. 도시락 앞에는 **남자들의 로망, 남자친구를 위한, 남들 다 하는, 봄나들이, 이벤트** 같은 수식어가 붙는다. 나는 재미 삼아 숫자를 하나씩 늘려 가다가 31단 도시락을 발견하고는 멈춘다. 확실히 그 정도라면 떳떳이 자랑할 만할까? **저는 27살 흔하디흔한 흔녀예용ㅋㅋㅋ** 31단 도시락의 주인공도 자신이 흔하다고 생각하고, 글을 올리려면 용기가 필요하다. **용기 내서 올립니당!!!**

그 시기 나의 사진 앨범은 내가 남자에게 해 준 일들로 가득하지만, 무엇 하나 특별하지 않다. 나는 단것을 그리 즐기지 않으면서도 제과제빵을 취미로 삼아 초콜릿칩 쿠키와 딸기 무스케이크, 옥수수 머핀 따위를 시시때때로 남자에게 가져다준다. 만듦새가 어설픈 내 결과물과 달리, 파는 것처럼 포장까지 완벽한 사진이

네이트판에는 널려 있어서 겸손해질 수밖에 없다.

사귀고서 처음 맞는 크리스마스에 주려고 골판지로 원뿔을 만들고 은박지에 싸인 키세스 초콜릿을 하나하나 글루건으로 붙여 꾸민 키세스 트리도 별것 아니다. 애초에 어디서 보고 따라 한 것이다. 네이트판에서 최초를 찾아 거슬러 올라가다가 포기한다. 너무 많고, 너무 전통이 길다. 1600일 넘게 만나면서 남친에게 만들어 준 것들. 2010년 네이트판에 올라온 누군가의 글에서 키세스 트리는 겨우 두 줄을 차지할 뿐이다. 커플 목도리, 고구마 케이크, 십자수, 테디베어…. 내려도 내려도 끝이 없는 이 글에는 댓글이 단 두 개 달렸다. 그 정도로 아무것도 아닌 일이다.

조금이나마 특이하다 싶은 건 전공을 활용해서 해 준 일들일까. 내 컴퓨터에서 남자 이름으로 된 폴더에 들어가면 **녹취1, 녹취2, 녹취3, 녹취4**처럼 정체가 궁금해지는 텍스트 파일이 여럿이다. 2011년 10월, 사귄 지 몇 달 되지 않았을 때 만들어진 파일이다. 열어 보고서야 기억이 난다. 영어로 진행되는 전공 수업을 따라가기 벅차 하던 남자가 수업을 녹음해 오면, 영어를 잘하는 내가 들리는 대로 받아 적어 주곤 했다. 이 부분은 아무리 들어도 모르겠음. **11분 27초~34초** 부근. 생소한 남자의 전공 용어를 몇 번이고 다시 돌려 들었나 보다.

그것도 딱히 특별할 게 없는 게, 사랑한다면 뭐든 도와주고 싶어지기 마련이니까. 너는 어떻게 일본어를 그렇게 잘해? 나처럼 유학을 다녀온 것도 아닌 남자에게 감탄하자 남자는 비법을 알려주듯 비밀스럽게 웃는다. 전에 일본어를 잘하는 여친을 사귀었거든. 걔한테 과외받았어. 모르긴 몰라도 그 여자친구도 나와 같은 마음이었을 것이다.

말을 더 얹어 봤자다. 남자가 흠뻑 빠져 있던 한국어판이 나오지 않은 TRPG 룰북을 직접 발췌 번역해 깜짝 선물하기도 했고, 남자가 좋아하는 버번위스키를 남대문 시장까지 가서 구해 주기도 했고, 남자를 위해 요리와 운전을 배웠으며, 남자의 컴퓨터를 조립해 주었고, 남자 대신 도서관에 책을 반납했으며…. 그쯤 해두자. 0과 0을 더해도 0이라는 걸 학교에서 배우지 않았는가. 아무것도 아닌 일은 몇 개를 더한들 뭐 대단한 일이 되지를 않는다.

게다가, 나도 받기는 받는다. 남자는 떨어트려서 액정이 나간 노트북을 대체할 썩 괜찮은 넷북을 한 번 사 주고, 코딩을 배워 보고 싶다는 내게 작은 PC 맥미니를 안겨 주기도 한다. 그거야말로 돈으로 환산되는 비싸고 실용적인 선물인데, 무슨 불만이 있겠는가. 그 외에는 어….

한 번은 비싸지 않아도 나를 생각하면서 산 사소한 선물을 받고 싶다고 했더니, 남자는 지하철 행상인이 파는 움직이는 강아지 인형과 분홍색 나일론 털이 복슬복슬하고 가운데에 토끼 인형이 달린 손모아장갑을 포장 없이 건네준다. 와, 너무 귀엽다. 둘 다 내게 아무 의미도 쓸모도 없지만, 나는 기뻐하려고 노력한다. 순수하게 기뻐하지 못하는 내게 희미한 죄책감이 든다. 갖고 싶은 게 있으면 명확히 의사를 전달했어야 했다. 난 다시는 그런 두루뭉술한 요구를 하지 않는다.

에이, 나는 그런 여자가 아니다. 내가 뭔가를 해 줬다고 해서 그만큼 돌려받아야겠다고 생각하지는 않는다. 가는 게 있으면 오는 게 있어야 할 리가. 내 노력, 애정, 시간, 창의성, 그리고 의외로 많은 돈이 결합한 결과물, 도시락이나 키세스 트리 같은 것, 그건 내가 좋아서 한 일인데, 남자에게는 아무런 가치가 없는데, 어찌 감히 대가를 원하겠는가. 사랑하는 남자의 기뻐하는 얼굴만으로 보상을 받은 것이나 다름없는데.

그러면서도 한 가지 주지 않은 것이 있다면 십자수다. 네 생일엔 **명품가방, 내 생일엔 십자수냐!** KBS 개그 프로그램에서 2010년까지 방영된 꼭지 〈남성인권보장위원회〉, 줄여서 〈남보원〉의 강렬한 첫 일성[50]에 내내 위축된 채였는지도 모르겠다. 약자를 대변하는 투쟁가처럼 차려입은 남자 개그맨들은 시종일관 진지한 어투로 남성 인권이 위협받고 있다고 호소한다. 우리는 그동안 여자들에게 모든 걸 다 바쳐 왔습니다. 하지만 여자들은 과연 우리에게 무엇을 해 줬습니까? 객석에 앉은 남자 방청객들은 그 말에 전부 자리에서 일어나 구호를 함께 외친다. 아마 여자친구일 옆자리 방청객들은 웃지 않을 도리가 없다.

사실 〈남보원〉은 남자들의 피해의식이 마침내 브라운관에 도달한 사례일 뿐이다. 이미 2006년에 〈된장녀의 하루〉라는 글[51]과 〈된장녀와 사귈 때 해야 될 9가지〉[52]라는 만화가 인터넷 구석구석 놓치지 않고 퍼져 나갔다. 고등학생이던 나는 스타벅스 매장을 눈으로 보기도 전에 만화 속 여자가 든 스타벅스 컵을 사치의 상징으로 먼저 접한다. 전국 매장 1,500곳을 돌파하며 국민 누구나 한 번쯤은 들러 본 커피점으로 자라난 스타벅스가 200호점을 채내지 않았던 시절이다.[53] 스타벅스 커피가 5천 원 언저리라는 사실은 중요치 않다. 아빠가 되었건 남자친구가 되었건 복학생 선배가 되었건 아무튼 다른 남자 돈으로, 남자인 내가 감당할 수 없는 소비를 하는 여자, 그래서 내가 넘보지 못할 여자, 댓글창은 된장녀에 대한 농축된 분노로 넘실댄다.

안되겠네. 야, 너 전화번호 불러 봐. 설마 쫄았냐?

아니, 내 공포는 그보다도 이전에 시작됐다. 1999년, 제대한 군인이 공무원 채용 시험에 응시했을 때 점수가 100점 만점이라면 무려 3~5점을 더 얹어 주는 군 가산점 제도가 철퇴를 맞는다.[54] 어쩐 일인지 남자들의 분노는 군대를 보낸 국가도 아니고, 만장일치로 위헌 결정을 내린 9인의 남자 헌법 재판관도 아니고, 폐지 청원을 낸 남교수도 아니고, 장애 때문에 군대에 가고 싶어도 갈 수 없어 헌법소원에 참여한 남학생도 아니고, 그저 여자들에게 향한다. 그러니까 나에게로.

막 거실의 아빠 컴퓨터로 인터넷의 바다에 발을 담그기 시작한 초등학교 4학년 여자애로서는 억울하기 그지없다. **저는 페미니스트는 아니지만…**. 내가 인터넷에 난생처음으로 쓴 글은 이렇게 운을 뗀다. 한 유머 커뮤니티 사이트의 자유 게시판이다. 몇 페이지에 걸쳐 여자를 싸잡아 욕하는 글로 도배된 그곳에서 나는 **꼴페미**라는 단어를 처음 배우고, 뭔지는 몰라도 **꼴페미**는 되지 않기로 한다. 내가 페미니스트라고 쓰면 내 말을 듣지도 않을 걸 안다.

힘닿는 한 한껏 논리를 끌어모은 초등학생이 하고 싶은 말은 그저, 나는 욕을 먹을 이유가 없다는 항변이다. 꼴페미는 몰라도 나는, 여성부는 몰라도 나는, 다른 여자는 몰라도 나는 잘못이 없다. 논리적으로, 합리적으로, 감정적으로 그렇다.

나는 어떤 반박도 듣지 못한다. 댓글은 글을 지우라는 협박 혹은 욕설, 싸늘한 무시가 전부다. 개중 집요한 남자 이용자가 나에게 쪽지를 보낸다. 싸움에 익숙하지 않은 나는 겨우 힘을 내 조리 있게 따지지만, 전화번호와 주소를 부르라는 윽박지름에는 말문이 막힌다. 나는 얼른 컴퓨터를 끄고 이불 속에 숨어서 벌벌 떤다. 그 이후로는 남자가 어떻게든 내 신상 명세를 알아내 모니터를 뚫고 날 찾아올 것만 같다는, 논리적이지 못한 공포를 떨쳐낼 수 없다.

어떻게 떨칠 수가 있을까, 그 공포를. 남자들의 어조는 점점 극렬해지고, 자꾸 현실을 침범해 온다. **키 작은 남자는 루저라고 생각합**

니다. 2009년 방송에 나가 시키는 대로 남자의 키를 평가하는 대사를 읊었을 뿐인 여자를 지구 끝까지 쫓아갈 기세로 괴롭힌다.[55] 같은 프로그램의 첫 방송에서 한국 여자가 꼴불견인 순간[56]을 순위를 매겨 가며 진지하게 논했을 때는 모두 고개를 끄덕였으면서, 이번에는 방송통신심의위원회가 징계까지 내린다. 여자는 쏟아지는 욕설을 견디다 못해 SNS 계정도 닫고 취업에도 불이익을 겪었다고 전해진다. 여자의 이름은 이제 **루저녀**다.

사진 한 장만 잘못 찍혀도 표적이 된다. 각종 녀들.[57] 2009년에 네이트판에 올라온 글의 제목이다. 개똥을 치우지 않은 **개똥녀**이건, 엉덩이가 비치는 바지를 입은 **똥습녀**이건, 군 복무기간이 3년이 적당하다고 인터뷰한 **군삼녀**이건 녀가 붙어 버리면 사실 관계를 막론하고 영원히 잊히지 않는 유리 감옥에 박제된다.

그러니까 나는 그런 녀가 아니다. **된장녀**도 아니고, **루저녀**도 아니고, **꼴페미년**은 더욱더, 절대로 아니다. 그렇다고 나를 **개념녀**라며 치켜세워 줄 필요도 없다. 여자를 띄워 올린 후 더 깊은 곳까지 추락시키는 꼴을 한두 번 봤어야지, 오히려 덜컥 겁이 난다. 나는 그냥 **흔녀**다. 돌멩이처럼 흔하디흔한 흔녀면 족하다. 난 돌밭에 널린 돌 틈에 숨어 시선을 피하려 한다. 벼락처럼 별안간 내리꽂히는 얼굴 없는 남자들의 진노를 피할 수 있기를, 제발.

천만다행히도, 남자와 나의 관계는 그런 해묵은 공포와는 영거리가 멀다. 나는 아예 남자를 온라인의 지저분한 흙탕물과는 떼 놓고 생각한다. 제가 남자고 인휘 씨가 여자고 그런 것과 상관없이, **우리끼리 규칙을 정해 봐요.** 우리의 연애는 그렇게 시작했으니까.

평범한 연애의 조건에는 분명 우리만은 유일하고 특별하다는 믿음이 포함되리라. 나도 그렇게 믿는다. 나는 자신만만하다. 이 관계가 몇천 년 전부터 내려온 남자가 여자를 종속하는 가부장제라는 패턴과는 다르다고, 다를 수 있다고 믿는다. 그럴 수밖에. 나는 할머니나 엄마와는 다르고, 이제는 시대도 다르고, 무엇보다 남자는 할아버지나 아빠와는 다르다.

남자는 페미니스트 선언을 하기 전에도 다른 남자들과는 다른 구석이 있다. 연애를 시작하고서도 몇 달 동안 우리는 서로에게 존댓말을 한다. 어느 순간 남자는 조심스럽게 말을 놓자는 얘기를 꺼낸다. 나는 머뭇거린다. **오빠라고 부르기 싫어서, 말을 못 놓겠어요.** 남자는 대번에 질색하면서 자신도 오빠라고 불리기 싫다고 한다. 내게 억지로 술을 먹여서라도 '오빠'라는 호칭을 듣고자 했던 다른 남자들이 스쳐 지나가면서 남자가 더 좋아진다. 남자는 나보다 두 살 많지만, 그 후 우리는 서로를 편하게 이름으로 부르며 반말을 한다.

인휘 씨가 좋아서 하는 거라면 마음대로 하시는데, 저한테는 너무 불편해 보여서요. 건강을 해칠 것 같아요. 미용 관습을 벗어던져야 할 억압으로 바라보는 코르셋이라는 말이 나오기도 전이다. 여자친구가 예쁘게 차려입고 나오면 남자의 눈빛이 바뀌는 로맨스 드라마의 연출에 나는 익숙한데, 남자는 내가 하이힐을 신거나 눈에 렌즈를 끼거나 화장을 하고 나타날 때마다 안절부절못한다. 나는 차라리 예쁘다는 말을 듣고 싶지만, 하나 안 하나 자신에겐 똑같다는 남자의 말에 서서히 수긍한다.

흔한 연인처럼 우리도 결혼하는 상상을 한다. 남자와의 결혼은 일반적인 결혼이 아닐 것이 틀림없다. 남자는 가족과 연을 끊다시피 했으니 '시'로 시작하는 새로운 관계를 맺을 필요도 없을 것이다. 나는 남자에게 장난치듯, 그러면서도 조금은 기대를 담아서 아이를 갖고 싶냐고 묻는다. 내가 낳는 것도 아닌데 내가 **결정할 일은 아니지. 그런데…**. 남자는 솔직히 좀 자신이 없다고 한다. 나는 선택권이 나에게 있다는 사실에 안심하고, 불행한 어린 시절을 회상하는 듯 눈빛이 어두워진 남자를 안아 주고 싶어진다.

자녀의 성·본을 모의 성·본으로 하는 협의를 하였습니까? 마침내 혼인신고를 할 때, 우리는 아이를 가지지 않기로 했으면서도 상징적으로 혼인신고서의 4번 항목에 예라고 표시한다. 내가 아이를 낳는다면 아이는 나의 성을 따르게 될 것이다.

그 간단한 질문 하나를 추가하기 위해 나의 전 세대 페미니스트들은 **꼴페**라는 오명을 감수하며 피 터지게 싸워야 했다. 남자를 중심으로 가족을 구성하는 호주제가 2005년 폐지[58]될 수 있었던 건 그들 덕분이지만, 나는 그들을 기억하지 않는다. 나는 그

네모칸에 체크 표시를 하게 '허락해' 준 남자에게 더 감격한다. 우리 관계가 특별한 건 남자가 '허락해' 준 덕분이고, 남자가 아니었다면 나는 자칫 호주제가 건재하던 시절처럼 살 뻔했으므로, 가슴을 쓸어내리지 않을 수 없다.

물론 특별한 남자와 사귀려면 나도 감수해야 할 건 있다. 이건 역사상 존재하지 않았던 새로운 관계이기 때문에 우리가 정한 규칙도 새롭다. 여자와 남자가 까마득한 옛날부터 따라온 낡은 관습을 따를 이유가 없는 것이다.

예컨대, 나는 남자가 데이트 비용을 내야 한다고 생각하는 고루한 여자가 아니다. 아니에요, 이건 제가 살게요. 나는 첫 데이트부터 지갑을 꺼낸다. 여자니 남자니 가리는 건 옛날식이다. 남자도 나도 주머니 사정이 넉넉하지 않은 대학생이니 형편 따라 내는 것이 옳다.

남자가 모아 둔 돈이 다 떨어진 후에는 중학생 영어 과외라도 하는 내가 더 여유가 있다. 우리는 난방도 시원찮은 동아리방에서 온열기 한 대에 붙어 시간을 보내다, 남자가 제일 좋아하는 학교 앞 삼겹살집에서 저녁을 먹곤 한다. 남자는 먹성이 좋고, 나는 살이 찔까 봐 고기를 많이 먹지 못하니 우리는 좋은 조합이다. 계란찜까지 싹싹 긁어 비우고 나면 남자는 드럼통 의자 안에 넣어 두었던 외투를 들고 먼저 밖으로 나간다. 계산은 보통 나의 몫이다.

계산이요. 고깃집 주인에게 체크카드를 내밀 때 떳떳하고 우쭐

한 기분마저 든다. 그러나 데이트 비용을 내가 얼마나 부담하고 있는지, 고기 3인분 중 내가 몇 점을 먹었는지, 연기가 자욱하고 시끄러운 고깃집이 과연 데이트할 만큼 로맨틱한 공간인지, 그런 건 계산하지 않는다. 그렇게 쩨쩨하게 굴기에는 우리의 관계가, 우리가 서로에게 느끼는 감정이 너무 특별하다.

나는 첫 경험에 큰 의미를 부여하는 보수적인 여자도 아니다. 나도 알 만큼 알고, 배울 만큼 배웠다. 처녀성이니 뭐니, 고작 섹스 한 번 했다고 여자 몸이 더러워질 리도 없고, 여자도 즐길 수 있다고 생각한다. 저는 오히려 처음이면 부담스럽더라고요. 여자랑 여러 번 관계를 맺어 본 듯한 남자의 말에는 오기까지 생긴다.

실은, 인정하고 싶지는 않지만 조금 무섭다. 여기는 꼭, 남들의 눈길이 한 번도 안 닿은 곳 같아요. 가까이 다가온 남자의 숨결이 거칠다. 남자의 말처럼 아주 어릴 때를 빼고는 누구에게 내보인 적 없는 신체 부위다.

그 순간 문득 선도부 선생님 손에 붙들려 그늘진 구석으로 끌려갔던 중학생 시절이 떠오른다. 너…. 안에 뭐 입은 거야? 왜 끈이…. 끈이…. 면으로 된 스포츠 브래지어 위에 검은색 탱크톱을 받쳐 입은 나는 영문을 모르고 혼이 난다. 검은 끈이 뭐 어땠다는 건지, 숨이 넘어갈 듯한 선생님의 조각난 말이 한참 이어진 후에야 이해한다. 얇은 하복 블라우스 너머로 비치는 검은 끈은 남학생들에게 그 안쪽을 상상하게 한다. 이중 삼중으로 감싸야 하고 그러느라 걸린 끈마저 결코 노골적이어서는 안 되는 곳, 가슴은 그렇게 위험하다.

거침없이 내 옷자락을 확 들친 남자는, 내가 흔적조차 숨죽여 온 맨 가슴을 들여다본다. 혼란스럽다. 모든 판단이 멎었다가, 다시 맹렬히 폭주했다가 한다. 기쁜 것 같기도 하다. **칭찬…이겠지?** 남자는 모양새를 평가하면서 흥분을 감추지 못하니까. 아마 내가 매력적이라는 뜻 같기도 하다. 연애라는 낯선 세계는 원래 이런 것일지도 모른다. 사랑해요. 남자는 사랑을 말해서, 나는 말문이 막힌다.

그러나 한편으로는 내가 아는 로맨스의 틀에 끼워 넣기엔 환경이 좀 미심쩍다. 작은 TV와 게임 콘솔, 노래방 기계가 우리를 둘러싼 멀티방[59]이다. 합판으로 된 문 바깥에서 사람이 오가는 소리가 가감 없이 들린다. 고작 두 명이 앉을 만한 바닥에 우리는 눕다시피 하고 있다. 살면서 내가 이보다 취약해 본 일이 있을까. 누가 문이라도 열고 들어올까 봐 내내 불안하고, 나보다 훨씬 덩치가 큰 남자의 손아귀에는 힘이 잔뜩 들어가 있다.

그래도, 거기서 끝까지 가지는 않는다. 남자가 성기를 삽입하면 그제야 끝이라고, 나는 그렇게 배워서 알고 있다. 남자가 거기까지 가기 전에 이용 시간이 종료됐다는 벨 소리가 울린다. 다행이다. 나는 까탈스럽게 이것저것 따져 대는 여자는 아니지만, 그래도.

모텔방이 적어도 멀티방보다는 낫다. 거칠고 바스락거리는 이

불에서는 락스 냄새가 진동하고 화장실 벽은 투명한 유리라 안이 전부 들여다보이지만, 붉은 꽃 한 송이, 혹은 유럽을 연상시키는 풍경 사진, 그것도 아니면 문법에 맞지 않는 엉터리 영어 문장이 대문짝만하게 인쇄된 시트 벽지는 내 취향이 아니지만, 문을 잠그면 우리는 세상과 분리된다. 누구도 우리가 돈 내고 산 시간을 방해하지 않는다. 아무도 들어오지 않는 둘만의 공간은 그나마 로맨틱하게 해석할 여지가 있다.

모텔비는 인휘 씨가 내주실 수 있으세요? 지갑을 잃어버린 남자를 도와주다가 집으로 가는 막차를 놓친 날, 나는 오늘이 그 날임을 예감한다. 미룰 수 없다. 사랑한다면, 해야 한다. 나는 흡사 전투에 나가는 장수처럼 딱딱하게 굳은 채 걸음을 옮긴다. 학교에서 제일 가까운 모텔이 보이기 시작하자 남자는 미리 확실히 해 두려는 듯 내가 돈을 내야 한다고 말한다. **낼 수야 있지만….** 나는 속 안에서 들끓는 거부감과 싸운다.

혹시 몰라서요. 나중에 여자가 마음 바뀌어서 신고하면 아무래도 남자가 불리하기도 하고….

이상하다. 아닌데, 우리는 서로를 사랑하는데, 그건 내가 여자이고 남자가 남자라는 사실과는 전혀 관계없는 이야기인데. 남자가 갑자기 우리를 평범한 관계로 끌어내리고 있지 않은가. 이래서야 남자가 여자를 때리기도, 강간하기도, 착취하기도 하는 이

성애라는 긴 전통이, 마치 내 얘기 같아지지 않는가. 나는 그런 의심을 얼른 털어 내고 싶어서 알겠다고, 내가 모텔비를 내겠다고 말한다.

제가…. 인휘 씨를 강간했어요. 다음 날 아침 서로 다른 방향 지하철을 타는 우리가 갈라지기 직전, 차가운 벤치에 앉은 남자의 눈에 눈물이 차오른다. 지난밤 나는 아팠으며, 아프다고 했으며, 남자를 밀어냈으며, 그만하자고 했으며, 도저히 안될 것 같다고 호소했으며, 남자는 날 무시하고 마구 밀어붙였다. 그렇다고 강간이라고 하기에는 좀…. 강간은 아니었다. 왜냐하면….

어쩌면 그 순간이, 내가 겪은 일이 강간이 아니게 된 순간일 것이다. 나는 남자의 뺨을 타고 흐르는 눈물을 닦아 주면서 괜찮다고 말한다. 나도 어차피 진심으로 저항하지는 않았다. 거기까지 따라간 이상, 남자를 사랑하는 이상, 별다른 수가 없다는 걸 알았으니까. 차마 분위기를 깰 수는 없었으니까. 나는 야구 배트로 두들겨 맞을 때 낼 법한 비명이 아니라, 거실 TV에서 채널을 돌리다 마주친 포르노 영화의 신음에 가까운 소리를 내려고 노력한다. 아파요…. 너무 커요…. 제발 그만하세요….

그 시절 내가 아는 모든 섹스는 강간이나 다름없고, 내가 아는 모든 강간은 사랑하지 않는 사이에서만 벌어진다. 폭력이면서도 조금은 사랑이고, 사랑이면서도 사실상 폭력인 관계에 대해서 나는 아는 바가 없다.

누가 내게 그런 관계에 관해 가르쳐 줄 수 있었을까. 그 많던 **꼴페미**는 어느 골목길에서 얻어맞고 숨어 버렸는지 내가 아는 유일한 '페미니스트'는 남자고, 내가 아는 진정한 '페미니즘'은 여자도 모텔비를 낼 수 있다는 뜻인데. 내가 겪은 일을 털어놓는다 한들 누가 같이 분노해 줄 것이며, 누가 같이 세상을 바꾸자고 손을 내밀어 줄 수 있었을까.

세상은 바꾸지 못하고 내 생각만을 바꿀 수 있다면 나는 차라리 강간을 당하지 않았다고 생각하기로 한다. 내가 데이트 비용을 대고 온갖 선물을 만들어 바칠 만큼 사랑하는 남자와 내 돈 내고 내 발로 걸어 들어간 모텔방에서 한, 어떤 면에서는 은근히 좋기도 했던 경험이 강간일 리가 없다고 '정신승리'한다. 현실에서 이길 수 없다면 정신으로라도.

지는 게임이다. 내가 집으로 돌아온 후에 그 유일한 '페미니스트'에게 카카오톡 메시지가 온다. 인휘 씨 사실 좀 귀여웠어요. 지금 다시 듣고 있어요. 나는 잘 이해하지 못하고 무슨 말이냐고 되묻는다. 남자는 내가 모르는 새 모텔방에서 일어난 일을 전부 녹음했다고 말한다. 앞으로는 그걸 들으며 자위할 것이라고 말한다.

즉각적으로 나는 녹음파일이 남자의 아이폰에서 빠져나가 온라인상의 들개 같은 남자들에게 던져지는 상상에 사로잡힌다. 아무도 빼내 줄 수 없는 영원한 유리 감옥에 갇혀 어떤 녀로 불리게 될 수 있다. 유머 사이트에서 쏟아지는 쪽지를 뒤로하고 이불 속에 몸을 숨기던 오랜 공포는 쉽게 되살아난다. 남자는 내가 불안해하자 절대 어디에 올리지 않고 자신만 듣겠다고 약속한다. 그러나 이제는 돌이킬 수 없다. 첫 경험이 단 한 번뿐인 것처럼, 한 번 만들어진 디지털 파일은 다시는 사라지지 않는다.

어린 나에게 쪽지를 날려 대며 전화번호를 대라고 하던 그 남자를 나는 험악한 어른 남자로만 여겼다. 뒤늦은 추측이지만 사이트 이용자 연령대나 말투를 볼 때 남자는 내 또래였을 것이다. 내가 그 나이에 공포를 배웠다면, 남자는 뭘 배웠을까. 그 남자건 이 남자건 말이다. 나보다 두 살 많은 '페미니스트' 남자친구는 과연 나와 같은 것을 보면서 나와 같은 것을 배웠을까. 남자가 다를 수 있을까.

남자는 남자고, 나는, 어쩔 수 없이 여자다. **좀 샌 거 같아.** 남자는 콘돔을 빼내면서 미심쩍다는 듯 매만진다. 나는 그때부터 불안해진다. 남자와 나 둘 중에 임신할 수 있는 몸은 나뿐이다. 나는 대학생이고 아직 취업도 하지 못했다. **설마, 아니겠지.** 나는 남자를 안심시키면서 나도 안심하려 한다. 그러나 다시 속옷에서 붉은 흔적을 발견할 때까지 2주를 꼬박 피임과 임신과 임신 중단에 관해 찾아보며 지낸다. **피임 확률. 임신 확률. 쿠퍼액 임신 확률. 배란 확률. 사후피임약 확률. 콘돔 확률….**

전부 확률의 문제라고 한다. 아무리 읽어 봐도 피임에 100%는 없다고 한다. 사정하기 전 찔끔 나오는 쿠퍼액으로 임신이 되기도 하고, 생리 중에도 임신할 수 있으며, 사후피임약을 먹어도 임신하기도 하지만, 한편으로 배란기에 피임 없이 해도 꼭 임신하는 건 아니라 한다. 희박한 확률을 뚫고 임신일 것인가, 아니면 높은 확률에도 불구하고 임신이 아닐 것인가. 무수한 점을 찍은 끝에 완성되는 그림은 내게 전혀 중요하지 않다. 동전을 백 번 던질 때 앞면과 뒷면이 절묘하게 반반씩 나온다 해도, 방금 던져서 튀어 오른 동전만이 내 인생을 결정짓는다. 다시, 내가 태어났을 때처럼, 엄마가 나를 임신했을 때처럼, 0 아니면 1이다.

> 자기낙태죄 조항으로 제한되는 사익인 임부의 자기결정권이 위 조항을 통하여 달성하려는 태아의 생명권 보호라는 공익에 비하여 결코 중하다고 볼 수 없다.[60]

내가 남자와 사귀게 된 지 1년 남짓 지난 2012년 8월, 헌법재판소는 여자가 직접 임신 중단을 결정하지 못하도록 하는 낙태죄에 아무런 문제가 없다는 판결을 내린다.* 여자인 나의 삶은 저울

---

* 〈비웨이브〉 시위 등 페미니즘 운동에 힘입어 2020년 4월 헌법재판소는 결국 낙태죄가 헌법에 불합치한다고 인정했다. 그러나 국회는 대체입법 시한을 한참 넘긴 지금까지도 법을 개정하지 않고 있으며 여자들에게 안전하고 자유로운 임신중단은 아직도 갈 길이 멀다. (진혜민 등. "낙태죄 폐지 후 산부인과 가 보니 "남친 동행해야 해요"." 〈여성신문〉, 2021년 4월 19일.)

에 달아 봤자 가볍다. 살아 숨 쉬는 나의 **사사로운 이익**은 채 형성되지도 않은 태아의 삶이라는 거대한 **공익** 앞에서 잠시 접어 두어야 한다. 그러니 내가 내 삶을 결정하는 게 아니라, 확률이 나의 삶을 결정한다. 오직 운이 좋기를.

나는 판결이 났을 즈음에는 매일 한 알, 한 달이면 21알의 경구피임약을 빼놓지 않고 먹는다. 그게 어떤 피임 방식보다도 피임 확률이 높다고 한다. 한없이 100%에 가깝지만 100%는 되지 못한다. 매일 같은 시간에 먹어야 더 확률이 높아진대서, 스마트폰 알림을 맞춰 놓고 먹는다. 작고 날렵한 하늘색 약상자 안에 꼬깃꼬깃 접혀서 들어 있는 주의사항 설명서를 매번 내다 버려야 한다. 다음 환자에게는 **신중히 투여할 것**. 빽빽한 글씨 사이에 내가 해당하는 항목이 적혀 있다. 9) 유방암의 가족력이 있는 환자.

나는 신중하다. 신중하게 확률을 비교한다. 지금 먹는 이 알약 때문에 먼 훗날 내 가슴에도 항암치료를 이겨낸 엄마처럼 암 덩어리가 자라날 확률이 있다면. 그러나 이 알약을 먹지 않아서 대학생인 내가 지금 당장 임신이 된다면. 알음알음 찾아간 병원에서 큰돈을 주고서도 내 몸에 자리 잡은 불청객을 지울 수 없다면. 내 인생 계획을 송두리째 바꿔야만 한다면. 그래서 이만큼 배우고도, 아이를 넷 낳은 엄마처럼 살아야 한다면. 신중하다면, 약을 먹어야 옳다.

그 모든 확률과 고민과 결정에서 남자는 빠져 있다. 확률에 대롱대롱 매달려 있는 건 내 몸이지 남자의 몸이 아니다. 내 인생이지 남자의 인생이 아니다. **아휴, 몸에 안 좋은 거 아니야?** 남자는 약을 삼키는 나를 보면서 짐짓 걱정하는 표정을 짓는다. 그러나 먹지 말라고는 하지 않는다. 대신 나의 선택을 존중한다고 한다. **그냥 넣어도 돼?** 콘돔을 끼면 아프다며, 혹은 지금은 급하다며, 내가 먹는 약에 피임을 기대기도 한다. 쾌감을 느끼는 남자의 표정을 보면서 전염되듯 나도 쾌감을 느낀다.

조금은, 아주 조금은 예감한다. 남자는 그렇게까지 다르지 않을지도 모른다. **여자 팔자 뒤웅박 팔자야.** 할머니의 삶에나 적용되는 줄 알았던 속담이 내 삶을 설명하게 될지도 모른다. 그러나 나로서는 이번에도 확률에 걸어 볼 수밖에 없다. 인생과 몸이 걸린 일생일대의 도박이 성공할 거라고 낙관할 수밖에 없다.

나의 여생을 함께할 확률이 있는 그런 사람

너를 알게 된 후로 계속 나는 꿈꿨지[61]

글을 쓰는 지금 블루투스 스피커로 틀어 놓은 김사월의 노래 가사처럼, 남자에게는 적어도 확률이 있다. 마법같이 선선한 여름밤 우리는 중랑천 언저리를 함께 걷고 있다. **인휘 씨는 게임 속에 숨겨진 보너스 스테이지 같아요.** 이게 내 첫 연애, 그것도 첫 데이트라는 걸 알게 된 남자는 눈을 반짝이며 그런 말을 한다. 슈퍼마

리오 같은 고전 게임에서 숨겨진 파이프 구멍으로 통하는 드넓은 공간은 탐스러운 동전과 아이템으로 가득하고, 아무런 위험을 감수하지 않아도 보상을 받을 수 있다. 그걸 보통 보너스 스테이지라고 한다.

인휘 씨는 영어도 잘하고 컴퓨터도 잘하잖아요. 남자의 들뜬 말투는 어쩌면 사랑에 빠진 연인보다는 저평가 우량주를 찾은 투자자에 가깝다. 식민지로 삼을 대륙에 마침내 정박해, 어떻게 알뜰살뜰 착취할지 백일몽을 꾸는 선원에 가깝다. 생각해 보면 내가 감동한 그의 사랑 고백은 늘 그런 투였다. 그러나 나는 그 비유의 섬뜩함을 애써 지우고서 그저 달콤하다고만 느낀다.

나를 사람 취급도 안 하는 남자들 사이에서 남자는 내 가치를 알아본 것만으로도 쉽사리 우위를 점한다. 나를 스쳐 간 남자들은 단지 입구를 찾지 못했던 걸까. 내가 무엇을 품고 있는지 알았더라면 그들도 후회할까. 생각만 해도 쓰라린 기억이 보상받은 기분이다. 어찌나 위로되는지 이제는 내 안에 있는 모든 걸 내주어도 하나도 아깝지 않다. 나를 불살라 남자를 다음 단계로, 본 게임으로 넘어가게 돕는 발판이 될 수 있다면, 기꺼이.

그 사이 남자의 비교 대상이 될 다른 남자들은 끝을 모르고 악명을 떨칠 뿐이다. 너는…. 너는 그런 사이트 안 들어가면 안 돼? 2012년 중반, 극우 사이트 일간베스트저장소, 줄여서 '일베'의 존재가 진보 언론에 보도되기 시작한다. 나는 호기심에 일베에 접속했다가 거의 첫 페이지도 읽지 못하고 인터넷 창을 끈다. 과소비한다는 명분이라도 있었던 된장녀를 지나, 한국 국적으로 태어난 이상 벗어날 수 없는 김치녀까지도 지나, 그곳에서 나는 성기의 이름으로만, 보지로만 불린다. 성기에 전구를 넣고 깨 버린다는 무참한 협박은 보전깨라는 단 세 글자로 줄어들어 간편하고, 여자는 삼 일에 한 번 북어 패듯 때려야 한다는 폭력적 격언은 삼일한으로 압축돼 몇 번이고 진리처럼 되뇌어진다.

어떤 끔찍한 단어 하나보다도 견디기 힘든 건 재미있어 어쩔 줄 모르는 그들의 태도다. 해방감으로 질주하는 그들은 오래 참아 왔다는 듯 행동한다. 무엇을? 겉치레로나마 여자를 사람으로 대해야 한다는 상식을? 여자의 비위를 맞추려고 그를 때리고 싶은 충동을 감춰야 했던 굴욕을? 할아버지처럼, 혹은 아버지처럼 쉽게 여자를 몸종 삼을 수 없는 시대를? 알 수 없다. 여자로 태어나 여자로 살아온 나로서는 이해할 수 없는 세계다. 나는 그 거대한 세계 앞에서 그저 말을 잃고 공포에 떤다.

난 그런 사이트가 있는지도 몰랐는데, 네가 말해서 들어가 봤어. 내가 신신당부했는데도 남자는 결국 일베에 접속했다고 말한다. 가슴이 덜컥 내려앉는다. 나와는 달리 남자의 눈동자에는 불가해한 것을 마주한 두려움이 서려 있지 않다. 남자는 꽤 명료하게 묻는다. 그래서, 뭐가 문제야?

뭐가 문제냐고? 그걸 모르겠어? 내 목소리는 떨리고 있다. 네 입으로 말해 봐, 뭐가 문제인지. 놀랍게도, 말하기 쉽지 않다. 모든 이해가 안갯속에 있다.

일베를 비롯한 극우 사이트를 진지하게 분석한 거의 최초의 보도는 진보 주간지 〈주간경향〉이 표지 이야기로 다룬 2012년 6월 기사다. 기사는 일베 이용자가 세 가지 부류를 혐오한다고 말한다. 온라인 우파를 관통하는 열쇳말은 '혐오'다. 이들이 혐오하는 대상은 '전라도' '외국인(특히 결혼이민자 및 이주노동자)' '좌파' 등 크게 세 범주로 나눌 수 있다.[62]

신기하게도 거기에 여자는 없다. 누구도 여성혐오를 문제 삼지 않는다. 일베에서 만들어진 유행어 대부분이 노골적으로 여자만을 짓뭉갠다. 일베의 폭력성이 현실로 흘러나올 때는 전라도 남자, 외국인 남자, 좌파 남자가 아니라 십중팔구 여자가 과녁이다. 분석 기사와 비슷한 시기 일베에는 강간 예고가 올라온다. 며칠 후에 6살 조선족 여자아이를 강간할 계획이다. 질문받는다.[63] 보도도 된다. 하지만 사건은 여성혐오로 해석되지 않은 채 지나간다. 물고기가 바닷물의 짠맛을 예사롭게 넘기듯, 워낙 계속 있었던 그런 혐오쯤이야 아무것도 아니다.

일베가 뭐가 문제냐면…. 그래서 나도 일베의 지역 혐오, 외국인 혐오, 좌파 혐오를 더듬더듬 서술하며 남자를 설득하려 한다. 무언가 본질을 놓치고 있는 느낌이 든다. 나의 공포는 거기에 있지 않다. 그때 남자가 우습다는 듯이, 아예 나를 가르치듯이 말을 끊는다. 여성혐오, 그게 문제인 거잖아.

아주 짧게 우리의 대화가 멎는다. 남자가 옳다. 그러네, 그게 문제네. 눈앞을 가리던 안개가 해가 난 것처럼 걷힌다.

그러나 내 몸은 아직도 잘게 떨리고 있다. 남자가 일베 이야기를 시작했을 때부터 줄곧 그랬다. 나는 이렇게 떠는데, 남자는 침착하다. 나는 이렇게 뜨거운데, 남자는 차갑다. 나는 이렇게 말이 나오지 않는데, 남자는 쉽다. 우리의 차이, 그건 단순한 성향 차이 같은 것이 아니다. 처음부터 이렇게 타고난 것도 아니다. 더 뿌리 깊은 것, 더 거대한 것, 차마 어디서부터 손대야 할지 알 수 없어서 묻어 두었던 것, 책 한 권 분량의 무언가가 도사리고 있다.

이제 한 발짝만 더 가면 무언가를 깨달을 것이다. 다시는 이전으로 돌아갈 수 없을 것이다. 어딘가에서 희미한 북소리가 나를 부르는 듯하다. 조금만, 조금만 더. 2021년의 나는 글을 쓰면서 2012년의 나를 지켜보는 기분이 된다.

다시는 안 들어갈게. 그 순간 남자가 우는 아기를 달래듯 나를 어른다. 그냥, 궁금했을 뿐이야. 그러자 걷혔던 안개가 다시 장막처럼 나를 둘러싼다. 이제 아무것도 보이지 않는다. 남자만이, 나를 사랑한다고 하는, 그 끔찍한 일베를 하지 않겠다고 하는, 일베의 문제가 여성혐오라는 걸 알아보는, 다른 남자와는 다를 확률이 있는, 어디 가서 찾기 힘든 희귀한 남자만이 시야를 메운다. 이제 남자만이 내게 남은 선택지다.

그렇다. 나는 선택한다. 피임약을 먹기로, 남자에게 뭐든 허락하기로, 당연하게 내 돈으로 모텔비를 내기로, 데이트 비용을 주로 전담하기로, 다양한 선물을 대가 없이 안겨 주기로, 남자를 계속 사랑하기로, 그리고 끝내 남자와 결혼하기로 선택한다. 아니, 누가 사슬로 묶어서 결혼식장에 밀어 넣기라도 했냐고. 훗날 결혼 생활의 힘듦을 토로하는 글을 인터넷에 올리자 누군가는 비아냥거린다. 그의 말처럼 모든 것은 내 선택이다. 연필로 그린 밑그림이 지워진 후의 펜 선처럼 내게 어떤 선택지가 있었는지는 깔끔히 잊은 채, 나조차 내가 선택했다고 믿는다.

여자들 다 읽으삼. 내가 여자들에게 좀 알려주마.[64] 나는 네이트판에서 데이트 비용을 여자와 남자가 반씩 낸다는 뜻의 더치페이를 검색해 보다가 2012년에 올라온 강렬한 제목의 글에 눈길을 빼앗긴다. 더치페이 문제가 심각하지? 모든 남성분들은 대부분 더치페이 안 하는 여자 진짜 질색이다. 글을 쓴 남자는 더치페이부터 고백, 패션, 커플 간의 이벤트까지 굵직한 사안을 종횡무진 넘나들며 거침없는 조언을 퍼붓는다. 이 남자가 보기에 여자들이 사회에서 겪는 여러 불평등을 해결하는 법은 간단하다. 근데 말야, 여자들이 이런 **차별을 없애기 위해선 남자에게 의지하지 마셈.**

남자는 마지막으로 회심의 일격을 날린다. 받기만 하는 인생 지겹지 않냐? 그렇게 말하면 여자들이 도무지 반박할 말을 찾지 못할 거라고 믿는 눈치다.

그 글을 읽다가 뜬금없이 뒤늦은 깨달음이 찾아온다. 남자가 자신은 페미니스트라고 선언했던 순간, 내가 엽서처럼 간직한 기억에서 놓치고 있던 게 이제야 보인다. 가족에게 경제적 지원을 받을 수 없던 남자는 나와 결혼하려면 집을 마련해 와야 할까 봐 지레 걱정했을 것이다. 실제로 남자는 돈 한 푼 없이, 소유한 집 한 채 없이 나와 결혼한다. 나는 글 쓴 여자의 딱한 사정에 공감했을 뿐인데, 남자는 받기만 하는 인생을 기대하는 나의 정신머리를 교정해 두려던 것이 아니었을까. 그렇게까지 자기 일처럼 벌컥 화를 낸 이유가 있었다. 글을 쓴 남자와 내가 결혼한 남자는 구별할 필요도 없이 비슷하다.

멀리 갈 것도 없다. 내 인생이 그 글을 정면으로 반박한다. 글에서 시키는 대로 남자에게 의지라고는 하지 않고, 받을 기대도 없이 주기만 하며 산 내 인생이 증명이다. 아무것도 해결되지 않는다. 더 평등해지지도 않는다. 주체적 선택이라는 허상 속에서, 내가 움직이는 모양대로 다시 조여 오는 덫이 점점 교묘하고 은밀하게 파고들 뿐이다.

핵심 가치를 품고 있는 건 남자의 권리와 여자의 의무이기 때문에, 이 두 항목을 변화시키기가 훨씬 어렵다. 반면 가장 바꾸기 쉬운 건 남자의 의무와 여자의 권리다.[65] 내가 태어나고 몇 년 지나지 않아 출간되어 거의 나만큼 나이가 든 책 《여자는 인질이다》를 번역하다가, 나는 표 밑에 마치 예언처럼 깨알같이 적힌 글씨를 발견한다. 남자의 의무를 아무리 가볍게 해 준들 나의 권리는 따라서 줄어들기만 했다. 만약 늘어났다면, 내가 그 책을 번역할 일도 없었을 것이다.

그러나 가장 어두운 순간이 지나간 후에야 날이 밝는다. 깨달음의 순간이 오고 있다.

너는 듣고 있는가 분노한 여성의 노래

다시는 노예처럼 살 수 없다 외치는 소리

심장 박동 요동쳐 북소리 되어 울릴 때

내일이 열려 밝은 아침이 오리라

곧 바람의 방향이 바뀔 것이다. 안개가 걷힌 곳에서 우리는 서로의 존재를 확인할 것이다. 여름 혜화에서 초겨울 광화문까지, 그리고 그러고도 계속, 우리는 불편을 말할 용기를 낼 것이다. 2018년 12월 22일 나는 밤송이처럼 까슬한 머리를 하고 붉은 옷을 입은 채 광장에 서 있다. 디지털 성범죄와 편파 판결에 분노해 열린 **불편한 용기**[66] 시위는 이번이 마지막이고, 나는 10만 명이 넘는 여자들과 목이 쉬도록 구호를 외쳤다. 시위를 마치고도 차마 발걸음이 떨어지지 않는다. 이 순간을 오래 기억하고 싶다. 프랑스 혁명이 배경인 뮤지컬 노래를 개사한, 우리의 혁명가가 흘러나오고 있다. 나를 스쳐 지하철역으로 향하는 낯선 여자들의 아쉬워하는 얼굴에서 나의 얼굴이 보인다. 우리는 다르지만, 충분히 닮았다.

자매여, 너는 아직도 듣고 있는가. 이 북소리가 너의 귀에도 들리는가.

7

멀리 가고 싶어,
아주 멀리

7. 멀리
가고 싶어,
아주 멀리

책꽂이 위에, 의자에 올라가 뒤꿈치를 들어야만 손이 닿는 곳에 내 '추억 상자'가 있다. 일생에 걸쳐 모아 온 일기와 편지와 사진이 마구잡이로 뒤섞인 플라스틱 리빙박스 안에서 뜯지 않은 채로 보관된 흰 정사각형 봉투를 꺼낸다. 그리고 큰 거리낌 없이 봉인을 잡아 뜯는다.

당신도 한 번은, 이와 엇비슷한 초대장을 받아 봤을 것이다. 살짝 두툼한 흰 봉투를 받아 들며, 상대의 눈빛에서, 그날의 분위기에서 내용을 쉽게 짐작했을지 모른다. 어쩌면 초대장을 내미는 쪽이었을지도. 이 중대한 소식을 어떻게 전할지 몰라, 말 대신 그저 봉투를 내밀며 상대의 반응을 살폈을 수도 있다.

그렇다. 청첩장이다. 7년 전 나는 봉투에 백 개도 넘는 청첩장을 직접 접어 넣은 후 은색 스티커로 봉했고, 내가 아는 사람들에게, 내 가족이 아는 사람들에게 하나씩 돌리며 내 결혼을 알렸다. 안에는 이렇게 썼다.

> 시간이 지나며 옆에서 지내며
> 서로에게 가장 잘 맞는 블록이 되어
> 이제 결혼합니다.
> 꼭 오셔서 축하해 주세요.

삼단으로 접히는 반질반질한 흰 종이는 꼭 레고같이 양각이 올록볼록하다. 청첩장 겉면에는 흰 웨딩드레스를 입고 레고 부케를 든 레고 신부와 검은색 턱시도 차림의 레고 신랑이 샛노란 얼굴로 웃고 있다. 만 스물셋, 대학을 갓 졸업하고 대학원 입학을 앞둔 내가 고른 장난스러운 디자인이다.

일시는 2014년 3월 22일 토요일 낮 12시, 어차피 당신을 초대하기엔 늦어도 너무 늦었다. 그사이 내가 청첩장을 주문한 사이트는 도메인이 만료되어 들어가지지도 않는다. 청첩장 안쪽에 큼지막하게 표시된 약도를 따라와 봤자 내가 결혼한 경기도 중소도시의 예식장은 허물어져 주차장이 되었다.

뭔가 대단한 볼거리를 놓쳤을까 걱정하지는 않아도 된다. 당신도 한 번쯤은 가 봤을 결혼식과 별다르지 않다. 유럽 어딘가의 역사 깊은 성을 그저 어렴풋하게만 흉내 낸 예식장과, 흰 레이스와 공단에 빈틈없이 둘러싸여 두툼한 가짜 속눈썹이 붙은 눈을 깜빡이면서 누가 붙잡아 주지 않으면 잘 걸을 수도 없는 신부, 반면에 출근하는 차림에서 살짝 멋을 냈을 뿐 편해 보이는 신랑, 주차장과 축의금, 혼주와 신랑 신부 입장, 식권과 뷔페, 당신도 다 아는 대로다.

> 아무것도, 아무것도 후회하지 않아요
> 내게 일어난 좋은 일도 나쁜 일도 똑같아요[67]

시계가 없어 모르긴 몰라도 어느새 12시가 지났나 보다. 익숙한 결혼행진곡 대신, 나의 사소한 욕심대로 좋아하는 영화에 나왔던 샹송이 깔린다. 나는 잠시 그 가사를 곱씹는다. 신부님, 이제 가셔야 해요. 무전기를 든 예식장 도우미가 내게 신호를 주면서 드레스 끝단을 솜씨 좋게 잡는다. 어두운 식장 안에서 내가 걸어야 할 길만이 조명으로 빛난다. 갑자기 긴장이 훅 몰려온다. 저 길을 걷고 나면 인생이 달라지리라는 걸 알고 있다. 나중에, 언젠가 이 순간을 후회할지도 모른다….

하지만 이건 영화가 아니다. 감정을 잡기엔 식장은 어수선하다. **조금만 옆으로 비켜 주세요, 조금만 더요.** 입구를 막고 있던 하객들이 그제야 황급히 물러나고 있다. 몇 번이나 돌려 입었을지 알 수 없는 웨딩드레스는 자세히 보면 흰색이 약간 바랬고, 벽을 장식하는 꽃은 대놓고 조화다. 생각해 보면 나는 이미 먼 길을 왔다. 한 발짝씩 여기에 가까워지고 있었다. 여기까지 왔는데, 후회한다 한들 여기서 물러날 수는 없다. 넘어지면 안 돼, 절대 안 돼. 나는 그저 드레스를 밟지 않고 나아가는 것에만 집중한다.

중요한 건 아무튼 끝났다는 것, 결혼식이 끝났다. 하객들은 뷔페에서 식사를 마치고 돌아갔다. 너 이거 나중에 엑셀로 정리해 놔. 다 빚이다. 한복을 차려입은 엄마가 옆으로 와서 소곤거리지만 그건 나중 일이고, 축의금도 식대도 정산을 마쳤다. 눈 속에서 계속 뻑뻑하던 콘택트렌즈도 뺐고, 숨을 못 쉬게 몸통을 단단히 조이던 드레스도 벗었다.

엄마가 운전하는 9인승 카니발에 온 가족이 올라탄다. 이제 그 온 가족에 남자가 포함된다니, 조금 벅차오르는 기분이다. 우리는 남쪽으로, 더 남쪽으로, 쭉 뻗은 고속도로를 4시간 반도 넘게 달린다. 내비게이션에 찍은 좌표는 경상남도 S시 S읍의 신혼집, 내 결혼식에 오지 못한 당신에게 보여 주고 싶은 것이 그곳에 있다. 아마 결혼식보다는 괜찮은 볼거리일 것이다. 결혼식에는 흔히 초대받지만, 모든 소동이 끝나고 난 후, 결혼이 어떻게 일상이 되어 가는지 지켜볼 기회는 많지 않을 테니까.

그 전에, 일단 S시부터 둘러보자. 여기까지 오느라 날은 이미

어둑하고 저녁을 먹어야 할 시간이 한참 지났다. 바다와 멀지 않지만 그렇다고 관광지는 아닌 이 마을이 군부대 하나를 끼고 있지 않았다면, 차에 탄 모두가 영원히 이곳을 모르고 살았을지도 모른다. 대학을 졸업한 남자는 1년 전 학사장교로 임관해 여기로 배치받았다. **결혼하면 부대 근처에 집도 주고 가족 수당도 준대.** 그 농담 같던 말이 오늘로 이어졌다. 저녁 8시면 슬슬 터미널 주변 읍내 식당은 문을 닫아 버리고, 우리는 항구까지 나가 잔뜩 바가지를 쓴 채 활어회를 먹는다.

그 단출한 읍내조차 걸어서 나가기엔 역부족인 곳, 남자가 출퇴근하는 군부대 정도를 제외하면 세상과 완전히 동떨어진 곳, 바로 여기다. **아주 넓다, 야.** 가족들은 신혼집이 될 24평 아파트를 한 바퀴 둘러본다. **페인트도 깔끔하게 잘 칠했네.** 주방과 이어지는 거실은 산뜻한 민트색으로, 침실은 깊이 가라앉는 남색으로, 옷방과 컴퓨터방은 무난한 회색으로 직접 골랐고 학기가 시작하기 전 칠도 직접 했다. 아직 조립하지 못한 이케아 가구와 포장도 뜯지 않은 전자제품이 여기저기 널려 있다. 하나부터 열까지 내가 골랐으니 그 난잡함까지 사랑스럽다.

엄마 이제 갈게, 너네는 쉬어. 가족들이 슬슬 나갈 채비를 한다. 하기야 시간이 늦었다. 이곳은 남자와 나의 집이지, 엄마와 할머니와 동생 윤희의 집은 아니다. 우리 집, 그러나 평생 나에게 누구보다 우리였던 사람들이 오늘부로 우리에 속하지 않는다는 게,

갑자기 너무 이상하게 느껴진다. 나는 애써 아무렇지 않은 낯을 한다. 응, 숙소 잘 찾아갈 수 있지? 눈앞에서 현관문이 닫힌다. 철컥. 나에게 마지막 탈출 기회를 주는 것처럼, 그 광경이 아주 천천히 펼쳐진다.

그렇게 집에는 남자와 나만이, 우리 둘만이 남는다. 그리고 둘은 영원히 행복하게 살았답니다. 이제부터는 동화책이 그런 서술로 얼버무린 미지의 영역에 접어들었다. 닫힌 문 뒤에서 무슨 일이 펼쳐지는지 확인할 시간이다.

아니, 아직은 아니다. 완전히 그렇게 둘이 된 것만은 아니다. 아침이 되면 가족들은 돌아올 것이다. 차에 싣고 온 내 짐을 옮겨 주고, 커튼을 달아 주고, 식기세척기를 설치해 줄 것이다. 같이 가구를 조립하고 짐을 정리하고 구석구석 쓸고 닦고 나면 집은 몰라보게 아늑해질 것이다. 여태 전전했던 으슥한 뒷골목의 모텔 방과는 달리 진정한 우리의 공간이 생겼다는 생각에 마음이 벅차오를 것이다. 이제는 가족들에게 집을 비울 때 어디서 머무는지 어물거리지 않아도 된다. 우리는 떳떳한 관계가 되었다.

그 외에는 달라질 것도 없다. 주말이 끝나면 나는 가족과 같은 차를 타고 다시 원래 집으로 돌아갈 것이고, 주중에는 계속 서울에 있는 대학원으로 통학하며 수업을 들을 것이다. 대학원 동기들과 수다 떨면서 점심을 먹고, 쏟아지는 과제에 불평하면서도 어찌어찌 다 해낼 것이다. 아직은 멀게만 느껴지지만 2년 후면 대학원을 졸업할 것이고, 꽤 괜찮은 직장에 취직해 꽤 괜찮은 직업인이 될 수 있을지도 모른다. 남자와 둘이더라도, 나는 계속 나일 것이다.

모텔방이 신혼집으로, 장거리 연애가 주말 부부로, 남자친구가 남편으로, 이름만 바뀌었을 뿐 무엇이 그렇게 달라지겠는가?

한 주 치 대학원 수업이 모두 끝난 목요일, 나는 남부터미널에서 S시로 가는 고속버스를 탄다. 기내용 캐리어를 야무지게 끌고 간다. 캐리어 안에는 S시에서는 구하지 못할 서양 식자재와 엄마가 싸 준 밑반찬이 들어 있다.

나는 S시 터미널에 가득한 택시 중 하나를 잡아타고 아파트 이름을 댄다. 우리 집으로, 내가 전부 내 취향대로 꾸며 놓은 우리 둘의 아늑한 공간으로. 나는 주말 동안 어떻게 완벽한 신혼을 보낼지 꿈에 부풀어 있다. 이미 꽤 계획도 세워 놓았다. 토요일 아침에는 느지막이 일어나 브런치를 준비하고….

나는 내가 닫고 나왔던 문을 연다. 아…. 문 뒤의 풍경은 내가 두고 온 그대로가 아니다. 가족들과 함께 구석구석 매만졌던 곳에, 남자는 폭력적일 정도로 자기 흔적을 덧입혀 놓았다. 현관 앞부터 마구 널브러진 군화, 속옷까지 한 번에 벗어 던진 군복 바지와 허리띠, 상의와 러닝셔츠는 몸체가 안방까지 이어지는 거대한 구렁이의 형상이다. 그 끝에는 이불 속에 몸을 말고 있는 남자가 있다. 코를 풀었던 휴지나 택배 상자, 비닐 포장 따위의 쓰레기가 남자를 둘러싸고 있다. 내가 없던 사이 남자의 동선을 그려 볼 수 있을 정도다. 식탁 위에는 시리얼이 말라붙은 그릇과 빨간 얼룩이 진 새우탕면 컵이 그대로 올려져 있다.

Je t'aime
나랑 결혼해 줄래?

그 순간 눈앞에 펼쳐진 풍경과는 정반대였던 공간이 떠오른다. 남자는 빌린 양복을 근사하게 빼입고 나타나, 서울의 야경이 발아래로 내려다보이는 호텔 프렌치 레스토랑에서 나에게 청혼했다. 마지막으로 나온 디저트에는 프러포즈 문구가 초콜릿으로 적혀 있고, 나는 사진을 잔뜩 찍는다. 남자는 그 하루를 위해 그간 모은 군인 월급을 전부 털어 넣었다. 그날 먹은 밥값은 내가 여태 먹은 어떤 밥보다도, 심지어 내가 받은 반지보다도 비쌌다. 모든 것이 정돈된 호텔 방에서 구름같이 부드러운 침구에 폭 안겨서, 아직 흥분이 가시지 않은 채 나는 한 가지를 확인해 두고 싶어 한다. 집안일은 잘 도와줄 거지? 남자는 엄숙하게 대답한다. 무슨 소리야, 도와준다니. 당연히 같이 하는 거지.

나는 거기서 멈추지 않는다. 이건 중요한 문제다. 그럼 집안일을 어떻게 나눌지 정해 보자. 나는 아예 몸을 일으켜 스마트폰 메모장 앱을 켠다. 내가 요리하면 네가 설거지를 하고, 빨래는 네가 돌릴래? 나는 내가 상상할 수 있는 모든 집안일의 목록을 만들려고 한다. 쓰레기 버리기처럼 상대적으로 생각 없이 할 수 있는 간단한 일을 남자에게 배정하지만, 그래도 최대한 균형을 맞춘다. 처음 몇 개는 순순히 답하던 남자는 곧 화제를 돌린다. 여기가 하룻밤에 얼만데, 그거 하면서 시간 보낼 거야? 이쪽으로 와서 바깥 좀 봐 봐. 사방으로 펼쳐진 야경은 과연 황홀하고, 나는 일단 목록 만들기를 접어 둔다.

그때 더 확실히 해 두었어야 한다는 생각이 든다. 물론 싸움부터 하지는 않는다. 처음이니까, 그렇게 화가 나지도 않는다. 많이 피곤했어? 나는 침대맡에 앉아서 남자의 뺨을 다정하게 쓰다듬는다. 그래도 청소는 해야지. 얼른 치우고 밥 먹자.

나는 어정쩡하게 서 있는 남자에게 지시한다. 그 박스는 테이프 떼서, 응, 테이프는 일반 쓰레기에 버려야지. 박스는 납작하게 접고. 남자는 내가 시키는 대로 움직이지만 시키는 이상으로 움직이지는 않는다. 내가 따라다니며 하나하나 설명한 후에야 집에서 남자의 흔적이 좀 걷힌다.

남자는 백지 같다. 분리수거? 난 분리수거 해 본 적 없어. 나는 농담인 줄 알고 웃음을 터트린다. 하지만 남자의 표정이 진지하다. 그럼 대체 어떻게 살아왔느냐고 물으니, 100ℓ 쓰레기봉투에 비닐과 페트병과 종이를 가리지 않고 한꺼번에 넣어서 버렸다고 대답한다. 남자는 바닥의 먼지를 빗자루로 쓸어서 쓰레받기에 담는 것도 처음이고, 흰 빨래와 색깔 빨래를 구분해야 하는 것도 모른다.

그러나 실은, 나도 남자보다 겨우 조금 나은 수준이다. 어차피 **결혼하면 실컷 할 텐데, 넌 들어가.** 어렸을 때부터, 결혼이 내게 아주 먼 얘기였을 때부터도 엄마와 외할머니는 나를 그렇게 키웠다. 고작 방 청소도 귀찮아서 미루고 있으면 어느새 편리하게도 방은 깨끗해져 있었다. 옷은 보송하고 빳빳하게 옷장에 걸려 있고, 찬장을 열면 물기 하나 없이 뽀득한 그릇이 차곡차곡 쌓여 있고, 화장실의 미끌미끌한 점액과 배수구에 쌓인 머리카락은 자동으로 사라지는 듯 보였다. **인휘야, 밥 먹어라!** 밥때가 되어도 마지막 순간까지 컴퓨터 앞에 앉아 있다가, 이름이 몇 번 불리고야 식탁으로 나갔다. 모든 게 당연했다.

자, 이렇게 남자와 나는 거의 같은 곳에서 출발한다. 남자가 아들이라면 나는 아들 부럽지 않게 키운 새 시대의 딸이다. 남자가 백지라면 나는 연필 쥐는 법을 겨우 배운 학생이다. 몇천 년은 더 된 결혼이라는 제도에 막 올라탄 우리는 이제 어디로 가게 될까?

한때 유옥상도 같은 자리에서 열차를 기다린다. 내 할머니가 되기 전이다. 1956년, 나라를 뒤틀고 찢어 놓은 전쟁의 기억이 아직도 생생하다. 옥상의 어머니 최용돈은 오동나무로 짠 장롱 대신 여차하면 들고 피난길에 오를 수 있는 버드나무 고리짝을 혼수로 준비해 준다. 목화부터 길러 손수 활로 튼 솜으로 채운 이불과 함께, 나중에 팔아 쓸 수 있는 귀한 양단 천으로 고리짝을 채운다. 열일곱이면 결혼하던 시대, 옥상은 스물둘이 되도록 다른 길을 찾았다. 교회를 열심히 다니고, 선교사가 세운 여학교에서 강원도 대표로 농업을 공부하고, 일손이 급한 동네 보건소에서 간호사처럼 능숙하게 주사를 놓으면서, 진짜 간호학교에 갈 생각도 해 본다. 내내 결혼만은 하지 않겠다고 했다.

그러나 결혼식은 끝났고 결국 여기다. 결혼 전 단 한 번 얼굴을 본 볼품없이 삐쩍 마른 신학생 남자의 옆에 서서, 열심히 하면 유옥상 자신이 전도사가 될 수도 있다는 희망을 품는다. 나고 자란 고향 강원도 영월에서 남자의 집이 있는 충청북도 제천으로 가는 기차가 미끄러져 들어오고 있다. 이제 남자의 집이 곧 옥상의 집이 될 것이다. 기차는 1시간을 달리고 그를 내려놓겠지만, 그 1시간 거리가 자못 벅차서 그는 앞으로 9년간 고향에 발도 들여놓지 못할 것이다. 남자는 신학교를 마치지 못하고, 그러니 옥상은 전도사가 될 수 없고, 옥상이 내 할머니가 되기까지의 역경은 도무지 한 문장으로 요약할 수 없다. 옥상은 그 어떤 것도 알지 못한 채 기차에 올라탄다.

1989년 9월, 옥상의 딸 박혜서는 3박 4일 제주도 신혼여행에서 돌아와 김포공항에서 택시를 잡고 있다. 내 엄마가 되기 전이다. 결혼은 했지만 일은 계속할 생각이다. 신혼여행을 가려고 연차를 쓴 나사 공장에서든, 아니면 다른 어디에서든, 뭐든 해낼 수 있다는 자신감에 차 있다. 고등학교 졸업 이후 지난 열두 해 동안 직급은 계속 경리였지만, 혜서는 분명 그냥 경리는 아니다. 공장은 혜서 없이 돌아가지 않고 월급은 같이 여상을 졸업한 친구들의 두 배다. 세계인의 잔치 올림픽을 겉으로나마 멀쩡하게 치러냈고 두 자릿수 성장률이 딱히 특별하지도 않던 호시절, 낙관의 공기가 나라 전체에 감돈다.

공항을 나온 택시는 나라의 귀한 손님을 모시던 '귀빈로'를 타고 달린다. 택시 옆자리에 탄 남자는 소개팅에서 만난 지 고작 4개월 된, 가난한 박사과정 대학원생이다. 공부만 해 온 남자는 혜서가 접해 온 거친 생산직 남자들과도, 잘난 척하는 거래처 대기업 남자들과도 다르다. 이 남자를 사랑한다. 혜서는 막연히 남자와 결혼하면 다른 삶을, 예의가 있고 주말이 있는 삶을, 여태까지보다 한 계단 올라간 삶을 살 수 있으리라 믿는다. 당시 평균 결혼 연령이던 스물넷을 훌쩍 넘겨 서른이 되도록 결혼할 마음이 없던 혜서가 마음을 바꾼 이유다.

택시는 마침내 서울역 뒤편 달동네 서계동의 경사진 길을 힘겹게 올라간다. 남자가 홀어머니와 함께 살던 낙후된 기와집이 이제 혜서의 집이 된다. 괜찮다. 괜찮을 것이다. 개점한 지 5년도 채 안 된 압구정 현대백화점에서 가전제품 일체를 새로 사서 이미 보내 두었고, 들어가는 김에 싱크대도 새로 맞췄다. 혜서는 새 색시는 으레 그래야 한다고 들은 대로 한복집에서 맞춘 연두색 저고리와 붉은 한복 치마를 입고서 택시도 들어가지 못하는 마지막 오르막을 걸어서 오른다.

혜서가 그 철문을 열고 들어간 후 삶은 도무지 예상대로 흘러가지 않을 것이다. 새벽에 일어나 남자의 어머니 귀순과 남자에게 밥을 차려 주고 출근을 하지만, 그렇게도 살 수 있다고 생각하지만, 저녁 늦게 퇴근해 돌아왔을 때 개수대에는 아침 먹은 설거짓거리가 그대로 쌓여 있을 것이다. 아가, 네가 사 온 그릇이 도자기라 깨질까 봐 그대로 놔뒀다. 귀순은 짐짓 미안한 표정을 짓고, 남자는 그런 표정마저도 없을 것이다. 그렇게는 살 수 없다. 혜서는 한 달도 안 돼 직장을 그만둬야 할 것이고, 아이를 빨리 갖자는 남자의 철없는 채근에 아이를, 그러니까 나를, 낳고, 결국엔 네 아이의 엄마가 될 것이다. 혜서는 이제 엄마가 될 것이다. 그러나 혜서는 무엇에도 결코 닳아 없어지지 않을 굳건한 자기 확신을 품고서 그 집에 발을 들여놓는다.

S시에 신혼집을 차리고 만 나는 이런 이야기를 모른다. 적어도 이런 식으로 알지는 않는다. 내가 기억하는 한 할머니는 늘 할

머니고 엄마는 늘 엄마여서 나는 나와 그들을 겹쳐 보지 않는다. 딸은 그토록 잔인해질 수 있다. 그들은 한때 아내도, 엄마도, 할머니도 아니었는데, 그저 더 나은 삶을 살고자 치열하게 고민하는 딸이었는데, 그러니까 나였는데, 먼 옛날 그들도 지금의 나처럼 결혼이라는 제도에 조금은 허무맹랑한 희망과 용기와 믿음을 걸었다는 것, 그러도록 내몰렸다는 것, 그러자 어느새 아내이자 엄마이자 할머니의 역할이 모든 걸 침범하고 들어왔다는 것, 이 역에서 출발하는 열차는 결국 같은 궤도를 달려 한 곳으로 향한다는 안내문을 나는 보지 못한다. 내가 봐 온 그들은, 내가 누려 온 그들의 노동은 시위를 완전히 진압하고 난 뒤의 거리처럼 평온하고 고요해서, 나는 아무것도 알지 못한다.

하루아침에 처지가 바뀐 게 억울하지 않았어? 결혼하고 나서 말이야. 나는 인제 와서 여태 누구도 물어보지 않았을 시시콜콜한 구석까지 캐물으며 몇십 년 전 기억을 정확하게 되살려 내라고 요구한다. 늦었지만, 어쩌면 그렇게까지 늦지는 않았다. **안 그랬어. 당연하다고 생각했지.** 할머니와 엄마는, 유옥상과 박혜서는, 아무리 휘저어도 흙탕물이 되지 않을 만큼 맑은 표정만을 짓는다. 나는 할머니가 차린 밥상 앞에 앉아서, 어항이나 화분을 돌보는 엄마 옆에 붙어서 집요하게 묻는다. 이해가 가지 않는다. **어떻게 그럴 수가 있었어? 나였으면 엄청 억울했을 텐데? 나는 너무 억울했는데.**

나와는 무엇이 달랐을까를 생각하다가, 물을 필요도 없다는 걸 깨닫는다. 나는 답을 안다. 그들은 나처럼 키워지지 않았다. 아주 어릴 때부터 집안일을 도맡아야 했다. 누구도 그들에게 말해 주지 않았다.

어차피 결혼하면 실컷 할 텐데, 넌 들어가.

그 말에는 항상 까슬거리는 무언가가 있었다. 나는 **결혼 안 할 건데. 결혼해도 집안일 안 할 거야.** 입술을 내밀고 투덜거리면 할머니와 엄마는 그저 웃곤 했다. 그래, 너는 손에 물 한 방울 안 묻히게 하는 남자랑 결혼해. 내가 난 할머니와 엄마와는 다르다고 생각했을 때부터 유옥상과 박혜서는 내게서 한때 딸이었던 자신을 봤을 것이다. 나만은 더 멀리 가기를 바라면서도, 그렇게까지 멀리 갈 수 있을 거라고는 차마 바라지 못했을 것이다. 그건 그들이 딸에게 줄 수 있는 최선이었다.

그들 품에서, 그들이 벌어 준 시간 속에서 부당함의 감각을 익힌 딸, 나를 발밑에 두기는 쉽지 않다. 이번 싸움은 그렇게 허무하게 끝나지는 않는다. 어림도 없지, 남자는 할아버지나 아빠만큼 식은 죽 먹기로 날 집어삼킬 수는 없다.

그러나 싸우지 않아도 된다면? 나는 싸우도록 길러지지는 않았다. 남자와 나는 서로를 이해하고 사랑한다. 우리는 잘 맞는 한 쌍이다. 그러니 분명 남자를 변화시킬 더 현명한 방법이, 더 부드러운 방법이 어딘가에 있어야 마땅하다.

집에서 손 하나 까딱 안 하는 남편 ▮▮▮▮ 하면 변화시킬 수 있다.

  연예인 패널들이 비워진 네모칸에 무엇이 들어갈지 추측하며 나름의 답안을 쓰고 있다. 애교를 부리면 된다고 적은 젊은 남자 패널도, 밥을 주지 말자고 적은 여자 패널도 전원 오답이다. 벌칙으로 이들의 얼굴에 별안간 강한 바람이 분사된 후 화면이 넘어간다. 한때 동 시간대 시청률 1위를 지키기도 했던 생활 퀴즈 프로그램 〈스펀지〉는 2012년 무관심 속에 조용히 종영한다. 그러나 마지막 회[68]에 남긴 이 지식만은 살아남아 **남편 집안일 시키는 법**을 검색하면 가장 상단에 뜨게 된다. 차를 한 잔 우려서 글을 쓰고 있는 2021년에도, S시의 신혼집에서 그릇을 정리하다 말고 스마트폰으로 검색하던 2014년에도 그건 마찬가지다.

  그래서 정답은 뭘까? 할 일과 마감 시간을 미리 말하면, 남자를 변화시킬 수 있다고 밝혀진다. 성우가 정확한 발음으로 설명을 시작한다. 심리학적으로 남자라는 생물은 직설적으로 정확한 지시를 해 줘야 알아듣는 뇌 구조를 가졌다고 합니다. 친절하게 자막으로도 깔리는 그 정보가 과연 과학적으로 근거가 있는지, 남자라는 생물은 왜 여자라는 생물과는 그토록 편리한 방식으로 다른지, 실제

부부 두 쌍을 대상으로 진행한 실험이 과연 잘 설계되었는지, 더 중요하게는 평생 걸레질이 처음이라는 할아버지와 19년 동안 빈둥거렸다는 아저씨가 과연 실험이 끝나고도 여자가 시키는 대로 집안일을 해 줬을지 궁금해할 여유는 없다. 내게 당장 필요한 건 실용적인 팁이니까.

2014년 3월 30일 일요일, 그러니까 결혼한 바로 다음 주 주말이다. 내일이면 다시 서울의 교실에 앉아 수업을 들어야 한다. 나는 할머니와 엄마를 있는 힘껏 흉내 내어 집을 겨우 원상 복귀한 후 거실의 이케아 나무 식탁에 앉아 남자가 해 줄 일 목록을 A4 용지에 써 내려간다. 그때 찍은 사진이 남아 있다.

---

1. 관리 사무소에서 택배 찾기 (올리브 오일임)
2. 관리 사무소에 가스 오븐 연결 벨트 갖다주기
   (설치하면서 놔 두고 갔다고)
3. 다 채워진 50L 쓰레기봉투 버리기
4. 맥북 상자에 모아 놓은 재활용품 버리기
...
9. 최대한 집 깨끗이 유지

더없이 직설적이고 정확한 지시라고 당신도 동의할 수밖에 없을 것이다. 아무리 남자가 집안일에 어설퍼도 못할 수 없는 일들만을 적었다. 기한은 그다음 주 목요일, 내가 다시 S시로 돌아올 때까지라고 못을 박는다. 남자는 흔쾌히 다 해 놓겠다고 호언장담한다.

다음 주가 온다. 나는 다시 현관문을 연다. 어느 정도 예감했지만, 나의 실험은 실패다. 남자는 아홉 가지 일 중 서너 개도 끝내지 않았다. 빨랫감과 설거짓거리와 쓰레기가 다시 온 집을 뒤덮었다. 나 이번 주에 너무 힘들었어, 좀 이해해 주라. 남자는 지친 기색으로 속삭이면서 남은 일은 주말에 하겠다고 한다.

하겠다고 한다. 하지 않는다. 결국 내가 한다. 나는 실험 조건을 바꾼다. 하겠다고 한다. 하지 않는다. 결국 내가 한다. 나는 실험 조건을 바꾼다. 하겠다고 한다….

특정 집안일을 온전히 남자에게 할당하는 것도, 목표를 달성할 때마다 모종의 보상을 주는 것도, 타이머를 맞춰 놓고 둘이 함께 집안일을 하는 것도, 안된다. 다 안된다. 뭘 해도 남자라는 생물을 움직일 수 없다. 나의 실험 조건을, 내 끈기 있는 시도를, 부푼 기대와 쓰라린 좌절을 다 설명하려 했다간 당신은 견디다 못해 책을 덮고 싶어질 것이다.

> 집에 오면 손 하나 까딱 않는 남편 어떻게 고치나요?
>
> 신혼 초부터 남편은 집안일에는 손 하나 까딱 않습니다. (…)
> 10번 이상 말해야 움직입니다. 차라리 포기하고 내가 해 버릴까
> 생각도 들지만 약이 올라서 포기하기도 억울하네요. (…)
> 이 남편을 어찌하오리까.[69]

나이대가 높은 편인 온라인 여성 커뮤니티에 2005년 올라온 질문글이다. 당연히 이 글도 검색해서 읽는다. 읽을 수 있는 모든 것을 읽는다. 내가 막 결혼했을 때를 기준으로 해도 꽤 예전 글이지만, 나는 한 줄 한 줄 공감하면서 그 사실에 화들짝 놀란다. 나는 보편적인 결혼에 위험할 만큼 가까워지고 있다. 나는 글쓴이가 시도한 모든 방법을 시도했고, 댓글로 나온 방법도 사실상 거의 다 해 봤다. 포기할 부분은 빨리 포기하는 게 낫지 않을까요? 단 하나만 빼고.

아니, 못한다. 그렇게 빨리 포기할 수는 없다. 나는 저항한다. 무엇보다 신혼 생활이라는 건 집안일이라는 사소한 문제 외에는 꽤 만족스럽다. 사랑해, 너무 사랑해. 주말 아침 남자는 아직 일어나지도 않은 나를 구스다운 이불째로 덥석 안아 들고 사랑을 속삭인다. 남자와 나는 손을 꼭 잡고서 남쪽이라 서울보다 일찍 만개한 벚꽃 사이를 걷는다. 잠깐 저기서 이쪽으로 걸어와 볼래? 남자는

신기한 현상을 목격하기라도 한 듯 연신 스마트폰 카메라의 셔터를 누른다. 나는 요리를 하기도 하지만, 된장찌개나 시금치나물처럼 일상적인 한식이 아니라 손이 덜 가는데도 사진 속에서는 한결 볼품 있는, 발음하기도 어려운 이국의 요리를 만든다. 라자냐와 파니니, 쇼가야키와 밀푀유나베, 프리타타와 파에야, 그런 요리는 엄마와 할머니가 평생 질리게 해 온 노동이라기보다는 일종의 체험과 도전과 취미처럼 느껴진다. 부대 사람들 말로는 근처에 맛있는 냉면집이 있대. 주말은 짧으니까 언제나 택시를 타고 나가서 사 먹을 수도 있고, 아예 고속버스를 타고 근처 도시로 당일치기 여행을 떠나기도 한다. 사진으로 기록된 건 전부 그런 좋은 기억뿐이다.

결혼하니까 좋아? 주중을 함께 보내는 대학원 동기들이 학교 근처에 새로 생긴 함박스테이크 집에서 점심을 먹으며 장난스럽게 묻는다. 결혼한 건 나뿐이다. 같은 번역과 중에서도 나이대도 같고 여자라는 공통점이 있는 우리 넷은 특히 죽이 잘 맞는다. 동그란 안경을 쓰고서 항상 포근하게 웃지만 영어 단어의 미세한 말맛을 기가 막히게 잡아내는 세경, 흔들려도 꺾이지는 않는 균형감각과 유머 감각으로 어떤 번역이라도 척척 쳐 내는 한솔, 그리고 풀꽃 하나도 밟히지 않도록 섬세하고 깊은 고민 끝에 번역문을 내놓는 미래, 알게 된 지 얼마 되지 않았지만 우리는 서로를 이해하는 친구고 힘겨운 대학원 과정을 함께 헤쳐 나가는 전우이며, 앞으로는 번역이라는 업에서 영원한 동료가 될 사이다.

이들에겐 뭐든 믿고 말할 수 있다. 응, 좋아. 너무 좋아. 나는 그렇게 말한다. 내 말은 왠지 공중에 붕 뜬 듯 느껴진다. 좋지 않을 이유가 없는데도. 부럽다, 뭐가 그렇게 좋아? 나와 동갑이고 오래 사귄 남자친구가 있는 한솔이 묻는다. 아침에 일어나면 남편이 바로 옆에 있는 거랑…. 나는 몇 가지를 주워대다가 견디지 못하고 실토한다. 그런데 사실 남편이….

남편이 어떻게 집안일을 하게 만들지 막막하다. 나는 어디에나 있을 수 있는 가벼운 충돌처럼 보이도록 최대한 어조를 조절하지만, 어쩌면 너무 많은 진실이 새어 나갔나 보다. 언니, 그 정도면 이혼하는 게 좋지 않을까? 강단 있게 나가야 할 때를 아는 미래는 조심스러우면서도 단호하다.

이혼을?

나는 당황한 채 굳는다. 그 정도일까? 이건 사귀다 헤어지는 거랑은 다르다. 나는 내가 돌린 청첩장을 생각하고, S시에 두고 온 신혼집을 생각한다. 내가 일주일 걸려 페인트칠한 벽, 이제는 반품도 되지 않을 드럼세탁기와 55인치 TV와 식기세척기, 엄마와 할머니가 쥔 걸레에 잔뜩 묻어 나왔던 검은 때를 생각한다. 들어간 노력과 돈과 시간을 생각한다. 내가 신부 대기실에 앉아 있을 때 가까이 와서 잘 살라는 덕담을 건넸던 친구들, 가족들, 어른들, 나를 조금이라도 아는 사람은 이제 내가 결혼했다는 사실을 안다. 그들이 축의금을 얼마를 했는지까지 엑셀 파일로 정리되어 있다. 내가 두 달 만에 이혼했다는 소식을 들으면 그들은 무슨 표정을 할까?

그 정도는 아니야. 정말이지 그 정도는 아니다. 아직 그렇게까지 모든 수를 써 봤다고는 할 수 없다. 심지어 한솔과 세경과 미래는 자기 문제처럼 고민해 주면서 내가 시도해 보지 않은 방법 몇 가지를 알려 준다. 이번에야말로 통할지 누구도 모르는 일이다.

하지만 하나는 배웠다. 모든 것을 있는 대로 말해서는 안 된다. 까딱 잘못 말했다가는 그 정도로 보일 수 있다. 나는 그 대화 이후로 이혼을 결심한 5년 후까지 동기들에게도, 가족에게도, 그 누구에게도 나의 처지를 완전히 공유하지 않는다. 이혼하라는 말을 또 들을까 두려워서 모든 흙먼지를 털어 낸, 가장 행복한 사실의 파편만을 내보인다.

어차피 편집된 버전의 내가 더 좋다. 더 낫다. 남자를 너무 사랑한 나머지 남들보다 일찍 결혼한, 대학원 공부를 해내면서도 주말에는 신혼집으로 돌아가 이런저런 요리를 뚝딱 만들어 내는, 둘만의 세계가 따로 있어서 그 밖의 관계에 가진 전부를 걸지 않아도 되는, 벌써 어른이 다 된 것만 같은 나에 나는 한껏 취해 있다. 나는 뭔가 다르고, 뭔가 네가 모르는 것을 알고 있고, 네가 하는 걸 다 하면서도 거기에 더해 다른 생활을 꾸려 간다. 그렇게 보이고 싶다. 결혼이라는 덫에 걸린 불쌍한 피해자로 보이는 건 내 자존심이 허락하지 않는다.

> 안녕하세요, 인휘 남편입니다. 혹시 인휘 거기 있나요? 연락이 안 돼서 너무 걱정되네요.
> 오후 17:30

쉽게 입을 뗄 수 없는 이유는 또 있다. 학부 때부터 자주 가던 라멘 맛집으로 세경을 데려가 신나서 소개하고 있을 때였나? 항상 곁눈질로 흠모해 온 교수님이 동기 몇 명과 카페에서 대화를 나누자고 제안해서, 번역을 대하는 교수님의 자세에 깊이 빠져드느라 두 시간 동안 핸드폰을 보지 않았던 때였나? 세경이, 혹은 미래가, 혹은 한솔이 방금 받은 카카오톡 메시지를 보여 준다. 내가 옆에 있는데, 누군가 내 아이디로 말을 걸고 있다. 인휘야, 이게 뭐야?

글쎄, 남자가 내 핸드폰을 마치 자기 것처럼 훤히 들여다본 지는 오래되었다. 연애 초기 우리는 코엑스몰을 돌아다니며 데이트를 하고 있다. 남자는 뭔가를 숨기고 있는 게 분명하다. 말수가 급격히 줄었고, 바닥만 보면서 한숨을 내쉰다. 나는 남자의 반응에 촉각을 곤두세우며 제발 뭐가 문제인지 알려 달라고 간청한다. 지독히 오래 기다려서야 답이 나온다. 인휘 씨, 그런데 왜 싸이월드 비밀글 안 지워요? 나는 어안이 벙벙해진다. 나만 볼 수 있는 비밀글을 남자는 어떻게 봤을까.

다른 남자를 짝사랑하며 나 혼자만 읽으려 쌓아 올린 비밀 일기, 나는 짝사랑을 그만두고 남자와 연애를 시작한 후에도 그 글을 지우지 않았다. 마음이 남아서가 아니라 내심 잘 썼다고 생각해서였다. 남자가 주제였지만 내가 만들어 낸 문장과 세계는 남자는 보탠 바 없는 내 것이었다. 지금의 눈으로 다시 읽어도 잘 썼을지 확인하고 싶다. 당신에게도 몇 줄 읽어 주고 평가받고 싶다. 하지만 그럴 수 없다. 그날 코엑스몰의 청보라색 불빛 아래서 남자에게 검사받으며 모든 글을 지웠기 때문에. 나는 펑펑 울었지만 남자는 조금도 봐 주지 않았다.

막으려면 그때 막았어야 했다. 알려 준 적 없는 아이디와 비밀번호를 어떻게 알아냈냐고 제대로 추궁했어야 했다. 인휘 씨가 절 사랑하는 마음보다 제가 인휘 씨를 사랑하는 마음이 더 큰가 봐요. 나는 그러지 않았다. 남자가 나를 그만큼이나 사랑한다. 질투가 나서 견딜 수 없어 한다. 이건 수많은 이야기에서 극진한 사랑의 증표처럼 등장하는 장면이 아닌가. 상실감과 분노를 몰아내고 서서히 죄책감과 기쁨이 묘하게 뒤섞인다. 결국 남자와 나는 뜨끈한 치즈가 가득 든 시카고 피자를 나눠 먹으며 화해한다.

남자와 나 사이에는 점점 걷잡을 수 없이 아무런 비밀이 없어진다. 그게 사랑한다는 뜻이라면, 그렇다, 남자와 나는 점점 더 서로를 사랑하게 된다. 결혼은 남아 있는 일말의 거리마저 없애

버렸다. 남자는 나의 모든 계정을 알고 있고, 이제는 심지어 S시의 집 컴퓨터에서 내 카카오톡 아이디로 로그인해 내가 나누는 모든 대화를 볼 수도, 누군가에게 나인 척 말을 걸 수도 있다. 보통은 그러지 않지만, 15분 정도 연락이 되지 않는 '비상' 상황이라면, 나를 너무 사랑한 나머지 불길한 상상에 사로잡힌 '남편'은 그럴 수도 있다. '남친'이면 몰라도 '남편'인 남자의 말에는 더욱 힘이 실린다.

어휴, 걔가 그런다니까. 핸드폰 안 보고 있었더니 걱정됐나 봐. 나는 태연한 척한다. 그…래? 동기들은 의혹이 해소되지 않은 눈길로 나를 본다. 나는 뻑뻑한 문을 억지로 밀듯이 힘겹게 주제를 돌린다. 이런 일이 다시 일어나서는 안 된다. 나는 남자를 사랑하니 이해하지만, 객관적으로 볼 때(객관적인 시각을 아주 잃은 것은 아니다) 동기들은 오해할 수 있다. 내가 열심히 구축해 놓은 나의 이미지가 흐트러져서는 안 된다.

곧 나는 누구와 함께 있어도 몇 분마다 핸드폰 알림을 확인하는 버릇을 들인다. 상대에 완전히 몰입하지 못한다. 무슨 얘기를 하더라도, 상대가 헤어진 후 카카오톡으로 그 얘기를 꺼내서 남자가 알게 될 수 있다는 걸 염두에 둔다. 그러니 남자가 없을 때라도 감히 남자를 욕할 수는 없는 일이다. 매 순간 남자는 어딘가에서 나를 지켜보고 있고, 매 순간 나는 그 사실을 의식한다. 친구들에게는, 가족들에게는, 내가 만나는 모든 사람에게는 점점 비밀이 많아진다. 그게 덜 사랑한다는 뜻이라면, 그렇다, 나는 점점 당신을 덜 사랑하게 된다.

6월 말, 불어오는 바람에 더운 기운이 섞인다. 여러모로 기다리던 방학이다. 서울과 S시를 왔다 갔다 하느라 매주 열 시간도 넘게 대중교통에서 시간을 보내는 데 지쳐 가고 있었다. 이제 그러지 않아도 된다. 어딜 갈 필요도 없이, 꼭 해야 할 과제도 없이, 눈치 볼 사람도 없이, 세상에 남자와 나 둘만 남은 것처럼 드디어 나는 완벽한 신혼을 즐길 셈이다. 한동안 타지 않을 고속버스를 타고 S시로 내려가면서 나는 이번 기회에 남자라는 생물을 길들여 가사 분담 문제를 해결 보고야 말겠다는 각오를 다진다. 완벽한 신혼을 완성하려면 그래야만 한다.

그러나 방학이 시작하고 얼마 지나지 않아, 싸우지 않고서는 이 문제를 해결할 수 없다는 게 명확해진다. **물 떠 와.** 남자는 퇴근 후 속옷까지 전부 벗어 던지고 침대에 몸을 던진 채다. **빨리.** 나는 귀를 의심한다. 뭐?

물론 난 남자를 위해 이런저런 일을 대신해 주는 버릇이 들어 있다. 물을 떠다 준 적도 한두 번은 아니다. 그러나 뭔가가 다르다. 분위기를 부드럽게 할 애교조차 덧붙이지 않은 남자의 명령조 말투는 뭔가를 알리는 듯하다. 내 처지가 변했다는 것, 이제는 비위를 맞출 필요도 없이, 고마워할 필요도 없이, 이런 건 내가 당연히 해야 할 일이 됐다.

참을 수 없다. 나는 싸운다. 싸우는 김에 마음속에 꾹꾹 눌러 두었던 집안일 이야기도 꺼낸다. 도와주는 거 아니라며, 같이 하는 거라며! 이건 약속과 다르다. 계약 조건은 이게 아니었다. 화가 치밀어 오르는 그 순간, 참고 있는지도 몰랐던 말이 내 입에서 튀어나온다.

네가 남자고 내가 여자라서 이런 거라고밖에 생각할 수 없어.

남자는 충격을 받은 표정을 짓는다. 그게 무슨 말이야. 남자는 한사코 부정한다. 내가 다른 말은 다 참아도 그건 못 참겠다. 실은 그 말을 뱉은 나조차 믿고 싶지 않다. 남자와 나의 결혼이 이렇게 전형적으로 흘러가도록 오래전에 결정되어 있었다고는 차마 생각하고 싶지 않다. 그러나 현 상황에서는, 이 각도와 이 조명 아래에서는 분명 그렇게밖에 보이지 않는다.

나는…. 나는 남자라서가 아니라 원래 이래. 남자는 타고난 성향이라고 말한다. 자신은 원래 게으르다고, 반복적인 일을 싫어하고, 어지르는 데 익숙하고, 더러운 것도 신경 쓰지 않는다고 말한다. 그래서 집안일과는 맞지 않는다고 한다. 그래, 난 이기적이야. 남자가 인정한다. 그러나 남자라서 이기적인 것은 아니라고 몇 번이나 강조한다.

그럼 나는? 나는 반박하듯 묻지만 진짜 모르겠다. 나는 뭘까?

내가 여자라는 건 내가 이렇게 사는 것과 얼마나 관련이 있을까? 그걸 확실히 알게 되려면 시간이 더 필요하다. 시간이, 많이 필요하다. 페미니스트로 각성하고 나서도 의심과 혼란은 반복될 것이고, 다른 여자를 많이 만나 귀 기울여야 하고, 그의 이야기와 나의 이야기를 끊임없이 맞춰 보지 않으면 안 될 것이고, 그러고도 답을 내놓으려면 책 한 권이 모자랄 것이다.

그 순간 내가 온전히 아는 건 나라고 남자와 다르게 태어나지는 않았다는 진실이다.

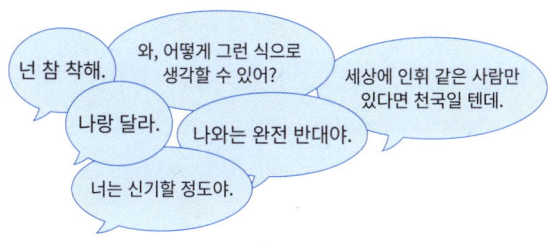

남자는 나와 자신의 차이를 귀에 딱지가 앉을 만큼 강조해 왔지만, 그래도 이 점만큼은 나와 남자가 같다. 나도 먹자마자 침대에 눕고 싶고, 매일 반복되는 설거지보다는 스마트폰 게임이 재밌으며, 꺼내서 쓴 드라이버를 공구함에 넣기보다는 손 닿는 곳에 내버려 두는 쪽이 편하고, 닦지도 않은 먼지투성이 바닥에 옷을 벗어 놨다 다시 입고 나가도 더럽다고 생각하지 않는다. 나라고 집안일을 즐기도록 태어나지 않았다.

그럼 너도 하지 마. 그냥 같이 더럽게 살면 되잖아.

나는 지푸라기라도 잡는 심정으로, 반쯤은 오기로 남자의 제안을 받아들인다. 이건 버티는 싸움이다. 내가 지나치게 깔끔한 게 문제라고? 어디 한 번 버텨 보시지. 내가 집안일을 놓으면 어떻게 되는지.

날씨가 가장 혹독한 방식으로 나의 파업을 도와준다. 남쪽의 S시는 아직 7월 초인데도 최고 기온이 30도를 넘나들고 바람은 미동조차 하지 않는다. 더워…. 남자가 출근한 후 나는 아무도 듣지 않는 말을 중얼거린다. 일어나서 벌써 찬물 샤워를 두 번 했고 얼음을 수시로 먹지만 잠깐이다. 이곳은 견디기 힘든 찜통이다. 집안일이고 뭐고 손에 잡힐 리 없다.

애초에 에어컨을 샀어야 했다. 모은 돈이 말 그대로 한 푼도 없는 남자와 나는, 아빠가 이천만 원을 모아 놓은 청약 통장을 깨서 모든 결혼 준비를 했다. 빠듯한 예산으로 무엇을 살까 고민할 때, S시에서 1년을 보낸 남자가 에어컨은 필요 없다고 단호하게 말했다. 그래, 그럼 살아 보고 필요하면 그때 사자. 예상보다 비싼 에어컨 가격에 놀란 나는 남자의 말대로 하기로 했다. 그러면 남자가 원하는 대로 큼지막한 55인치 TV와 남자가 쓸 맥북을 살 수 있었다. 나는 그러지 말았어야 했다고 후회하면서 더위에 허우적거린다.

아무래도 에어컨을 사야 할 것 같아. 나는 남자가 퇴근하자마자 달려가 말한다. 온종일 에어컨 바람을 쐬다 온 남자는 탐탁지 않은 표정을 짓는다. 좀만 더 버텨 봐. 저녁나절이 되자 더위는 제풀에 사그라들고 남자는 심각성을 모른다. 이 정도면 참을 만한 것 같은데.

하루라도 버티기 어려운 쪽은 내 쪽이다. 아침이 오면 오늘은 얼마나 더 더워질까 두렵고, 점점 24평짜리 쓰레기통에 가까워지는 집에서 나는 남자보다 훨씬 더 긴 시간을 보낸다. 그래도 물러설 수는 없다. 나는 낚싯대를 드리운 낚시꾼보다 끈질기게 남자가 먼저 패배 선언을 할 때를 기다린다.

나는 침대에 누워 있다. 오늘도 하루를 견뎠다. 문이 열리는 소리가 나지만 몸을 일으킬 힘이 없다. 퇴근한 남자가 침실에 들어오더니 주변을 쓱 둘러본다. 눈이 닿는 곳이라면 전부 옷가지와 쓰레기와 생활용품과 먼지가 뒤엉켜 있다. 남자가 방을 나가는 소리가 들린다. 다른 방과 거실과 주방을 차례로 둘러보는 듯하다. 무질서 그 자체라는 사실을 보지 않아도 알고 있다. 남자는 다시 침실로 돌아오더니 침대에 누워 있는 나를 한참 본다. 아직도 잠옷 차림으로 흐트러진 나를, 군복을 차려입은 채 가장 한심한 생물체를 보듯이 본다. 그러고는 포기 선언이지만 패배 선언은 아닌 말을 내팽개치듯 던진다.

이건 좀 심하지 않나?

이상하지, 남자가 나를 보는 그 순간 나도 남자의 시선으로 나를 내려다보고 있다. 옆으로 누운 내 눈은 침대 옆 허공을 향해 있는데, 기껏해야 페인트칠에도 뭉개지지 않은 실크 벽지의 오돌토돌한 무늬 정도가 보여야 하는데, 쓰레기통 한가운데에 드러누운 여자가 보인다. 나는 그 여자를 남처럼 본다. 여자는 온 집안이 자랑스러워하는 장녀도 아니고, 학교 이름을 말하면 부러움을 사는 통번역대학원생도 아니고, 맡긴 번역을 꼼꼼하고 성실하게 해내는 번역사도 아니다. 여자는 그냥 아무것도 아니다. 여자는 아내고, 그것도 마땅히 해야 할 의무를 내버려 둔 채 남편이 퇴근할 때까지 펑펑 놀다가 게으르게 누워 있는 아내다. 무릎 뒤쪽을 치면 무릎이 굽혀지듯 반사적으로 나는 내가 부끄러워진다.

넌 돈도 안 벌잖아.

남자는 그때 중위였고 월급은 200만 원이 안 됐다. 남자가 들어온 월급을 전부 내 통장에 입금하고 나면, 난 이걸로 어떻게 한 달을 지낼지 한숨을 쉰다. 결혼 전부터 쓰던 엄마의 신용카드를 야금야금 쓰면서 겨우 살고 있다. 그래도 한 번도 이게 그런 문제라고는…

나는 아침에 출근해서 힘들게 일하고 오는데 이 정도는 해야 하는 거 아냐?

남자는 그새 논리를 찾아낸 듯하다. 남자는 이게 누가 여자고 남자냐의 문제가 아니라, 순전히 돈의 문제라고 한다. 일을 하면 돈을 주고 안 하면 안 주는 간단한 자본의 논리가 우리 결혼에도 적용된다고 한다. 제가 인휘 대학원 뒷바라지할게요. 저한테 맡기세요. 엄마에게 넉살 좋게 했던 약속은 잊었나 보다. 집안일은 당연히 같이 하는 거라던 처음의 약속을 저버렸듯이, 나 오기 전까지는 설거지를, 청소를, 빨래를 꼭 끝내겠다던, 셀 수 없는 약속을 셀 수 없이 깨 버렸듯이.

나는 아직도 무언가가 부당하다고 느낀다. 그러나 자본의 논리는 곧 내가 숨 쉬는 공기고 마시는 물이라서 나는 반박할 방법을 모른다. 남자는 익숙해서 더 강력한 논리를 들고 왔다. 나는 기세가 수그러든 채 그저 한 가지를 확인할 뿐이다.

그럼 내가 돈 더 많이 벌면 네가 집안일 다 할 거야?

남자는 선뜻 그러겠다고 말한다. 물론 내가 지금 0원을 벌고 자기가 200만 원을 버는 것처럼 어마어마하게 차이가 나야 할 것이라고 덧붙인다.

남자는 그러지 않을 것이다. 남자는 절대로, 절대로 그러지 않을 것이다. 남자가 남자인 이상 쉽게 그런 상황은 펼쳐지지 않을 것이고, 그 무슨 상황이 와도 남자는 자기 논리를 만들 것이다. 남자를 집안일을 하게 만드느니 지렛대로 세상을 들어 올리는 일이 더 쉬울 것이다. 당신에게 그렇게 단언할 수 있다는 것, 내가 그 후로도 6년이나 결혼 생활을 유지해서 다행인 점은 그게 유일하지 않을까.

자, 미래를 알려 주겠다. 남자가 좋아하는 숫자로 알려 주겠다. 전업 군인이 되겠다던 남자는 2015년 말 적성이 맞지 않는다며 제대해 버리고, 졸지에 두 명의 생계를 책임져야 하는 나는 대학원 졸업 시험이 끝나자마자 다급하게 정부 부처 번역사로 취직한다. **남자친구 있으세요?** 내 상사가 될 면접관이 묻는다. 나는 그 질문이 무슨 의도인지 안다. 나는 결혼은 이미 했지만, 아이를 낳을 계획은 전혀 없다고 서둘러 해명한다. 면접관은 고개를 조금 갸웃하고서 나를 합격시킨다. 내 월급은 300만 원이고 제대한 남자는 0원을 벌지만 집안일을 하지 않는다. 남자여서가 아니라 취업 준비에 집중해야 하기 때문이다.

남자는 곧 외국계 중소기업에 취직한다. **제 아내보다는 더 받고 싶습니다.** 연봉을 협상하면서 남자는 얼마 받고 싶냐는 질문에 이렇게 답한다. 어이없지만 그게 통한다. 사장은 남자의 패기에 껄껄 웃고 실제로 남자 월급을 월 350만 원 수준에 맞춰 준다. 남자는 나보다 50만 원을 더 버니까 그리 어마어마한 차이는 아니지만 남자는 집안일을 하지 않는다. 남자여서가 아니라 새 직장에 적응하느라 힘들기 때문이다.

남자는 첫 월급도 받지 않고 다니던 중소기업을 그만둔다. 여기서는 미래가 없어. 남자는 글로 먹고산다는 뜻의 신조어인 '글먹'을 들먹이면서 웹소설을 써 보겠다고 한다. 한 번만 믿어 달라고 한다. 지금 시도해 보지 않으면 불행할 거라고 한다. 나는 남자와 내가 가진 유동 자산이 전부 들어 있는 내 주거래 통장에 단 51,819원이 찍히는 것을 안다. 4천만 원이 넘는 내 학자금 대출, 이사하며 엄마에게 빌린 돈 100만 원, 아니, 당장의 생활비를 감당하는 다음 달 카드값이라도 다 갚을 수 있을지 모르겠다.

몇 달만 더 일해 보면 안 될까?

숨통이 트일 만큼이라도. 마이너스가 아닐 만큼이라도. 남자는 안 된다고 말한다.

그럼 딱 세 가지만 지켜 줘. 쓰레기는 쓰레기통에, 빨래는 빨래통에, 설거짓거리는 설거지통에. 나는 이제 남자가 무엇을 약속하든 비현실적인 기대는 하지 않는다. 소박한 세 가지 소원, 그것만 이루어진다면 남자가 즐거운 모험을 떠나는 동안 매일 경기도 외곽에서 서울 한복판까지 출근하며 남자의 모험비를 벌어도 좋다. 다시, 남자는 0원을 벌고 나는 300만 원을 번다. 예상했겠지만 남자는 그 세 가지조차 지키지 않는다. 남자여서는 아닐 것이다. 남자가 그렇다고 하니 믿어 줘야 할 것이다. 남자와 여자가 결혼하면 돈을 누가 벌건 상관없이, 심지어 여자가 외벌이일 때조차, 여자가 집안일을 훨씬 더 많이 한다는 통계[70]에 우리는 꼭 들어맞지만, 그건 지독한 우연의 일치일 것이다.

 이제 돌아가자, S시의 신혼집으로. 그런 미래가 결정된 시점으로. 미래를 모르는 남자와 내가 싸우고 있다. 몇 번째 싸움인지는 모르겠다. 집안일 문제로 싸우고, 극적으로 합의에 도달하고, 합의가 깨지는 일이 반복돼 왔다. 남자는 침실 문을 쾅 닫고 들어가 잠가 버린다. 나는 홧김에 핸드폰만 들고 뛰쳐나온다. 갈 수 있는 건 고작 아파트 정문까지다. 벌써 초저녁이고, 서울로 나갈 고속버스는 진작에 끊겼다.
 멀리 가고 싶어, 아주 멀리. 나는 아파트 단지의 차가운 돌계단에 앉아서 팔짱에 고개를 묻은 채 그렇게 중얼거린다. 이곳은 이미 아주 먼 곳인데도. 모든 것에서 멀어지려고 여기까지 왔는데도.
 나는 엄마에게 전화를 건다. 어, 무슨 일 있어? 엄마는 경쾌한 목소리로 전화를 받는다. 나는 눈물을 닦고 목소리에서 울음기를 지운다. 엄마, 나… 나를 데리러 오라고 하고 싶다. 어릴 때, 내가 정말 지쳤을 때 그랬던 것처럼. 이제는 엄마를 이해한다고 하고 싶다. 그렇지만 엄마처럼 살고 싶지 않다고, 아직 선택권이 있는 것처럼 말하고 싶다. 엄마가 해 준 모든 것들에도 불구하고 이젠 질렸으니 남자와 이혼하겠다고 철없이 말하고 싶다. 그러나 내가 할 수 있는 말이라고는…

엄마, 나 에어컨 사 줄 수 있어? 여기 너무 더워.

최저임금을 받으며 운전면허학원 검정원으로 일하는 엄마가 주저한다. **꼭 그래야겠어?** 엄마가 이미 날 결혼시키느라 무리했다는 사실을 알고 있다. 엄마의 사정은 내가 누구보다 잘 알고 있다. 그래도 모른 척 엄마에게 기대기로 한다. 한 번만, 이번 한 번만 더. 실은 언제나 마지막으로 딱 한 번 더 엄마에게 기댈 것을 알면서도, 남자를 채워 주기 위해 엄마를 영영 파먹을 운명을 예감하면서도, 나는 꼭 필요하다고 강조하고 끝내 엄마의 허락이 떨어진다.

이제 누구에게 무슨 말을 할 수 있을까. 내가 어디로 갈 수 있을까. 엉덩이가 배겨 오는 돌계단에 앉아 나는 핸드폰에 저장된 연락처를 처음부터 끝까지 꼼꼼히 읽는다. 없다. 아무것도 없다. 결혼식장에서 조명을 홀로 받으며 입장하는 나를 보던 사람들은 이제 없고, 아무도 나를 보고 있지 않다. 세상 끄트머리에 붙은 먼지, 그때는 당신조차 나를 보고 있지 않다. 나는 아직 내 이야기를 시작하지 않았으므로 당신은 내 이야기를 모른다. 내가 당신의 이야기를 모르듯이.

그러므로 나는 다시 남자의 집으로 돌아가야 한다. 남자는 침실 문을 잠그고서 그새 잠이 들었다. 나는 널브러진 남자 삼각팬티와 군복을 세탁기에 돌리고, 남자가 코 푼 휴지를 주워 쓰레기봉투에 모으고, 남자가 컴퓨터 앞에서 먹고 내버려 둔 컵과 그릇을 싱크대로 가져간다. 차라리 이러고 싶었다. 차라리 이쪽이 몸과 마음이 편하다. 나는 어느새, 길이 들어 있다.

그 순간 인간이 새끼 코끼리를 길들이는 방법이 떠오른다. 어디선가 흥미롭게 읽었다. 코끼리가 아직 어릴 때 무리에서 떼 내어 움직이지 못하게 밧줄에 동여맨 후 꼬챙이로 꾹꾹 찌르고 채찍으로 내려치면, 그래서 벗어날 수 없다는 감각을 주면, 얌전히 인간을 태우고 다니도록 훈련된다고 했다. 태국에서는 그 과정을 **파잔**Phaajan이라고 부르고, 파잔은 부순다는 뜻이라고 했다.

재밌는 일이다. 나는 고무장갑을 낀 손으로는 말라붙은 밥풀을 벗겨 내면서 생각한다. 내가 남자를 길들이려고 생각했다니. 코끼리는 난데. 이 모든 게 나를 길들이는 긴긴 과정이었는데. 나는 내 안에서 뭔가가 완전히 부서져 버리는 소리를 듣는다. 그 소리는 세탁기와 식기세척기와 청소기의 윙윙거리는 소리와 기묘하게 닮았다. 이제야 모든 게 순리대로 돌아가는 소리, 태어나기 전부터 준비된 목적대로 내가 사용되는 소리, 나는 그 소리에 허탈하게 웃는다.

나아질 것이다. 잠에서 깬 남자가 깨끗해진 집을 보면서 눈물을 흘리며 나를 사랑한다고 하면, 아니, 에어컨을 사기만 하면,

아니, 내가 졸업만 하면, 아니, 남자가 제대해서 S시를 벗어나기만 하면, 아니, 내가 취직해서 돈을 벌게 되면, 다음이 오면 또 다음을 바라보면서, 바닥을 찍고 난 다음은 상대적 전진이기 마련이니까, 무엇이 오건 S시의 그 순간보다는 낫다는 걸 다행으로 여기면서, 나는 내가 어디론가 가고 있다고 믿는다. 멀리 가고 싶어, 아주 멀리. 코끼리보다 똑똑한 인간마저 속는 거대한 쳇바퀴 안에서, 나는.

안개 너머의 목소리

8. 안개
　　너머의
　　　목소리

　　　　　2018년 3월 20일, 여기는 일본, 구체적으로는 도쿄와 가까운 온천 마을 하코네, 나는 화산 계곡으로 올라가는 케이블카 안이다. 인터넷에서 찾아봤을 때는 분명 후지산을 배경으로 아름다운 경치를 즐길 수 있다고 했는데. 사방이 그저 희다. 아무것도 안 보여서 어떡해. 나는 내가 여기까지 데려온 엄마 혜서와 큰이모 미서의 눈치를 살짝 본다. 에이, 그럴 수도 있지. 엄마와 이모는 크게 개의치 않는 무덤덤한 태도로, 다른 관광객을 헤치고 나가 지갑형 폰케이스를 펼치고 바깥의 사진을 찍는다. 두툼하고 조밀한 안개밖에, 창에 비친 자신들밖에 찍히지 않는데도.

　우리는, 엄마와 이모와 나, 그리고 케이블카에 담긴 네 쌍의 다른 관광객은, 위로 올라가고 있다. 유황물로 쪄서 껍질이 검은 달걀을 판다는 오와쿠다니 역으로. 뭐가 보이지는 않아도 꾸준한 도르래 소리가, 유리를 뚫고 안으로 들어오는 누릿한 유황 냄새가, 올라가고 있다는 감각을 준다. 이 모든 게 내가 처한 상황을 보여 주는 일종의 비유처럼 느껴져서, 나는 물끄러미 밖을 내다보며 언젠가 이런 소설을 써도 좋겠다고 생각한다.

소설을 쓴다면 아마 엄마와 이모 대신 남자를 등장시켜야 할 것이다. 나랑 결혼한 남자를 본뜬 인물을. 남자라면 지금쯤 못마땅한 한숨을 푹푹 내쉬며 말이 없어졌을 것이고, 나는, 그러니까 소설 속 여자는 지금보다 몇 배는 더 눈치를 보면서 마음을 졸일 것이다. 남자는 밖을 보는데 여자는 남자를 볼 것이다. 여자가 케이블카 안에서 자기 처지를 떠올리는 거지. 남자는 최근에야 돈을 많이, 아주 많이 벌기 시작했다. 여자는 남자의 일을 돕기 위해 자기 일을 그만두었고, 급격히 나아진 형편에 조금 얼떨떨한 기분이 든다. 실감이 나지 않는다. 마치 올라가고는 있는데 아무것도 보이지 않는 케이블카 안처럼.

자, 그다음은?

머릿속에서 신나서 앞질러 나가던 나는 거기서 막힌다. 여자는 그리고 난 다음에 어디로 갈까? 나는 여자를 어디로 보내고 싶은 걸까? 알고 있다. 이건 소설이니까, 이야기니까, 어디든 갈 수 있다. 여자는 내가 만든 캐릭터지 내가 아니다. 여자는 남자를 떠날 수도, 조종할 수도, 죽일 수도 있다. 아니면, 좀 멋은 없지만, 여자는 희박한 확률을 뚫고 행복해질 수도 있다. 그렇지만…. 나는 머뭇거린다. 바깥의 안개처럼 막막하다. **마모나쿠 오와쿠다니… 도차쿠…** 마침 안내 방송이 나온다. 더듬더듬 아는 일본어 단어 몇 개를 찾아내서, 엄마와 이모에게 이해한 대로 전한다. 이제 다 왔대. 다음 역이 오와쿠다니래.

내릴 준비를 해야 한다. 나는 모래 장난을 마친 손을 탁탁 털어 내듯, 하던 생각을 미련 없이 정리한다. 어차피 진짜 쓸 것도 아니었다. 마지막으로 소설을 완성했던 건 남자랑 사귀기도 전, 7년도 넘었다. 나는 이제 쓰지 않는다. 남자의 웹소설을 도와주고 페미니즘 책을 번역하기는 해도, 내 이야기라고 부를 만한 건 못 쓴다. 그러니까 이건 그냥, 한때 소설을 썼던 사람의 습관이다. 아무 의미도 없다. 나는 엄마와 이모를 이끌고 내린다. 커다란 검은 달걀 조형물 양옆에 세워 사진을 찍어 주고, 일반 삶은 달걀과 맛이 크게 다르지 않은 흑달걀을 나눠 먹고, 여행을 계속한다. **인휘 덕분에 별 경험을 다 한다.** 별것도 아닌 일에 연신 감탄하고 고마워하는 엄마와 이모를 보며, 나는 쓰지도 않을 이야기는 기억 저편으로 밀어 버린다.

당신도 짐작하겠지만 정말 잊었다면, 그 일이 정말 아무 의미도 없었다면 이렇게 다시 꺼내서 이야기할 수도 없었을 것이다.

나는 나중에도 가끔 아무것도 보이지 않던 그 케이블카 안을 떠올린다. 남자와 함께 가장 멋진 풍경을 보면서도, 남자 옆에서 가장 비싼 호사를 누리고 가장 맛있는 음식을 먹으면서도, 모든 게 가장 잘 돌아가고 있을 때조차도, 내가 무언가 놓치고 있다는 어슴푸레한 의심을 떨쳐 낼 수 없다.

안개 너머에는 분명 뭔가가 있다. 아니, 누군가가 있다. 나를 가장 잘 아는 누군가, 한 치도 속일 수 없는 누군가가 도사리고 앉아 나를 지켜본다. 대체 누가? 전부 내 착각일까?

아, 나는 잘 지내고 있다. S시의 악몽에서 완전히 벗어났다. 그러니 걱정은 거두시길. 남자의 도박은 잭팟을 터뜨렸고, 남자와 나는, 우리는, 긴 터널을 빠져나와 꿈같은 낙원에 도착했다. 남자가 연재하는 웹소설은 내가 달걀 껍데기가 잘 안 까져 고군분투하는 그 순간에도 상상하지도 못했던 액수의 돈을 벌어들이고 있다. 나는 엄마와 이모의 해외여행 경비를 선뜻 부담할 만큼 여유롭다. 에어컨이 없어 열기를 견디고 LPG 난방비 폭탄을 맞고서 이불 속에서 떨었던 시절이 거짓말 같다. 우리는 아직 부자가 아니지만 가파른 속도로 부자가 되고 있다. 돈이 얼마나 많은 문제를 해결하는지.

경력증명서	
근무기간	2015.12.21.~2018.02.09.
근무연한	2년 2월
최종직위 또는 직급	에디터
⋮	⋮
위와 같이 경력을 증명합니다.	

내가 보관하고 있는 경력증명서라면 나의 뒤바뀐 처지를 충분히 증명하지 않을까. 케이블카에 올라타기 한 달 전인 2018년 2월, 나는 2년 남짓 버틴 직장을 그만두었다. 난 인사 담당자에게 받은 파일을 값진 트로피처럼 업무 폴더 안에 잘 넣어 두지만, 그뿐이다. 이 PDF 문서를 꺼낼 일은 좀처럼 생기지 않을 예정이다. 나는 아둥바둥 생계를 걱정할 필요가 없어졌으니까.

이제 너 하고 싶은 거 해. 우리 그래도 되잖아. 직장에서 겪은 시시콜콜하게 억울한 일에 씩씩대는 나에게 남자는 퇴사를 권한다. 다리를 꼬고 식탁 의자 끄트머리에 걸터앉은 남자는 어느새 온몸에 여유가 넘친다. 남자의 말대로 우리는, 나는 이제 그래도 된다. 그럴 자격이 있다. 매일 '지옥철'에 몸을 싣고 경기도 외곽에서 서울 한복판으로 출퇴근하며 내가 벌어 오는 월급 300만 원은 한때 우리의 전부였는데, 이제는 한없이 적은 돈이 되었다.

아닌 게 아니라 나도 돈만 아니라면 꼭 하고 싶었던 일이 있다. 2017년 말 어느 오후, 점심이면 테이크아웃 커피를 기다리는 직장인으로 미어터지는 카페가 한산할 즈음이다. 나는 정윤과 단둘이 마주 앉아서, 몸 둘 바를 몰라 그저 식어 버린 머그잔을 어루만진다. 정윤은 나의 직속 상사고, 나는 일을 그만두겠다는 말을 어렵사리 꺼낸 참이다.

남편이 외국으로 발령받아서요. 나는 이 가짜 핑계가 먹혀들기를 바라며 정윤의 눈길을 피한다. 정윤은 날 쉽게 보내 주지 않는다. 여자는 일 놓으면 안 돼. 차라리 둘이 잠시 떨어져 지내지? 연차 쓴 날에도 쉬지 못하게 일을 시키며 나를 몰아붙여 놓고서, 정윤은 이제 와 나를 진심으로 걱정하는 것처럼 보인다. 정윤은 나보다 열다섯 살은 많지만 결혼은 하지 않았다. 아마 바로 그래서 그렇게 높은 곳까지 올라갈 수 있었을 것이다. 정윤은 올라가는 내내 많은 여자의 마지막을, 여자가 남자 때문에 일을 놓고서 사라져 버리는 뒷모습을 지켜본 눈치다.

가서도 일은 계속할 거예요. 나는 그렇게만 말한다. 정윤에게는 자세히 말할 수 없지만, 내가 하고 싶은 그 일은 어쩌면 정윤과도 관련 있는 일이다. 정윤의 시야에서 영원히 사라진 여자들과 관련된 일이고, 얼그레이 한 잔, 아이스 아메리카노 한 잔 맞으실까요? 최저 시급을 받으면서도 솜털처럼 사근사근한 말투로 우리 주문을 받아 준 여자 직원과도 관련된 일이며, 무엇보다 나와 관련된 일이다.

그렇다, 나는 이제 페미니스트다. 2015년, 당신을 페미니스트로 만들었을지 모를 바로 그해, 중동에서 시작된 바이러스가 한국에 와서는 온갖 우연의 작용으로 여자들의 바싹 마를 대로 마른 분노에 불을 지핀 해, 나도 거기에 있었다. 너무도 익숙한 여성혐오를 거울에 비춰 주어를 남자로 만들 때의 파괴력을 처음으로 알아낸 디시인사이드 메르스 갤러리에 있었고, 여태 여성혐오에는 손을 놨던 디시인사이드 운영진의 탄압을 피해 독립한 푸른 땅 메갈리아에 있었으며, 그 이후로도 여자들이 모이는 온라인 공간이라면 어디든 따라가 그 틈에 꼈다.

> 박지성, 미모의 자태
> 반기문 패션 이모저모
> 30살은 어려 보이는 이건희 스타일링
> 외국 남배우 vs 박지성 미모의 승자는?
> 외국 남총리 vs 이명박 외모 대결
> 남배우 부럽지 않은 7급 수석 합격자 얼굴.jpg
>
> 너희 이런 거 들어간 기사나 인터넷 글 한 번이라도 본 적 있냐?

올라온 날짜는 2016년 8월 8일, 지금은 사라진 우리의 대피소에서 내가 직접 캡처해 둔 질문을 다시 읽으며 나는 이 글을 처음

클릭했을 때의 충격을 기억해 낸다. 정말 단 한 번도, 본 적이 없구나. 세상은 남자 축구선수의 미모를 논하지 않고, 남자 정치인은 패션으로만 주목받지 않으며, 남자 기업인은 어려 보이려 노력하지 않는다. 왜 뒤집어서 볼 생각을 못 했을까, 이렇게 이상한데. 당시 내 사진첩은 그렇게 앞뒤가 뒤집힌 질문으로 가득하고, 어떤 질문은 질문을 듣기 전으로는 결코 되돌아가지 못한다.

나는 페미니즘을 알게 되었다. 그냥 어디서 들어 본 것이 아니라, 나와는 관련 없는 먼 단어가 아니라, 부정해야 하는 딱지가 아니라, 그 무엇보다 가까운 나의 이야기로서, 나도 여자고 너도 여자라는 이유만으로 샘솟는 벅찬 동질감으로서, 내가 아는 세상을 하얗게 불태운 자리에서 새롭게 일어나는 세계로서, 나는 이제 진정으로 안다. 나는 모든 여자를 우리라는 주어로 말하며, 여자에게 일어나는 모든 일을 내 일처럼 느끼게 되었다.

자, 그다음은?

그래서, 어떻게 살고 싶어?

그다음은 뭘까? 모든 걸 알고 난 다음, 다음에는 뭐가 오는 걸까? 뭔지는 몰라도 나는 그다음 단계를 원한다. 나는 조급하다. 당장, 지금, 빨리, 다음이 오기를 바란다. 어쩌면, 나만 알아서는 안 된다. 내 생각이 바뀌었듯 다른 여자도 생각을 바꿔야 할 것이고, 그래서 이 기울어진 세상을 바로잡아야 한다. 나는 직장을 그만두는 게 첫 단추가 되리라고 믿는다. 걱정해 주셔서 감사합니다. 그렇지만 아무래도…. 나는 말끝을 흐리면서, 언젠가는 내 앞에 앉은 정윤도 모든 것을 알게 될 날이 오기를 바란다. 분명 그럴 수 있을 것이다. 정윤도 여자이므로, 나의 자매나 마찬가지이므로.

번역가님, 혹시 제 책에 사인…해 주실 수 있으세요?

내가 모든 일정을 저장하는 스마트폰 달력은 아무리 먼 과거로도 아무리 먼 미래로도 쉽게 펄럭펄럭 넘어간다. 인수인계를 완벽히 마친 후 정윤에게 인사를 하고 내가 회사에서 쓰던 기다란 머그잔을 손에 든 채 익숙한 빌딩을 마지막으로 빠져나왔던 2018년 2월에서, 몇 번만 화면을 쓱쓱 쓸면 2019년 7월은 금방이다. 24일 수요일을 가리키는 네모칸에는 이렇게 적혀 있다. 저녁 7시 《여자는 인질이다》 북토크.

그날은 꼭 내가 기다리던 다음처럼 보인다. 내가 번역한 페미니즘 책이 벌써 두 권이나 세상에 나왔고, 나는 세 번째 책을 시간 맞춰 내려고 작업에 속도를 내는 중이다. 독자 행사가 열리는 곳은 내가 다니던 직장에서 아주 가깝다. 나는 매번 내리던 역으로 다시 돌아왔지만, 이젠 누구도 주목하지 않는 직장인이 아니라 백여 명의 관객 앞에서 마이크를 쥔 패널이다. 관객은 모두 여자고, 대부분 젊고, 아마 나를 대단한 책을 번역한 대단한 번역가라고 생각하는 것 같다. 그게 아니면 그렇게 열렬한 눈빛으로 내게서 시선을 떼지 않을 리 없다.

행사가 끝나고 난 후 강단에서 내려오는 나를 관객들이 둘러싼다. 내가 번역한 책을 한 권씩 안고서, 떨리는 목소리로, 나를 존경한다고 말한다. 내가 번역한 책이 삶을 바꿨다고 말한다. 그러고서 가장 어려운 부탁이라도 되는 듯이 책에 사인해 줄 수 있겠냐고 묻는다. 그들이 자매처럼 가깝게 느껴진다. 아이고, 당연하죠. 나는 책에 써 줄 문구를 미리 준비해 왔다. 즉석에서 책을 기댈 평평한 곳을 찾고, 누군가에게 펜을 빌려서 나는 책의 첫 장에 또박또박 이렇게 적는다.

> 나의 가능성이
> 자매의 가능성이고
> 자매의 가능성이
> 나의 가능성이다.
>
> 2019.7.24. 유혜담

나는 다른 사람이 되었다는 증거처럼 다른 이름을 쓴다. 그래서 진인휘가 아니라 유혜담이라고 사인한다. 할머니 유옥상에게서 성을 받고, 엄마 박혜서에게서 가운데 글자를 따오고, 대학 시절 동아리를 같이 한 소담 언니에게서 끝 글자를 빌려 와서 만든 새로운 이름, 내가 아는 가장 대단한 여자들의 가장 대단한 부분을 조합해서 가장 대단해 보이는 이름, 내가 번역한 책은 전부 유혜담이라는 이름으로 나왔다. 나에게 다가온 자매들은 진인휘라는 이름은 상상도 하지 못하고서, 유혜담이라는 멋진 이름이 적힌 책을 품고 집으로 돌아갈 것이다. 얼마나 근사한 일인가.

자, 그다음은?
그래서, 어떻게 살고 싶어?

글쎄, 삶에서 더 바랄 게 있을까? 지금이 최고의 순간이다. 아무것도 포기하지 않았다는 점에서 더욱 그렇다. 출판 번역으로 버는 돈이란 생계를 유지하기에 턱없이 부족하지만, 남자의 수입 덕분에 나는 전혀 쪼들리지 않는다. 우리 이 정도 되잖아. 남자의 말 한마디면 우리는 훌쩍 짐을 꾸려 이름만 알던 도시로 떠나고, 안락하게 몸을 감싸는 매트리스를 가격표를 보지 않고서 지른다. 나는 너 그런 일 하는 거 멋지다고 생각해. 게다가, 심지어, 남자는 내가 하는 일을 지지해 주기까지 한다.

나는 얼마나 운이 좋은지. 여자치고도, 여초 직업인 번역가치고도, 페미니스트치고도 나만큼 운이 좋기는 쉽지 않을 것이다. 다른 여자들에게 미안할 정도다. 여기서 뭘 더 바라자면 남자가 더 돈을 많이 벌고, 내가 더 인정을 받는 것? 그게 자연스러운 순서로 보일 만큼 우리는, 남자와 나는, 이미 잘나가고 있다. 위로 올라가고 있다. 분명 우리의 다음은 더 위, 위쪽에 있을 것이다. 다만, 마음에 걸리는 점이라면…

> 지금 근처 전집에 뒤풀이 왔어. 생각보다 좀 늦어지네.
> 오후 22:34

 누구도 알아서는 안 된다. 내가 결혼한 건 비밀이다. 나는 커다란 원목 테이블 밑으로 핸드폰을 숨겨서 남자에게 후다닥 카카오톡 메시지를 보낸다. 먹음직스럽게 기름기가 도는 전 모둠 사진을 증거처럼 첨부한다. 집에 혼자 남겨진 남자는 나와 연락이 안 된다는 이유로 기행을 저지를지 모른다. 이렇게 안심시켜주지 않으면 경찰에 실종신고를 할 수도, 원격으로 나의 스마트폰을 조종해 찌렁찌렁 벨소리를 울려 퍼지게 할 수도, 내 친구들에게 연락을 돌릴 수도 있다. 이미 겪어 본 일이다. 그러나 익숙해진 그 두려움은 그저 조금 성가신 정도다.

 진정으로 두려운 건 따로 있다. 여자들. 나와 동동주 잔을 부딪쳐 가며 북적북적 웃고 떠드는 주변 여자들을 나는 훨씬 더 의식하고 있다. 남자가 아니라, 나와 생각이 같은 페미니스트들을. 함께 힘을 합쳐 오늘 행사를 성공적으로 마무리한, 누구보다 믿을 만한 동지들을. 아까부터 그랬다. 그러니까 강단의 높은 의자에 앉아 자매들을 내려다봤을 때, 그들이 나를 선망의 눈길로 올려다봤을 때부터 나는 비밀이 까발려질까 봐 내내 조마조마한 상태였다.

이게 대체 어떻게 된 일일까? 직장 상사에게마저, 스쳐 지나가는 카페 점원에게마저 그저 여자라면 뜨겁게 열려 있었던 내가 어쩌다 이렇게 된 걸까? 아무래도 건너뛰고 싶었던 부분을 밝힐 수밖에 없겠다. 2018년 2월과 2019년 7월 두 장면 사이의 빈칸, 그러니까, 트위터에서 일어난 일이다.

> …기혼 페미니스트로서 말하는데 결혼하지 마세요. 벌써 결혼하셨다면 탈혼도 고려해 보시면 좋겠어요.
>
> ⎘ 42 ♡ 14

아직 내가 유혜담이 아니었을 때, 그저 마음만 앞서는 페미니스트로서 직장을 다니고 있었을 때, 나는 한창 트위터에 재미를 붙여 내 생각을 털어놓곤 했다. 그때 쓰던 아이디를 기억을 더듬어 검색해 본다. 나오는 건 찌꺼기에 불과하다. 그 일이 있고 나서 내가 썼던 모든 글을 지우고 계정을 삭제했으니 당연하다. 그러나 누군가가 캡처해서 다른 사이트에 퍼다 나른 내 글, 이 글만은 살아남았다. 한 번에 겨우 140자밖에 올릴 수 없는 소셜 네트

워크 서비스 트위터에서 무슨 할 말이 그렇게 많았는지, 줄줄이 엮어낸 타래 끝에 나는 결혼하지 말라고, 결혼했다면 결혼 생활에서 탈출하라고, 탈혼하라고 적었다.

그러게, 알게 되었다고 하지 않았는가. 나는 이제 평균적인 결혼에 관해, 평균적인 여자의 삶에 관해, 평균적인 남자의 습성에 관해 상세히 안다. 내 얘기처럼 안다. 2015년부터 폭발적으로 쏟아진 여자들의 이야기를 허투루 듣지는 않았다. 2016년 출간돼 100만 부 넘게 팔릴 정도로 폭넓은 공감을 받은 《82년생 김지영》의 이야기나, 2017년 인스타그램에서 연재되다 웹드라마로까지 만들어진 《며느라기》[71] 민사린의 이야기는 내 뇌리에 똑똑히 박혀 들었다.

> 김지영 씨는 아메리카노 한 잔을 사 들고 공원 벤치에 앉았다. (…) 그때 옆 벤치의 남자 하나가 김지영 씨를 흘끔 보더니 일행에게 뭔가 말했다. 정확하지는 않지만 간간이 그들의 대화가 들려 왔다. 나도 남편이 벌어다 주는 돈으로 커피나 마시면서 돌아다니고 싶다……맘충 팔자가 상팔자야…… 한국 여자랑은 결혼 안 하려고…….[72]

당연히, 나는 김지영이 아니다. 82년생도 아니고, 아이를 낳을 계획도 없으며, 명절 때 시어머니와 함께 전을 부치기는커녕 시어머니 얼굴 한 번 본 적이 없으며, 내게 너무 소중한 번역 일을 놓지도 않을 것이다. 그러니 고작 1,500원짜리 커피를 마시다 지나가는 사람에게 **맘충**이라는 모멸적인 호칭으로 불릴까 봐 걱정할 필요도 없는, 기혼 여성 진인휘의 삶은 아마 평균적이지는 않다. 하지만 동시에, 나는 얼마나 쉽게 김지영이 될 수 있는지.

응, 이대로 놔두고 가면 욕먹을까 봐.

오랜만에 대학원 동기들끼리 만난 자리다. 식사를 다 마치고 파스타 집을 나서기 전, 한솔이 물티슈를 꺼내 우리가 앉았던 식탁을 구석구석 닦는다. 도와줄 새도 없이 빠른 움직임으로 바닥에 떨어진 부스러기까지 다 치운다. 셀 수 없이 많은 밥을 함께 먹었어도 한솔의 이런 모습은 처음이다. 우리가 의아해하자 한솔은 타인의 싸늘한 시선이 걱정된다고 말한다. 경쾌하게 웃어넘기는 말투는 내가 아는 한솔 그대로인데, 달라진 건 하나뿐이다. 우리가 14개월 된 쌍둥이 딸 아윤, 아린과 함께라는 것. 아윤과 아린은 놀랄 만큼 의젓하게, 소스를 살짝 씻어 낸 스파게티 면발에 집중하며 시간을 보냈을 뿐인데도.

일 년 하고도 두 달이 지나는 사이 많은 게 바뀌었다. 아이를 낳기 직전까지만 해도, 한솔은 누구나 약국에서 한 번쯤 사 먹었을 법한 약을 제조하는 커다란 제약회사에서 통번역사로 근무했다. 나보다 돈도 많이 벌었고 어려운 통역도 척척 해내며 인정도 받았다. 관례대로 계약직으로 입사한 한솔에게 회사가 정규직 전

환을 먼저 제의했을 무렵, 한솔은 임신 사실을 알게 된다. **피임을 좀 잘할 걸.** 이미 되돌릴 수 없게 된 일에는 크게 낙심하지 않는 한솔은 우리의 카카오톡 단체방에 초음파 사진을 보내며 맑게 웃는다. 회사는 정규직 제의를 취소하고서 대신 일 년이 채 안 되는 재계약을 종용한다. 임신을 이유로 직원을 자를 수 없게 한 남녀고용평등법을 교묘하게 비껴가는 사실상의 해고다. 계약이 끝나는 날짜는 한솔이 아윤과 아린을 낳기 겨우 두 달 전이었다.

내가 어떻게 감히 나만은 다르다고 하겠는가. 나와 같은 해 태어나서, 같은 대학의 같은 과에 이어 같은 대학원을 졸업하고, 같은 직업을 가졌던 한솔을 보면서, 이제는 능숙하게 아기를 들쳐 안고 달랠 줄 알게 된 친구를 보면서, 우리의 차이가 종잇장보다 얇다는 걸 어떻게 부정할 수가 있겠는가.

나는 이제 안다. **번역은 여자 하기 좋은 직업이지.** 학부 때부터 지겹도록 들어 온 그 말의 뜻을 알고, 회사가 왜 통번역사를 계약직으로만 쓰는지도 안다. 여자에게 좋은 직업이란 말은 퇴근한 남자에게 밥을 차려 주기 좋고, 임신해서 잠시 그만두더라도 육아하는 짬짬이 다시 일해서 생활비를 벌기 좋고, 남자가 어디로 발령받든 짐을 싸서 따라가기 좋은 직업이라는 뜻이다. 다시 말해, 여자한테 좋은 직업은 결국 남자한테 좋은 직업이다. 남자는 회사만을 위해 일할 때 여자는 남자를 위해서도 일해야 하고, 회사는 그걸 가장 편리한 방식으로 이용한다. 세상은 온통 우리에게 기울어져 있다. 나는 안다.

그리고 그걸 전부 아는 이상, 어느새 내 글을 읽는 팔로워 수가 1,000명에 가까워지는 트위터 계정에서, 아직 결혼하지 않은 불특정 다수의 여자에게 비혼과 비출산 외에 어떤 선택지를 추천할 수 있겠는가. 밍밍한 뻥튀기 과자를 세상에서 제일 맛있는 음식처럼 빨아먹는 아윤과 아린에게, 너도 커서는 내가 경험한 결혼 제도로 걸어 들어가야 한다고 선뜻 권할 수는 없는 일이다.

이 남자, 결혼해도 될까? 아리송하다면 이 8가지 체크리스트를 살펴보세요. 이 중 3개 이상 해당하는 남자라면, 심각하게 다시 생각해 봐야 합니다.[73]

패션 잡지의 온라인 사이트에 실린 〈결혼하면 큰일 날 최악의 남자 유형 8〉이라는 글이다. 바로 이 글은 아니지만 아마 이와 비슷한 글을 읽었을 것이다. 읽다가 화가 나서 트위터에 얘기를 시작했을 것이다. 유일하게 캡처가 남은 나의 트윗은 그런 맥락에서 나왔다. 내가 결혼한 남자는 마마보이도 아니고, 잠자리 이후 태도가 돌변하지도 않았고, 연락도 자주 하며, 술도 전혀 마시지 않으며… 그러나 남자에겐 어떤 체크리스트로도, 어떤 사상 검증으로도 거를 수 없는 무언가가 있다. 남자로 살아온 삶은 뿌리가 깊습니다. 나는 그렇게 느낀다. 그렇게 쓴다.

결혼 4년 차에 가까워지는 나는 이제 남자를 다르게, 더 정확하게, 환상을 상당히 걷어 내고 본다. 쨍하게 도수가 맞는 페미니즘이라는 안경을 쓴 나에게 모든 것은 한결 또렷하게 보인다. 남자는 그리 좋은 사람이 아니고, 그리 좋은 룸메이트도 아니고, 무엇보다 남자다. 여자로 살아온 생이 내게 흔적을 남겼듯, 남자로 살아온 생이 어디 가지 않는다. 다른 여자들이 나의 자매나 다름없다면 남자는 다른 남자들과 한배에서 태어난 형제다. 나도 안다.

그리고 트위터에서 글을 써 내려가면서, 손바닥만 한 스마트폰을 붙들고 140자씩을 완성하면서, 나는 실시간으로 더 잘 알게 되는지도 모른다. 내가 처한 상황이 객관적으로 어떻게 보일지 처음으로 제대로 인식하는지도 모른다. 돌다리를 어떻게 두드려 보고 계산기를 어떻게 두드려도 여자한텐 결혼은 답이 안 나와요. 나는 걱정과 분노에 가득 차서 그렇게 단언한다. 그렇게 쓴다. 자매들도 이건 꼭 알아야 한다. 내가 알아낸 사실을 알려 줘야만 한다. 나는 그 생각에 사로잡혀 있다.

그런데, 이딴 체크리스트에 속을 여자들을, 이 남자 정도면 괜찮다고 생각하고 결혼할 자매를 내가 그토록 걱정한다면, 누군가 나와 같은 일을 겪을까 봐 분노가 차오른다면, 그렇다면⋯ 나는? 나는 뭘까? 나는 어떻게 되는 걸까?

자, 그다음은?

나는 거기서 잠시 손가락을 멈췄다가, 후다닥 정신을 찾는다. 아니다. 탈혼하라는 충고는 나에게는 적용되지 않는다. 왜냐하면…

많은 이유가 있지만, 가장 중요한 한 가지 이유만 들자면, 아무래도 사랑이다. 이렇게 쓰면 왜 이혼 안 하냐고 물으실지 몰라도 전 남편을 많이 사랑해요ㅋㅋㅋㅋㅋㅋ 나는 진지한 말투로 써 내려가다가 불쑥 키읔을 잔뜩 붙인다. 내가 우습다. 이런 나 자신이 어이없고 웃겨서 참을 수 없지만, 그게 진실이다. 나는 다른 남자와 오십보백보인 이 남자를 사랑한다.

나 사랑해? 나는 남자가 데워 놓은 이불 속으로, 남자의 품속으로 파고들어 가면서 습관처럼 묻는다. 그럼, 당연하지. 나는 대답을 듣자마자 남자의 뺨에, 이마에, 목덜미에 마구잡이로 마른 입술을 맞춘다. 혹은 반대로 남자가 이미 잠든 나를 숨이 막힐 만큼 꼭 껴안으며 묻기도 한다. 나 사랑해? 나는 잠결에 웅얼거리며 똑같은 대답을 돌려준다. 그럼, 당연하지. 내 정수리에 남자의 입술이 느릿하게 와 닿는다. 우리는, 남자와 나는 이 대화를 영원토록 주고받아 왔다. 상대가 다르게 대답할지 모른다는 추호의 의심도 없이, 그러면서도 매번 또다시 절박하게.

어쩌면, 돌이키기엔 늦었다. 너무 많은 시간이 지났다. 지금의 모든 것을 아는 상태로 남자만을 모르게 된다면 나는 아마 사랑에 빠지지 않을 테다. 연애도 결혼도 하지 않을 테다. 그러나 그래 봐야 가정에 불과하다. 스무 살 이후의 내 삶은 남자만이 온전히 안다. 아니 정확히는, 나는 이제 남자가 아닌 다른 삶은 모른다. 내 일상이자 내 역사이자 나의 가장 예측 가능한 미래가 되어 버린 이 남자를, 인제 와서 어떻게 그만 사랑하겠는가. 그건 여태까지의 나를, 내가 가진 모든 것을 부정하는 거나 마찬가진데.

내가 믿어 온 이 영원성을 굳이 깰 필요는 없을 것이다. 사람은 누구나 자기 몸에 안 좋은 걸 하죠. 저한테는 그게 결혼이고요. 나는 그렇게 쓴다. 몸에 해롭다는 담뱃갑의 경고 문구를 뻔히 보면서도 누군가는 담배를 사듯, 안다고 꼭 실천해야 하는 것은 아니다. 이렇게 되어 버린 이상 이렇게 살 수도 있는 것이다. 나 자신처럼 아끼는 자매들에겐 절대 권할 수는 없어도 나만은, 그냥 그럴 수도 있는 것이다.

자, 그다음은…
그다음에 무슨 일이 일어났냐면…

이 이야기를 쓰고 있는 2021년의 나는 트위터의 빈 검색창 앞에서 머뭇거린다. 더는 도망칠 곳이 없다. 알고 있다. 이걸 파헤치지 않으면 다음으로 넘어갈 수 없다. 인제는 정말 해야 한다고 생각하면서도 며칠을 미뤘다. 심장이 지나치게 빠른 박자로 뛴다. 마침내, 아주 천천히 한 음절씩 입력한다. 내가 쓰던 닉네임 뒤에 단 두 글자를 더한 이 짧은 검색어를 다시 검색하기까지

3년이 넘게 걸렸다. 기혼. 내가 덧붙인 그 두 글자는 기혼이다.

다행일까. 막상 그리 많은 글이 나오지 않는다. 마지막으로 이 검색어를 입력했을 때 결과 창은 훨씬 빽빽했는데. 나는 시시각각 불어나는 글에 어찌할 바를 모르고 결국 계정을 지워야만 했다. 격렬한 싸움을 연상시키는 몇 개의 트윗만이 내가 겪은 일이 신기루가 아니었음을 알릴 뿐이다. 그렇다면 날카로운 상처로 남은 내 기억에 의존해 이야기할 수밖에 없겠다.

난 남자를 사랑한다고, 그러나 당신만은 결혼하지 말라고 올린 지 이미 몇 개월이 흘렀다. 그 글은 올라온 당시에는 꽤 공감을 받았지만, 매분 매초 새로운 글이 올라오는 트위터에서 그 정도면 옛날이다. 나는 그 글을 잊었다. 강물에 떠내려간 나뭇잎처럼 그렇게 그 글은 사라지는 듯했다. 나는 그 몇 달 사이 다니던 직장에 퇴사를 통보했고 나에게 페미니즘 책 번역을 맡겨 줄 출판사를 찾았다. 이제야말로 무언가 제대로 펼쳐지려 한다고 느낄 때쯤, 그 글은 최악의 형태로 나를 다시 덮쳐 온다.

정확한 시작은 짚어 낼 수 없다. 어느샌가 바람의 방향이 바뀌었다는 것만 알 뿐. 페미니스트면서 남자를 사랑한다고 하는 건 좀 그렇지 않나? 처음은 아마 속삭임에 가까운 의문이었을 것이다. 왜요? 누가 그렇대요? 나를 모르는 누군가가 동의하면서 작게 힘을 보탰을 것이고, 용기를 얻은 누군가가 일종의 증거로 내 글을 캡처해 올렸을 것이다. 맥락에서 떨어져 나온 내 말은 이상하게만 보인다. 열띤 대화는 곧 떠들썩한 군중이 되고, 모인 사람 중 혈기 넘치는 누군가는 이제 내 계정의 문을 거칠게 두드릴 만큼 화가 나 있다. 내가 뭔가 잘못됐음을 깨닫는 건 여기부터다.

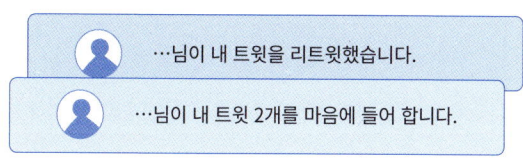

믿어 줄 수 있을까? 얼굴도 이름도 모르는 여자들이 내겐 결혼한 남자만큼이나 소중했다고 한다면. 남자를 사랑하는 만큼 자매들을 사랑했다고 한다면. 우리는 같은 것에 화내고 같은 것에 웃었다. 우리의 생각은 얽히고설켜 작지만 분명한 변화를 만들어 내고 있었다. 스마트폰이 뜨거워질 만큼 시도 때도 없이 울리는 알림을 나는 일부러 켜 놓곤 했다. 그건 우리가 같은 시공간에 존재한다는 가슴 벅찬 증거였다. 알림이 울리면, 거대한 물결에 함께 올라탄 용감한 여자들이 같은 침대에 잠든 남자만큼이나 분명한 실체로 느껴졌다.

불도 다 꺼 놓고 여기서 뭐 해?

나를 믿는다면, 대책 없이 일방적으로 친근감을 느꼈던 계정들이 나를 적대했을 때 내가 느낀 절망과 충격도 예상이 갈 것이다. 나는 멍하니 거실 소파에 앉아 있다. 손에 쥐고 살았던 스마트폰은 보기만 해도 속이 울렁거려 멀리 던져 놓았다. 문제가 된 글들을 지우고, 그래도 안되자 내가 경솔했다는 사과문을 올리고, 결국에는 계정을 삭제한 직후다. 자, 이다음은? 이제는 어떻게 되는 걸까. 페미니즘을 알고 난 후 처음으로, 한 치 앞조차 보이지 않는다. 그때 남자가 나에게 다가와서 말을 건다.

나는 더듬더듬 떨리는 목소리로 있었던 일을 털어놓는다. 누구에게라도 위로를 받고 싶다. 모든 얘기를 다 듣고 나서 남자는, 남자는 놀랍게도 환하게 웃는다. 다행이네. 귀를 의심하지만 잘못 들은 것이 아니다. 나로서는 다행인 점이라고는 단 하나도 찾을 수 없는데 남자는 기뻐하고 있다. 대체 뭐가? 나는 의아해하며 되묻는다.

네가 나한테 더 의지할 거 아냐. 날 더 사랑할 거고.

나는 남자를 고요히 바라본다. 그러니까… 모르지 않는다. 이제 남자가 나를 독점하고 싶은 걸 보니 진정으로 날 사랑하는 모양이라고 감격할 수는 없다. 교묘한 심리적 조종을 뜻하는 가스라이팅*이라는 수법을 안다. 꼭 주먹으로 때려야만 폭력인 건 아니라는 것도 안다. 나는 많이 알고 있다. 그런데도 남자의 말을 반

---

* 가스라이팅gaslighting은 1944년 영화 〈가스등〉에서 유래한 말이다. 〈가스등〉에서 남편은 집 안의 가스등이 희미해진 건 여자의 착각이라고 속이는 등 다양한 속임수와 거짓말을 동원한다. 여자는 결국 자기 판단을 의심하고 남자에게 의지하게 된다. (〈Gaslight〉, George Cukor, Metro-Goldwyn-Mayer, 1944.)

박할 방법은 떠오르지 않는다. 그건 내리막길에 놓인 공이 아래로 굴러가듯 분명한 사실일지도. 이제 정말 남자 말고 누굴 의지하고 사랑하겠는가. 그래, 그런지도 모르겠다. 나는 힘없이 웃는다.

적어도 여기서 내릴 수는 없다. 시키는 대로 안전띠를 단단히 맨 나는 그렇게 느낀다. 비행기 안이다. 바퀴는 점점 빠르게 활주로를 미끄러지고, 몸이 붕 떠오르는 느낌이 든다. 2018년 3월 나는 한국을 벗어나고 있고, 옆 좌석에는 남자가 앉아 있다. 항공권도, 한 달 남짓 머무를 에어비앤비 숙소도 벌써 예약해 둔 것이고, 남자의 일을 도우며 페미니즘 책을 번역하겠다는 계획도 그대로다. 그런 일이 있고 난 뒤에도 인생은 여전히 흘러가던 대로 흘러가는 중이다. 되돌릴 수 없다면, 계속 같은 방향으로 나아가는 수밖에.

그러니까 난 도망치는 게 아니야. 나는 딱히 누굴 향한 건지도 모를 말을 작게 중얼거린다. 거대한 아파트 단지들이 손톱보다도 작아지고 있다. 하나로 뭉그러지는 수백 수천의 창문 너머에는 아마 수백 수천의 여자들이 살 것이다. 나와 같은 나라에서 태어나 같은 중력을 견디며 살아온 자매들, 몇 달 전까지만 해도 그들과 멀어지고 싶지 않아 출국이 꺼려졌는데, 이제 그들이 내 인생을 들여다볼 수 없을 만큼 멀어서 안심된다면. 그게 내가 도망치고 있다는 뜻이야? 나는 재차 허공에 묻는다. 자매는 내 옆에 없고, 당연히 대답도 없다.

…남편과 같은 회사 다니는 비혼 여성 직원 대신 남편이 승진하길 바라는 게 기혼이면서…

…기혼은 부역자죠. 자매들을 버리고 가부장제 안으로 걸어 들어가 이득을 누리는 거잖아요…

이렇게 먼데도 충분히 먼 것 같지 않다. 날 다 보고 있는 것 같다. 내가 트위터를 그만둔 후, 나처럼 결혼했다고 밝히는 페미니스트가 거의 사라진 자리에서 말은 쉽게 격해진다. 결혼한 여자는 기혼 두 글자로 줄었다가 다른 단어로, 더욱 모욕적인 단어들로 차례로 불린다. 나는 듣지 않으려고 하지만, 내가 번역하는 원고에만 집중하려고 하지만, 쉽지 않다. 검색해 봤는데, 걔네 아직도 네 욕 하더라. 남자가 대수롭지 않게 툭 던지는 말에 심장이 내려앉는다. 이상한 애들이니까 신경 쓰지 마. 남자의 위로는 전혀 도움이 되지 않는다.

아닌데? 나는 억울함에 잠을 자지 못하고 뒤척이면서 반격의 한 수를 떠올리기도 한다. 난 남자가 아니라 여자들이 성공하기를 바라는데? 진심을 까뒤집어서 보여 줄 수만 있다면 그렇게 하고 싶다. 웹소설 작가인 남자에겐 승진이랄 게 없지만 나는 공식을 충실히 따라가는 남자의 소설보다 정해진 틀을 깨부수는 여자 작가의 소설을 응원한다. 여자 주인공에게 사랑보다, 남자보다 중요한 게 많은 소설을 보면 일부러라도 다음 화를 결제해서 읽는다. 보통 그런 소설은 남자가 쓰는 소설보다 돈을 턱없이 적게 벌긴 해도, 그건 정말이지 내가 바라는 바도 내 잘못도 아니다.

…그래, 탈혼 못 하는 거 잘 알겠으니까 그럼 결혼 전시라도 하지 마…

그렇다고 감히 직접 반박하러 뛰어들지는 못한다. 그럴 수는 없다. 펼쳐질 논쟁을 머리에서 그려 보기만 해도 이상한 수렁에 빠진 기분이다. 페미니스트라면 최소한 결혼했다고 밝혀서는 안 된다는 게 자매들의 암묵적인 결론이다. 결혼을 전시하지 말자고, 여러 번 싸운 후 대강 그렇게 정리되었다. 더운 날씨에 달콤한 아이스크림을 자랑하면 먹고 싶듯, 결혼하지 않은 여자들에게 결혼이라는 제도를 행복한 양 홍보해서는 안 된다는 것이다.

그러니 무슨 소용이겠는가. 남편이 아니라 다른 여자를 응원한다고? 그건 뻔뻔한 거짓말이지. 상상 속의 자매가 신랄하게 나를 비웃고 있다. 내가 아무리 구구절절 써 내려간대도 믿어줄 리가. 넌 기혼이라 그래. 기혼이라 그렇게 말하는 거야.

혹은 마지못해 나만은 무죄로 인정해 줄지 모른다. 그래도 결론은 같다. 넌 일부야. 너만 그래. 그리고 그렇게 다른 여자를 아낀다면 최소한 결혼 전시는 하지 말아야지? 나는 제풀에 상처를 받고 무력해진다.

 물론 결혼하지 않은 척할 수도 있다. 온라인 공간에서는 닉네임만 바꾸면 새로운 사람이 되니까, 객관적 입장인 척 서늘하게 몇 마디 던질 수도 있다. 그럼 자매의 어조는 조금은 더 부드럽고 정중할 것이다. 기혼의 현실을 모르셔서 하시는 말 같아요. 예를 들어, 저기 저 기혼을 보세요. 자매가 가리키는 곳에서는 어떤 결혼한 여자가 어떤 결혼하지 않은 여자에게 해를 끼치고 있다. 그의 몫을 훔치고 있다. 일방적인 배려를 요구하고 있다. 저건 일부가 아닙니다. 사회 구조입니다. 기혼은 강자고 비혼은 약자예요. 정신 차리세요.

 상상 속 말다툼은 항상 거기서 멈춘다. 모든 결혼한 여자가 어떤 상황에서도 강자라는 말은 터무니없는 일반화임을 알면서도 내가 끝끝내 입을 다문 건 그 말에 일리가 있다고 느껴서일 것이다. 결혼으로 이득을 보고 있다는 걸 어떻게 부정하겠는가, 다른 여자는 몰라도 나만은.

 나는 일본 도쿄다. 쾌적한 코워킹 스페이스에서 무제한인 음료를 마시며 책 번역에 집중한다. 퇴근 시간이 되면 넥타이를 맨 남자 직장인들 틈에 껴 북적한 선술집에서 싱싱한 선어회를 곁들여 향이 맑은 청주를 들이켠다. 그다음 달에, 나는 헝가리 부다페스트다. 어느 귀족이 살았을 법한, 고풍스럽고 천장이 높은 집을 빌려서 산다. 미세먼지가 가득해 앞이 부연 한국의 봄 하늘과는 달리 창밖은 청명하다. 석 달 뒤, 나는 태국 치앙마이다. 고산지

대라 여름에도 그렇게까지 덥지 않은 그곳에서는 아예 호텔에서 몇 달을 지낸다. 아침엔 눈곱도 떼지 않고 조식 뷔페가 차려진 식당으로 내려가 파파야와 그린 망고, 용과 같은 열대의 과일을 담는다. 방으로 돌아오면 아무렇게나 펼쳐 놓았던 침대 시트가 다시 빳빳하고 편편해져 있다.

내내 남자 옆이다. 나는 남자가 아니고서야 누릴 수 없는 것을 누리며 산다. 심지어 평균적인 결혼에서 평균적인 여자가 겪는 평균적인 고통에서도 해방된 지 오래다. 남자의 가족을 내 가족처럼 챙길 필요도 없이, 청소나 빨래나 요리 같은 집안일을 도맡을 필요도 없이, 하나의 세포를 내 몸에서 길러 내 어엿한 인간으로 내보낼 필요도 없이, 내 일을 포기할 필요도 없이, 김지영일 필요 없이 산다.

부역자 附逆者 [부:역짜]

국가에 반역이 되는 일에 동조하거나 가담한 사람.[74]

표준국어대사전은 부역자를 이렇게 정의한다. 아니, 그렇다고 내가 부역자라는 게 말이나 되는가? 이런 내 삶이 대체 누구한테 해가 된다는 말인가? 남자와 나 고작 둘로 이루어진 단위에서 누가 누구에게 반역하고 동조한다는 말인지, 나 원 참. 그러나 그렇게 코웃음 치기에 나는 너무 많이 안다. 자매들끼리 세운 공동체가 국가와도 같다면, 나는 분명 내 나라를 배신하고 있다.

싸왓디카! 두 유 원 풋 마사지?

태국에 가면 꼭 마사지를 받아야 한다고, 나는 많은 여행 후기에서 읽었다. 구글 지도에서 주변을 놓고 봤을 때 평점이 가장 높은 마사지 가게에 막 들어선 참이다. 가게 이름이 적힌 분홍색 폴로 셔츠를 맞춰 입은 여자들이 빙그레 웃으며 남자와 나를 맞이한다. 나는 영어 몇 마디로 우리는 전신 마사지를 받으려 한다고 전달한다. 가게 한쪽에서 작은 요람을 발견한 건 그 순간이다.

요람 안에는 아주 작은 아기가 강보에 싸여 누워 있다. 벌써 밖에 나와도 되는지 의심이 갈 만큼 작다. 나는 놀라서 아기가 몇 살인지를 묻는다. 2주라고 한다. 아기를 둘러싼 여자들은 서로 가족이거나, 가족과 다름없는 사이로 보인다. 언니나 여동생, 이모나 숙모, 어머니나 할머니, 시어머니나 시할머니, 뭐 그런 관계들. 아기 엄마가 누구냐고 묻자 나보다 훨씬 어려 보이는 앳된 여자가 손을 든다. 기가 막히게도, 내 온몸을 90분 동안 담당할 직원이 바로 그 여자다.

출산한 지 2주밖에 되지 않은 여자가, 뼈가 제자리로 다 돌아오지도 않았을 여자가 겨우 책상에 오래 앉아 있어 뭉쳤을 뿐인 내 어깨를 정성스럽게 주무른다. 근육 없이 흐물흐물한 내 종아리를 단단하게 누른다. 이게 다 뭐지? 나는 여기서 뭘 하는 거지? 그만

하겠다고 말할 시점을 놓친 나는 90분 동안 앞으로 엎드린 채 누워 고민한다. 답이 나오지 않는다. 혼란스럽다. 나는 계획했던 것보다는 많은 팁을, 그러나 내게는 있으나 마나인 금액의 지폐 몇 장을 쥐어 주면서 도망치듯 마사지 가게를 나온다.

신발장에서 그 신발 봤어?

가게가 멀어지자 남자가 내게 소곤거린다. **내 운동화랑 똑같았어, 사이즈까지도.** 나는 보지 못했다. 그렇지만 내가 직접 골라서 사 준 남자의 운동화가 얼마였는지는 알고 있다. 우리는 전 세계 어디에나 퍼진 스포츠 브랜드의 태국 매장에 들어가, 거기 있는 것 중 가장 비싼 신발을 샀다. 나조차 결제하면서 한 번은 망설였다. 누구의 신발일까? 분명 손님은 우리뿐이었다. 마사지할 손님을 기다리던 어떤 여자도 발이 큰 편인 남자와 같은 사이즈를 신을 수는 없을 것이다. 단 몇 주 쉴 틈도 없이 일해 온 여자들은 왜 그렇게 번 돈으로 자기는 신지도 못할 비싼 신발을 산 걸까. 남자는 수수께끼를 대신 풀어 준다. **못 봤어? 소파에 아들이 누워 있었어.**

객관적으로, 내 잘못은 아니다. 어떤… 구조의 문제다. 알고 있다. 날 마사지해 준 여자에게 묻는다면 자기 선택으로 일하러 나왔다고 할 것이다. 자기 직업에 자부심을 느낀다고 할 것이다. 자기가 선택할 수 있던 직업 중 이보다 나은 직업도 없다고 현실을 들려 줄 수도 있다. 사랑하는 아들에게, 남동생에게, 오빠에게 신발을 사 줄 수 있어 기쁘다고 할 것이다. 그러니 괜찮다고, 이상한 부채감을 느끼느니 와서 계속 마사지나 받아 달라고 할지 모른다. 네가 이렇게 생각하는 걸 알면 그 여자 기분 나빠할걸? 남자도 같은 논리를 편다. 그러나 정말 그렇게 속 편하게 믿어 버리기에는 난 지나치게 많이 안다.

그럼 네가 나 90분 주물러 주던지. 남자가 기어코 짜증을 내며 빈정거린다. 태국에서 지내는 큰 장점이 마사지를 싸게 받을 수 있는 것인데, 그걸 포기할 생각은 없다고 한다. 내 손으로 할 것인가, 아니면 다른 여자가 하게 둘 것인가? 선택지는 항상 그렇게 좁혀지는 듯하고, 그럴 때마다 난…

나는 부역자다. 알겠어, 마사지 잘 받고 와. 항상 다른 여자에게 터무니없이 싼 값에 내 일을 떠맡기는 쪽을 택하는, 나는 부역자가 맞다. 내가 더는 남자를 위해 빨래를, 설거지를, 청소를 안 해도 되는 건 다른 여자가 나 대신 하고 있기 때문이다. 나를 대신하고 있기 때문이다. 여자는 나 없는 사이 그림자처럼 들어와 새하얗게 표백한 침구를 갈고 가는 호텔의 메이드기도 하고, 한국에 머물 땐 모바일 앱으로 부르기만 하면 집 전체를 새것처럼 만들어 주고 가는 이모님이기도 하고, 같은 아파트 단지에 살면서 딸이 부르면 달려 와 온갖 잡일을 기꺼이 해 주는 엄마기도 하다.

돈을 주는데 뭐 어때? 남자는 별걱정을 다 한다는 듯 어깨를 으

쓱하지만, 나도 그렇게 눈을 감아 버리고 싶지만, 남자에게는 쉬운 일이 나에게는 쉽지 않다. 그 여자를 그 값에 그 일을 해내도록 데려다 놓았을 무수한 조건을 자꾸 헤아리게 된다. 여자조차 자기 선택이라 믿고 있을 이 거래가 도무지 정당하다고 느껴지지 않는다. 돈으로 살 수 없어야 하는 것들도 있다. 얼마를 주건 정당하지 않은 대접도 있다. 나는 알고 있다.

무엇보다 내가 눈을 감아 봤자다. 새하얀 안개 속에서, 나를 응시하는 눈이 있다. 아마 자매일 것이다. 이름 모를, 얼굴도 모를 여자들, 남자라는 방어막도 없이 세상을 헤쳐 나가기로 마음먹은 비혼주의자들, 이 구조 속에서 내가 짓밟고 올라서 있는 약자들, 나는 그들의 눈을 의식하지 않을 수 없다. 무엇을 어떻게 숨겨도 그들은 다 알고 나를 질타할 것만 같다.

자, 그다음은?
그래서 어떻게 살고 싶어?

글쎄, 이혼은 아니다. 내가 이혼한다고 아무것도 달라지지 않잖아. 나는 안개 너머의 존재를 회유하려 든다. 나 혼자 이혼한다고 구조는 바뀌지 않는다. 여자들은 계속 그 자리에 있을 것이다. 그걸 바꾸려면… 그러니까 쉽지 않겠지만… 결혼한 채, 남자의 돈으로 생활하면서, 또 절대 결혼했다는 건 밝히지 않으며, 페미니스트로 조용히 활동한다면, 그거면 되지 않을까. 그거면 내가 용서받을 수 있지 않을까.

혜담 언니는 자취해?

2019년 10월 나는 광주에서 서울로 올라가는 KTX 열차 안에서 은수 옆자리에 앉았다. 은수와 내가 몇 달 동안 함께 준비한 페미니즘 행사는 부산에서 광주를 거쳐 서울로 향하는 중이다. 나는 이제 은수에 관해 많은 것을 안다. 은수의 거침없이 명쾌한 성격을 알고, 은수가 나고 자란 고장을, 은수의 학교와 학과를, 은수에게 오빠와 여동생이 하나씩 있다는 것을 안다. 은수의 여자친구 도연 역시 페미니스트고 행사 준비를 돕고 있어서, 둘의 관계까지도 안다.

반면 은수는 아무것도 모른다. 도연도, 행사를 함께하는 그 누구도 나에 관해 모른다. 유혜담이라는 깨끗한 눈밭 같은 이름만 알지, 눈 밑에 깔린 진인휘의 구질구질한 삶은 상상조차 하지 못한다. 그게 어찌나 안심되는지. 으…응, 자취 비슷해. 내 인생은 남자 없이는 온전히 서술할 수도 없게 된 지 오래다. 은수의 간단한 질문마저 거짓말 없이 대답할 수 없다. 눈부시게 빛나는 그에게는, 발 앞에 무한한 가능성이 펼쳐진 친구들에게는 할 수 없는 이야기가 참 많다.

은수는 몰라야 한다. 나는 그들이 모두 잠든 새벽에 숙소에서 몰래 빠져나가 남자에게 전화를 건다. 여기 너무 힘들다, 너랑 있고 싶어. 나는 가슴 벅찬 시간을 보내 놓고도 마음에도 없는 말을 투덜거리는데, 수틀리면 할 짓 못 할 짓을 가리지 않는 남자를 달래기 위해서다. 밥은 잘 챙겨 먹고 있지? 내가 집에 없는 동안 매일 세 끼 도시락이 끊김 없이 배달되도록 처리해 두었다. 돈을 많이 벌게 된 후로는 더더욱 손 하나 까딱 않는 남자의 식사를 챙기는 건 나의 당연한 의무이기 때문에.

은수는 몰라야 한다. 언니는 그렇게 두꺼운 책을 대체 어떻게 번역했어? 은수가 감탄하는 그 책 《여자는 인질이다》를 번역할 때 나는 태국의 호텔 방에서 주로 지냈다. 책은 아마 더 빨리 세상에 나올 수도 있었을 것이다. 내가 단지 번역가이기만 했더라면.

이 장면은 너무 늘어지네. 대사를 늘리고 심리에 집중해서 좀 쳐내는 게 좋겠어. 나는 유능한 편집자다. 남자의 작품은 구상부터 마무리까지 나를 거치지 않고는 완성되지 않는다. 왜, 음식 맛 별로야? 나는 고객의 취향까지 완벽하게 아는 투어 가이드다. 남자가 원고를 출판사에 넘기고 나면 나는 구글맵으로 주위 음식점의 별점을 훑어가며 찾은 식당으로 남자를 데려간다. 나는 남자의 표정에 촉각을 곤두세우고, 남자가 불쾌해 할 요소를 남자보다 먼저 안다. 한국으로 가는 비행기 표 예매할까? 나는 남자의 일거수일투족을 챙겨 주는 비서고, 장기 투자하면 좋을 것 같아서 그 회사 주식 사 두려고, 남자의 자산관리사고, 알겠어, 그거만 다 쓰면 만져 줄게, 남자의 성욕을 채워 주는 여자다. 나는 만능이라 남자가 원하는 무엇이건 될 수 있다. 내가 번역가가 될 수 있는 건, 돈도 안 되는 책 번역에 몰두할 수 있는 건, 남자가 나를 다 쓰고 난 후 남는 자투리 시간이다.

은수는 몰라야 한다. 내가 어떤 말들을 듣고도 웃는지. 남자가 한 달에 천만 원 이상을 벌면 이혼율이 0%래.[75] 키가 작은 내게 딱 맞춰 설계된 싱크대 앞에 서서 도우미를 불러 시키기도 뭐한 간단한 설거지를 하고 있으면, 남자는 옆에 와서 꼭 그렇게 속삭인다. 내가 느끼는 가벼운 굴욕을 훤히 알고 있는 것처럼, 그래도 벗어날 수 없을 거라고 확신하는 것처럼. 남자의 작품에 내가 얼마나 보탬이 되건 그래 봤자 남자의 작품이다. 남자의 소득이다. 내가 먹고 마시고 누리는 모든 것이 남자의 덕분이라면 고작 설거지가 문제겠는가. 나는 그저 웃는다. 달리 반응하기엔 너무 멀리 와 버렸다.

그리고… 이것만은 절대 몰라야 한다. 같은 아파트 단지에 살며 집안일을 도와주러 들락거리는 엄마에게도, 부쩍 가까워진 동생 윤희에게도, 아무에게도 말하지 않았다. 나 혼자만 간직한 비밀.

나 죽을까? 그냥 지금 가서 떨어져서 죽을게. 남자는 거의 삼십 분째 그 말만을 반복하고 있다. 내가 인쇄해서 작성해 놓은 이혼 서류에는 눈길조차 주지 않는다. 결국엔 내가 답답해서 입을 연다. 난 설명을 듣고 싶어. 그 정도 자격은 된다고 보는데. 남자가 바람을 피웠다는 증거를 다 잡았는데도, 그래도 남자 입으로 듣고 싶다.

그토록 뻔한 이야기를 나만 예상 못 했다. 남자가 돈 좀 만지면 딴생각이 난다던데… 너도 조심해. 엄마가 농담조로 경고를 던졌을 때는 터무니없게 느껴져서 폭소를 터트리기까지 했다. 너는 페미니스트 친구들 만나고 다니잖아. 나도 친구 만날래. 나는 남자의 선언을 두 팔 벌려 환영했다. 인간관계라고는 나뿐인 남자에게 친구가 생기면 조금이나마 숨통이 트일 것 같았다. 그 친구가 여자라고 했을 때도 막지 않았다. 나중에 나도 소개해 줘. 나도 친구 늘고 좋지. 갑자기 서로의 핸드폰을 보지 말자고 했을 때도, 생전 안 사던 옷을 사기 시작했을 때도, 친구와 만난다고 해 놓고 도통 연락이 되지 않았을 때도, 남자가 새벽 3시까지 집에 들어오지 않았을 때도, 바보같이.

그 이후의 전개도 뭐 뻔하다. 남자는 계속해서 싹싹 빈다. 밤새 울면서 빈다. 일탈이었다고, 앞으로 잘하겠다고 한다. 자진 않았어, 손만 잡았어. 여자는, 나는 눈 딱 감고 한 번만 용서해 주기로 한다. 다른 여자를 정리하고 오라고 한다. 걔는 너 결혼한 거 알아? 꼭 말해. 남자는 캡처한 대화를 증거로 보여 주고, 사건은 그렇게 매듭지어진다.

나는 너 못 버려. 넌 내 조강지처잖아. 남자는 제 사랑에 벅차오른 말투로 내 뺨을 어루만지며 말한다. 나는 그 말을 듣고서도 굳은 입꼬리를 끌어올려 웃는다. 조강지처의 어원을 떠올린다. 중국 후한 시대의 황제는 이미 결혼한 신하를 불러 놓고 새로운 여자를 배우자로 맞을 생각이 있는지 떠봤다고 한다. 신하는 술지게미와 겨로 끼니를 때울 때부터 함께 한 여자를 버리지 않는 게 도리라고 대답했다고 한다. 기원전으로 거슬러 올라가는 그렇게나 전형적인 이야기, 그렇게나 강력한 이야기, 일개 등장인물인 내가 어떻게 다른 결말을 쓰겠는가. 그러니 웃을 수밖에.

은수는 모른다. 어쩌면 은수가 모르기 때문에, 나도 모른다. 반쯤은 알면서도 반쯤은 모른 채 살아간다. 의아하게 들릴지 몰라도 입 밖으로 내야지만 알게 되는 것들도 있다. 들어 줄 사람이 있어야 이야기도 생기기 마련이다. 내 진짜 이야기는 모래사장의 깨진 조개껍데기처럼 사방에 흩어져 있고, 나는 하나로 엮지 않는다. 그래서 다른 여자의 삶은 훤히 들여다보면서 내 삶만은 모른다. 모른 채 살아갈 수 있다.

자, 그다음은?
그래서, 어떻게 살고 싶어?

모르겠다. 나는 모르겠다고 느낀다. 이 정도면 그럭저럭 괜찮게 흘러가고 있지 않나? 나는 안개 너머를 향해 모호하게 되묻는다. 통장에는 점점 돈이 쌓이고, 내가 번역가로 이름을 올린 책도 착착 늘어난다. 내가 여성 인권에 미치는 영향이 마이너스보다는 플러스에 가깝도록 항상 노력하고 있다. 그거면 된 거 아닌가? 안개는 어떠한 답도 들려주지 않는다. 그저 잊을 만하면 같은 질문을 던질 뿐이다.

또 한 가지 꼭 드리고 싶은 말은 여자의 가능성을 절대 과소평가하지 않으셨으면 좋겠어요. 지금 탈코르셋을 못 했다고 해서, 지금 연애를 한다고 해서, 지금 결혼한 상태라고 해서, 지금 성착취 산업에 묶여 있다고 해서 그 여자가 앞으로 무엇을 하게 될지는 모르는 일이니까요.

나는 다시 강단 위에 있다. 마이크를 들고 있고, 밝은 조명이 나를 비춘다. 나는 준비한 원고를 가끔만 내려다보면서 꽤 능숙하게 말을 이어 나간다. 관객의 반응이 좋아 같은 원고로 벌써 세 번째 강연하는 중이다. 그러나 원고의 이 부분에 다다를 때면 꼭 목이 메어 온다. 지나치게 진심이 된다.

언니, 나는 그때 정말 좋았다? 언니처럼 멋있는 사람이 자기 가능성이 내 가능성이나 다름없다고 해 줘서.

지금은 속을 다 터놓는 친구가 된 하민은 관객석에서 그 강연을 들었다고 말한다. 끝나고 나서는 책을 가져와 내게 사인도 받았다고 한다. 나의 가능성이 자매의 가능성이고, 자매의 가능성이 나의 가능성이다. 그러니까 하민에게도 내 투박한 필체로 이렇게 적힌 책이 있다.

그러나 실은, 강단 위의 내가 간절히 바란 건 반대쪽의 가능성이다. 나는 관객석에 앉아 있는 하민의 무궁무진한 가능성에 기대고 싶다. 그때는 하민을 모르지만, 거기에 앉은 백 명 남짓한 여자들의 이야기를 하나도 모르지만, 내 눈에는 자매들의 가능성이 보인다. 이렇게도 헤매 보고 저렇게도 부딪혀 보다가 결국 똑바로 몸을 일으켜 걸어갈 하민의 미래가 보인다. 그건 부러울 만큼 찬란하다.

믿어 줄 수는 없을까? 나에게도 가능성이 있다고. 책을 아무리 번역하면 뭐 해, 결혼한 남자가 바람피운 걸 알게 되고서도 이혼도 못 하는 한심한 여자지만, 온갖 여자를 희생시키지 않고서는 하루도 제대로 못 버티는 부역자지만, 그러고도 뻔뻔하게 다 남얘기인 양 무대 위에서 지껄여 대고 있지만, 그래도, 그래도. 내가 네 가능성을 믿는 만큼 너도 내가 바뀔 수 있다는 조그만 가능성에 패를 걸어 줄 수는 없을까? 네가 믿어 준다면, 어쩌면 나도 나를 믿을 수 있을 텐데. 네가 내 이야기를 들어 준다면, 어쩌면 다른 결말을 쓸 수도 있을 텐데.

무리한 부탁이다. 나는 차마 그런 부탁을 입 밖으로 내지 않는다. 가끔 남자와 이혼을 하느니 마느니 지지고 볶고 싸우긴 해도 이혼할 생각은 없다. 이게 앞으로의 내 삶일 것이다. 나는 끝이 너무 예상돼서 더 읽을 필요도 없는 책이다. 그러니 나를 버리고 가도 된다. 그쪽이 빠르고, 그쪽이 마음이 편하다. 나를 여기 두고 너만은 완전히 새로운 곳으로 나아갈 수 있기를.

너도 같이 노력해야지. 나만 노력하는 건 좀 아니잖아.

나는 수상하리만치 아무 표시가 없는 택배를 받아 든다. 이게 뭐냐며 건네자 남자는 함박웃음을 지으며 풀어헤친다. 온라인 섹스용품점에서 구매한 것이라 한다. 가느다란 레이스 끈 대여섯 개가 가장 먼저 튀어나온다.

'초커'다. 목 한가운데를 조르듯 묶는 장식, 나는 알고 있다. 영어로 초크choke는 질식시킨다는 뜻이고, 많은 남자가 여자가 숨을 못 쉬도록 목을 조르며 흥분한다. 여자를 경제적으로, 사회적으로 자기 발밑에 두다 못해 목숨까지도 자기 손아귀에 쥔 완전한 정복감을 느낀다. 나는 알고 있다. 읽었기 때문만이 아니라, 번역했기 때문만이 아니라, 겪어서 안다. 어느 순간부터 남자는 내 목을 조르지 않고서는 사정에 이르지 못했기 때문에. 그래서 난 남자와의 삽입 섹스가 견딜 수 없어졌기 때문에.

내가 상자 안의 다른 건 보고 싶지도 않다고, 다 하지 않겠다고 거부하자마자 남자는 불만을 토로한다. 내 노력이 부족하다고 말한다. 실은 내가 머리를 짧게 잘라서 성적 매력이 떨어진다고 한다. 우리가 섹스한 지 대체 얼마나 됐어? 그래서 자신이 바람을 피웠는지도 모른다고 한다. 나를 도구로 남자의 성욕만을 채우는 행위를 매일같이 하고 있는데도, 그건 제대로 된 성관계가 아니라고 한다. 성관계를 거부하는 건 이혼 사유라고 말한다.

아니, 나는 그 말을 듣고도 이혼하지 않는다. 그래도 난 안 할 거야. 그저 그렇게 말하고 방을 나갈 뿐. 남자의 말을 순도 100%의 헛소리로는 여기지 못하면서, 책임감을 비워 내지 못하면서.

내게 무슨 가능성이 있을까? 그런 말을 듣고서 이혼을 못 했는데 어떤 더한 말을 들은들 이혼을 할 수 있을까? 탈출은 영원히 불가능해 보인다, 그날이 오기 전까지는.

평소와 다를 건 없다. 남자와 나에게 여행은 일상이고, 이번에는 싱가포르다. 칫솔부터 귀마개까지 나는 늘 그렇듯 남자의 짐을 내 짐보다도 꼼꼼히 꾸렸고, 남자는 떠나는 순간까지 노트북으로 뭔가를 하다가 내가 공항 리무진 터미널로 가는 택시를 부르고 나서야 접는다. 가는 길에 나는 싱가포르에 대해 알아본 정보를 남자에게 브리핑한다. 항공사 카운터 줄에 서서, 미리 인쇄해 꺼내기 쉬운 곳에 넣어 둔 항공권 발행 확인서를 남자에게 건넨다. 그 모든 일을 별 의식 없이 해낸다.

온라인 면세점에서 산 물건 몇 개를 찾아 나오는 참이다. 테가 가벼운 안경과 물에 젖지 않는 백팩을 꽤 싸게 구매해서 기분이 좋다. 남자가 옆에서 자꾸 피식거린다. 왜 그러는데? 실랑이 끝에 남자가 하던 생각을 알게 된다. 그냥, 남편 돈으로 참 팔자 좋다 싶어서. 물건의 가격은 전부 더해 봤자 15만 원이다. 내가 얼굴을 찡그리자 남자는 덧붙인다. 아냐, 다 사. 뭐든 사. 이렇게 말하면 기분이 좋아져서 그냥 말해 봤어.

많은 걸 그냥 넘긴다. 한 번 참았다는 건 두세 번도 참을 수 있다는 뜻이다. 두세 번 참았다는 건 영원히도 참을 수 있다는 뜻이다. 여행 중에도 남자의 연재는 계속되어야 하고, 남자는 원고를 쓸 때마다 포악해진다. 이제 네가 돈 벌어서 나 먹여 살리면 안 돼? 남자가 비아냥거린다. 내가 구상한 전개와 한바닥 빼곡한 피드백이 아니고서는 쓰지 못하면서, 오직 글에만 집중할 수 있게 하는 나의 모든 노동이 아니고서는 인간답게 살 수도 없으면서, 내가 하는 일이 아무것도 아닌 것처럼, 내가 아무것도 아닌 것처럼. 그러나 영원히 영원히 웃어넘기는 동안 나도 이미 조금은 그렇게 믿게 되었는지도 모른다. 또 한 번 웃어넘기고서, 나는 호텔 방에서 글을 쓰는 남자의 입맛에 꼭 맞는 점심을 사러 나간다.

2019년 10월 27일, 그날은 뭐가 달랐을까? 역시 다를 건 없다. 남자는 자주 그렇듯 오늘까지 넘겨야 하는 원고를 쓰지 않고 미룬다. 내가 보니까 의미 없는 인터넷 서핑으로 시간을 낭비하고 있다. 이러다 싱가포르 여행은 제대로 하지도 못하고 돌아가게 생겼다. 나는 남자를 살살 달래 보다가 도저히 안되자 가볍게 타박한다. 이 바보야, 빨리 써.

이건 처음 겪는 일이기는 하다. 남자가 그 말에 돌변한다. 남자는 내 목을 한 손으로 쥐고 뒤쪽으로 민다. 나는 방과 방 사이의 좁은 복도를 가로질러 뒷걸음질 친다. 숨을 못 쉴 정도는 아닌, 어디에 부딪힐 정도는 아닌 힘, 그건 나비처럼 가볍다. 아… 섹스 중에 내 목을 조를 때도 남자는 딱 이 정도의 힘을 주곤 했다. 남자는 문을 쾅 닫고 들어가고, 나는 바닥에 내쳐진 채 몸을 떤다.

알고 있다. 너무 잘 알고 있다. 내가 모르면 누가 알겠는가? 많은 여성 피해자는 가정폭력이 긴 시간에 걸쳐 여러 차례 발생하지 않으면 신고하지 않는다.[76] 나는 내 손으로 이 문장을 번역했고, 다듬었고, 책으로 나오기까지 몇 번을 다시 읽었다. 책에 덧붙인 번역가의 말에는 또랑또랑하게 이렇게 썼다. 이 책에서는 '매 맞는 여자' 혹은 '매 맞는 여자 증후군'이라는 익숙한 용어… 대신 '맞고 사는 여자' 혹은 '맞고 사는 여자 증후군'을 대체어로 제시하고자 한다… 이는 여자가 반복되는 구타를 견디면서도 가해자와 함께 '살아가는' 현상도 반영한다.[77]

그러나 동시에, 내가 번역한 책은 예언서처럼 나의 반응을 내다보고 있다. 파트너에게 심각하게 맞으며 살아온 여자들조차 본인이 겪어 내야 했던 폭력을 과장하는 것이 아니라, 축소하려 한다.[78] 나는 어디 다친 데도 없다. 흔적조차 남지 않은 폭력은 마치 꿈에서 일어난 일 같다. 남자는 항상 폭력이 싫다고 했는데, 지난 9년 동안 단 한 번도 폭력은, 그러니까 '진짜 폭력'은 쓴 적이 없었는데. 이번의 진짜 폭력은 이전의 수많은 가짜들, 폭력이라 부르기엔 뭐한 일들에서 단 한 걸음 떨어져 있다. 단 한 걸음, 여기까지 온 내게 그건 마음만 먹으면 못 갈 거리도 아니다.

자, 그다음은?

나는 아직 어떠한 결론도 내리지 못했는데, 남자는 몇 시간이 지난 후 아무렇지도 않게 방에서 나온다. 사과도 없이 평소처럼 말을 건넨다. 우리 유람선 타러 가기로 했잖아. 나는 몸에 익은 대로 움직인다. 택시 앱에 들어가 출발지와 목적지를 찍는다.

운명적으로, 비가 내린다. 동남아시아의 갑작스러운 스콜이다. 택시 안에서는 가벼운 빗줄기였던 게 택시에서 내리자마자 한 치 앞이 보이지 않는 소나기가 된다. 우산은 가져오지 않았다. 얼른 천막 밑으로 들어가 다음 천막을 향해 힘껏 뛸 뿐인데도 온몸이 젖는다. 나 목말라. 음료수 마시고 싶어. 남자에게 자판기 음료수를 뽑아다 주느라 나는 남자보다 더 많이 젖는다.

하늘에서 폭포처럼 쏟아지는 비를 하염없이 바라보며 줄을 선 지 30분쯤 지났을까, 나는, 남자는, 유람선이 우리를 태우러 오지 않는다는 걸 알게 된다. 하긴 이런 날씨라면 운영을 멈출 법도 하다. 야, 너 때문에 옷 다 젖고 길바닥에서 시간 버렸잖아! 익숙하다. 익숙한 일이다. 남자는 계획이 틀어지면 반사적으로 내 탓을 하고, 나는 그러려니 해 왔다. 이국의 길바닥에서 남자는 따가운 빗소리를 뚫을 만큼 크게 고함을 지르고, 지나치는 사람들은 우리를 유심히 보고, 나는 이번에도 그러려니 한다. 그러려고 한다.

그때 무언가, 내 안에서 무언가가 꿈틀거린다. 뭔지 모르겠다. 스콜처럼 맹렬한 것, 빗속에서 겨우 잡아탄 택시의 에어컨 바람처럼 싸늘히 피를 얼어붙게 하는 것, 어둠을 불사르는 거리의 네온사인처럼 더는 무시할 수 없는 것, 이게 대체 뭘까. 나는 마구 휘몰아치는 그것을 잡아 보려 한다. 택시 옆자리에 같이 탄 남자가 신경 쓰이지 않을 정도로 나는 집중한다. 알고 싶다. 알아야 한다. 남자는 그새 택시의 목적지를 숙소가 아닌 칵테일 바로 바꾼다.

자, 그다음은?

집요하게 나를 괴롭히던 목소리다. 오늘따라 부드럽게 들린다. 상냥하다. 거의 속삭임에 가깝다. 알고 있잖아. 할 수 있잖아. 나를 차근차근 격려하는 것처럼 들린다. 날 기다려주고 있다. 그래서, 어떻게 살고 싶어? 네가 작가라면, 여자를 어디로 보내겠어? 내 삶이 하나의 이야기라면, 내가 그 얘기를 쓸 수 있다면, 그럴 수만 있다면 나는, 나는…

거짓말처럼 비가 그친다. 칵테일 바는 유리창도 하나 없이 뻥 뚫려서 싱가포르의 야경이 또렷하게 내다보인다. 여기 너무 좋다, 그치? 남자는 방금 벌어진 일을 싹 잊었다는 듯 싱긋 웃으며 내게 몸을 기댄다. 그렇게 없던 일로 할 수도 있다. 그건 분명한 가능성이다.

나는 아무 말도 하지 않는다. 자, 그다음은? 그래서 넌 어떻게 살고 싶은데? 여태 알아차리지 못했는데, 들려오는 목소리에는 낯익은 구석이 있다. 이제야 알 것 같다. 분명 아무도 보지 못할 순간까지 날 지켜보는 눈동자, 절대 속일 수 없는 단 한 명, 나는 그를 알고 있다. 그는 나다. 억만금을 주더라도 이렇게 대할 수는 없는 사람, 더 나은 대접을 받아 마땅한 사람, 아직도 여전히 끝없는 가능성을 품고 있는 사람, 누가 뭐래도 나만은 나를 알고 있다. 왜 그래? 무슨 일 있어? 남자가 고개를 갸웃거린다.

생각을 좀 하고 있어.

무슨 생각?

우리 관계에 관한 생각.

잃어버렸던 목소리를 마침내 찾은 것처럼 내 말에 힘이 실린다. 남자는 멈칫하더니 이내 바깥 풍경을 카메라로 담으러 간다. 나는 생각을 시작한다. 아주 천천히, 어떤 가능성도 배제하지 않고서, 무엇에도 고개를 돌려 버리지 않으면서. 남은 여행 내내, 한국으로 돌아와서도 생각은 계속된다.

이렇게는 살기 싫어. 그건 아주 오래 걸린 내 답이다. 나는 다른 삶은 모른다. 내가 아는 유일한 삶, 유일한 이야기, 남자가 주는 익숙한 고통과 모욕은 이제 둔통조차 느껴지지 않는다. 반면 안개 너머 남자 없이 사는 삶은 거대한 불확실성으로 가득하다. 그래도, 많은 걸 잃더라도, 저 너머에 아무도 날 받아 줄 사람이 없더라도, 내 대답은 같다.

이제 날 사랑하지 않아?

남자에게 최종으로 이혼을 통보하자 남자는 그렁그렁 물기가 어린 눈으로 묻는다. 한때 남자가 저런 눈을 하고서 매달리는 한 절대 남자와 헤어질 수 없겠다고 느꼈다. 그만큼 사랑하니까. 사랑은 그런 거니까. 아직도 사랑해. 그 순간조차 남자의 눈물에 마음이 절절 끓는다. 그럼 왜? 왜 이혼하자는 건데?

널 사랑하면서는 날 사랑할 수 없어서, 그래서 이제 널 그만 사랑해 보려고. 희미하게, 다시 글을 쓸 수 있을 것처럼 느껴진다. 언젠가 책을 쓴다면 책 속의 여자는 그렇게 말하리라. 그렇게 말하고 남자를 떠나리라. 여느 주인공처럼 여자는 그다음 장을 알지 못한다. 그러나 아무래도 좋다. 여자는 알고 있다. 나는 알고 있다.

어떻게 헤매더라도 똑바로 몸을 일으켜 걸어갈 수만 있다면 거기부터는 새로운 이야기일 것이다. 이야기의 주인공을 사랑하는 한 어떤 이야기라도 끝내 사랑할 수 있을 것이다. 여자는, 나는 두 팔을 벌리고 그다음으로 걸어 나간다.

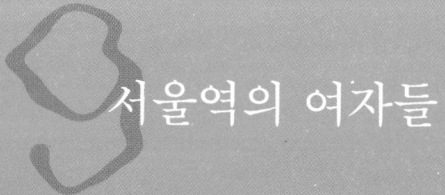
서울역의 여자들

9. 서울역의
　　여자들

　　　　　　서울역은 거대하다. 다른 여자가 어디로 가는 길인지 당신은 차마 짐작하지 못한다. 여자는 1호선이나 4호선을 타고 서울 언저리의 다 알 수 없는 곳곳으로 흘러들어 간다. 숨 막히게 붐비는 수도를 완전히 벗어나 부산으로, 목포로, 동해로 향하는 열차를 타기도 한다. 공항철도를 탄다면 더 멀리, 아예 여기서 출발했다고는 상상도 못 할 곳까지 갈 수도 있다. 역이 생긴 1900년 이래 떠나려는 여자들은 여기를 거치곤 했다.

서울역의 커다란 몸체를 가로지르는 여자들, 나는 그 틈에 섞여 있지만, 내 이야기를 읽어 온 당신은 나를 쉽게 찾는다. 당신은 해피엔딩을 바랄지 모른다. 혹은 이제야말로 통쾌한 복수를 개시할 때라고 여길지 모른다. 아니면 내가 남자를 대체할 누군가를 찾아 다시 영원을 약속했다는 마무리를 들어야만 만족할 수도 있다. 그래서 당신은 수많은 여자 속에서 나를 골라 따라가기로 한다.

당신은 거의 뛰어야 한다. 나는 무슨 엄청난 일이 터진 여자처럼 정신없이 빠르게 걷는다. 절박해 보인다. 서울역은 몇 번을 와도 혼란스러운 데가 있어서, 난 가끔 멈춰 서서 제대로 된 방향으로 가고 있는지 표지판을 확인한다. 당신은 그 덕에 거리를 좁히고, 15번 출구로 나가는 나를 따라 역을 빠져나간다. 15번 출구는 다른 모든 출구와 동떨어져 한적하다. 나와 같은 곳으로 향하는 여자는 찾기 어렵다. 그래도 여기가 시작이다.

내가 횡단보도 앞에서 잠시 숨을 고르는 동안 당신은 왼쪽으로 보이는 달동네를 흘끗 올려다본다. 당신은 서울역의 앞면만 알았지, 아무도 돌보지 않는 이쪽 뒷면은 처음일 것이다. 서울 한복판에 이런 곳이 남았는지 몰랐을 것이다. 기울어진 경사를 따라 마구잡이로 다닥다닥 지어진 붉은 벽돌집들은 금방이라도 이쪽으로 쏟아질 듯하지만, 그 상태로 낡아 간 지 아주 오래되었다. 한국에서 가장 비싼 아파트에서, 한국에서 가장 귀한 문화유산에서, 한국을 좌지우지하는 기관에서 이렇게 가까운데, 이렇게 아득히 멀다.

나는 이제 굽이굽이 언덕길을 오른다. 나야 미리 각오한 대로지만, 당신은 가파른 경사 앞에서 당황한 채 멈춰 선다. 점점 당신이 기대한 결말과는 멀어져 가는 것 같다. 이런 동네를 진심으로 좋아하는 여자가 있을까. 그러니까, 밀려난 것이 아니라 선택해서 여기에 사는 여자가 있을까. 당신은 그런 의문에 사로잡힐지 모른다. 그래도 여기까지 왔으니 별수 없다. 나를 계속 쫓을 수밖에.

다른 때였다면, 내가 당신에게 신경을 쓸 겨를이 있었다면, 나는 할머니 얘기를 나누며 걸었을 것이다. 이 오르막을 수천 번 올랐을 여자, 내가 한 번도 친하지 않았던 친할머니 김귀순 얘기를 꺼내지 않고는 못 배겼을 것이다. 이 동네 서계동은 내가 명절마다 왔던 '시골'이고, 내가 가려는 곳은 할머니가 돌아가시고 수년이 흐른 지금도 내게 여전히 '할머니 집'이니까. 하지만 오늘은 그럴 정신이 없다.

작은 슈퍼를 지나쳐 골목으로 쑥 들어가는 나를 당신은 겨우 따라잡는다. 띠띠띠띠. 나는 여느 자취방보다 크긴 할까 싶은 단층 벽돌집 앞에서 도어락의 숫자를 다급하게 누르고 있다. 당신은 문이 닫히기 전 몸을 밀어 넣는 데 성공한다.

당신은 보이는 것만 볼 수 있을 것이다. 나무를 어설프게 흉내 낸 비닐 장판과 거기 희미하게 남은 흙 발자국에서, 그럭저럭 흰색인 벽지와 거기 걸린 멈춰 버린 시계에서, 꽤 오래 비어 있었던 작고 궁색한 집이라는 결론을 내릴 것이다. 그뿐일 것이다. 나만이 이제는 거기 없는 것을 본다.

당신에게 잠시 내 눈을 빌려 줘야겠다. 어머니, 저희 왔어요. 설, 아니면 추석이다. 차가운 새벽 공기를 뚫고, 엄마가 어제 밤늦게까지 누구 도움도 없이 혼자 만들어 낸 나물과 전 따위를 나눠 들고서, 우리 가족이 이 집에 들어서고 있다. 집은 거의 바깥만큼 춥다. 보일러 틀고 사시라니까. 엄마는 살갑게 타박하며 보일러를 켜고, 귀순은 이제 막 코드를 꽂아 온기라고는 없는 전기장판 밑으로 가족을 불러 모은다.

어린 나는 귀순을 이해할 수 없다. 왜 엄마가 매달 부치는 생활비로 따듯하게 살지 않는지, 그런 수준이 아니다. 귀순이 짙은 전라도 사투리로 내가 듣건 말건 중얼중얼 늘어놓는 혼잣말에 가까운 이야기를 반도 따라가지 못하지만, 그런 문제도 아니다.

시선이 안방을 향하면 다른 잔상이 스친다. 엄마는 음식을 나눠 담고 나는 접시를 나른다. 귀순은 안방에서 그 접시를 나름의 원칙대로 놓고 있다. 상은 네 개, 접시도 네 개씩이다. 나는 아직 복잡한 가정사는 모르고, 네 개나 되는 제사상이 각각 어떤 조상을 모시는지도 모른다. 알고 싶지도 않다. 죽어 없어진 남자들을 위해 이 작은 집을 제사상으로 가득 채우는 할머니, 상 앞에서 차례차례 울음인지 기원인지 모를 것을 내뱉는 할머니, 정치와는 거리가 먼 아빠가 난데없이 대통령이 되게 해 달라고 빌고 또 비는 귀순은 내게 모든 면에서 기이한 수수께끼 같다.

부엌을 보면 할머니가 냄비에 물을 올리고 있다. 귀순이 떨리는 손으로 물에 풍당 집어넣는 은빛 금속 통, 당신은 저게 뭔가 싶어 몸을 앞으로 기울인다. 통 안에서는 다양한 길이와 굵기의 침이 팔팔 끓고 있다. 저게 귀순이 어떤 남자의 도움도 받지 않고 홀로 딸 하나 아들 셋을 길러 낸 비법, 귀순의 밥줄이자 정체성이다. 이 동네에서 귀순은 몇천 원씩 받고 불법으로 침을 놔 주는 **침 할머니**로 통한다. 나쁠 게 없다고? 한 번이라도 저 굵은 침에 머리 끝부터 발끝까지 찔려 보면 당신도 나처럼 어디가 아프다는 얘기는 입도 벙긋 안 하게 될 것이다.

다시 현관이다. 아가, 잘했다. 이번엔 귀순의 앙상한 손이 내 손을 무서울 정도로 꽉 쥐고 있다. 나는 손을 빼고 싶은 마음을 꾹 참는다. 나는 귀순이 보지 않는 사이 학교에서 큰 상을 받았다. 혹은 중간고사에서 좋은 성적을 받거나 대학에 입학했다. 내 자랑거리를 잊지 않고 읊어 주는 엄마 말에 귀순은 기뻐하면서도 잊지 않고 덧붙인다. 네 남동생이 그러면 좋았을걸. 귀순은 항상 나보다는 남동생을 오래 껴안고, 전기장판 밑에서 나온 꼬깃꼬깃한 오천 원짜리 지폐를 남동생에게만 준다. 곧 부럽지도 억울하지도 않게 된다. 그저 귀순이 얼른 날 놓아 주기만을 바랄 뿐.

여자면서 여자를 싫어하고, 전라도 출신이면서 전라도 사람을 욕하는 귀순, 그는 죽는 날까지 내게 낯선 여자였다. 귀순은 아무 전조도 없이, 병원 신세를 오래 지는 일도 없이, 바로 이 집에서 고요히 죽었다. 여기 거실에서 베개에 반듯이 고개를 뉜 채.

그때가 내가 진정으로 남자와의 결혼을 결심한 순간이었다. 2013년 8월 30일 여기서 멀리 떨어진 경기도의 한 추모공원에 귀순이 묻혔을 때, 내 가족 친지 사이에서 검은 양복을 입고 엄숙한 표정으로 고개를 숙인 남자를 이 집에 데려올 필요도, 귀순에게 소개할 필요도 없어졌을 때, 나는 드디어 장애물이 사라졌다고 느꼈다. 슬프지 않았다. 남자 없이 살아온 귀순의 인생을 이해하지 못한 채 나는 그런 질 나쁜 생각만을 했다.

할머니가 나한테 벌을 주는 건가. 그럴 리가 없는데도, 나는 그렇게 중얼거린다. 귀순이 그랬듯 한숨처럼 혼잣말이 새어 나온다. **괜히 이 집을 건드리겠다고 나섰나.**

당신은 내가 멍하니 회상에 빠진 게 아니라는 걸 지금에야 발견한다. 나는 이런 장면을 배경에 틀어 놨을 뿐 손을 바쁘게 놀리고 있었다. 어깨에 메고 온 검은 에코백에서 줄자를 꺼내 집 곳곳을 재는 중이었다. 이게 여기로 온 본 목적이니까. 빈 운동장에 그어진 금을 재기는 쉬울지 몰라도 칸칸이 나뉜 이 집은 까다롭다. 정확한 수치를 구하려면 집 모서리를 따라 신발장과 문틀과 창틀 같은 것을 일일이 더하거나 빼야 한다.

몇 번이나 다시 재도 결과는 다르지 않다. 그러니까, 이런 결말이다. 나는 온기 없는 더러운 바닥에 그대로 주저앉는다. 나는 오늘 아침부터 관공서를 돌아다녔고, 이미 여러 번 반복한 내 사정을 호소했고, 역시나 안 된다는 대답만을 들었다. 복잡한 건축법이 내 발목을 잡았다. 지푸라기라도 잡는 심정으로, 무슨 뾰족한 수가 있을까 해서 여기에 왔는데, 마지막 희망마저 꺼졌다.

문득 배가 고프다. 오후 4시가 넘었는데 하루 종일 아무것도 먹지 않았다는 걸 깨닫는다. 뭐든 먹어야 한다. 나는 그 생각만으로 몸을 일으킨다. 도어락이 저절로 철컥 잠기기 전 당신은 나보다 조금 더 남아 마지막으로 이 집을 눈에 담는다.

올라온 경사를 다시 내려갈 힘도 없는 나는 오르막 중턱의 카페로 향한다. 흑임자 라테랑 꿀 케이크 주세요. 제일 포만감이 들 만한 메뉴를 시킨다. 걸쭉한 음료를 허겁지겁 들이켜고 부지런히 포크를 움직여 케이크를 입으로 옮긴다. 그러고 나자 절망이, 허기가 가시기만을 기다렸다는 듯 밀려온다.

나는 일기라도 남기기로 한다. 사각거리는 느낌만은 연필이나 다름없는 전자펜을 들고 태블릿에 이렇게 적는다. 1년 동안 하고 싶어서 사람을 수소문하고 서류를 만들고 발품을 팔아 이곳저곳 돌아다닌 기획이 완전히 무너질 위기다. 내가 들인 모든 노력은 결국 다 더해 봐야 0이 될지도 모른다. 날짜는 2021년 3월 5일, 내가 공식적으로 이혼 절차를 마친 게 지난해 3월 20일이니 그럭저럭 1년이다. 그런데 이 꼴이라니. 이런 결론을 위해 그렇게 아등바등 발버둥 쳤다니.

이렇게 하고 싶은데, 왜 안 돼? 이렇게 원하는데, 이렇게 열심히 했는데, 이렇게 좋은 의도인데, 이렇게 좋은 사람들을 모았는데⋯ 나는 글씨가 뭉개질 정도로 빠르게 휘갈긴다. 너무 억울해서, 눈이 젖어 들고 있다.

당신에게 이런 마무리를 들려주려던 게 아니었다. 내가 생각해 온 끝은 이게 전혀 아니다. 뭘 생각했냐면… 나는 옆자리에 던져 놨던 에코백을 뒤져서 모서리가 너덜너덜해진 종이 뭉치를 꺼낸다. 3층 건물의 설계도다. 다양한 각도에서 본 단면도는 손에 닿을 듯 구체적인 그림을 그리고 있다. 나는 '할머니 집'을 모든 여자를 위한 집으로 만들고 싶었다. 여자 손으로 지어서 어떤 여자든 안심하고 모일 수 있는 집에 당신을 초대하고 싶었다.

 @gmail.com 2020년 5월 28일 (목) 오후 2:34

안녕하세요, 여성 공간 건축을 의뢰하고 싶은 유혜담이라고 합니다. 기본은 카페이지만 작은 페미니즘 행사나 세미나를 열 수도 있고 여자들끼리 네트워킹할 수도 있는, 다양한 가능성을 품은 공간을 만들고 싶습니다…

처음엔 믿을 수 없을 만큼 일이 잘 풀린다. 나와 같은 마음을 품은 페미니스트 친구들을 찾아 팀을 꾸린다. 우리는 건축에는 문외한이다. 무작정 **여성 건축가**를 검색한다. **여성 건축가로 사는 게 당신에게는 어떤 의미인가요?** 인터뷰에서 이런 질문을 받을 만큼 주목받는 건축가는 전부 어마어마한 거물이다. 대기업이나 공공 기관쯤은 되어야 일을 맡길 수 있을 것 같다. 이렇게 돈도 되지 않는 작은 프로젝트에 관심을 가질까 싶지만, 그래도 이메일을 뿌린다. 놀랍게도 이메일을 받은 건축가 전부가 답장한다. 현장까지 나와 나에게 조언해 준다. 자신이 아는 다른 여자 전문가를 소개해 주기도 한다. 기꺼이 일을 맡겠다고 한다. 여자로서 그 자리까지 우뚝 선 그들의 눈빛에서 나와 같은 목마름을 본다. 현실이라기엔 기적에 가깝다.

그중에서도 재원이 집을 설계해 주기로 한 건 더없는 행운이다. 내가 태어날 즈음 건축공학과에 입학해 굵직한 프로젝트를 맡아 가며 종횡무진 벽을 돌파해 온 재원이 때마침 안식년을 보내고 있지 않았다면 일어나지 않았을 일이다. 재원은 노련하면서도 경험에 갇히지 않고, 불굴의 꿈을 꾸면서도 필요할 때는 돌아서 갈 줄 안다. 무엇보다 매 순간 숨김없이 솔직해서, 나는 금방 재원을 좋아하게 된다.

그러나 나는 서계동 언덕을 올라오기 전 마지막을 예감하고 재원에게 장문의 카카오톡 메시지를 보내고 온 길이다. 이제 계약 관계를 해소해야 할 것 같아요. 재원을 잡아 두기엔 시간이 너무 많이 흘렀다. 계약 기간은 끝난 지 오래고, 인허가는 막다른 길에 부딪혔다. 재원이 소개한 여성 전문가들도 기약 없이 늘어지는 상황에 나가떨어졌다. 돈으로 환산할 수 없는 노력을 기울여 준 재원에게 죄책감만 느껴진다.

나는 다른 집을 가질 수도 있었는데. 나는 남은 꿀케이크를 괜히 포크로 퍽퍽 부수면서 생각한다. 케이크가 밑에 깔린 크림 위로 쏟아진다. 이런 고생을 하지 않아도 됐는데. 어쩌면 불가항력이다. 이런 순간마다 남자와 이혼하지 않았다면 어땠을지 떠올리는 건.

결혼의 본질은 이혼에 와서야 온전히 드러난다. 끝의 끝으로 갈수록 무엇이 남자와 나를 엮어 두고 있었는지 부정할 수 없다. 당신도 예상하듯 그건 사랑이 아니다. 감정은 물처럼 깔끔히 증발할 수 있지만, 합쳐진 계좌는, 얽힌 동업 관계는, 행정 기록은 그렇지 않다. 구질구질해지는 건 여기부터다. 남자는 곧 애정을 호소하기를 멈추고 흥정을 시도한다.

너도 집 한 채는 있어야 하지 않겠어? 이혼 직전이다. 난 마음을 굳혔지만, 아직 서류는 제출하지 않았다. 남자는 헤어져 줄 테니 서류상으로는 결혼 상태를 유지하자고 한다. 결혼 직후부터 내 이름으로 매달 10만 원씩 꼬박꼬박 넣었던 청약 통장 때문이다. 항상 사리에 밝았던 남자는 복잡한 계산식을 열심히 설명하는데, 복권 당첨과도 같은 아파트 청약에 우리는 굉장히 유리한 위치에 있으며, 결혼 상태를 5년에서 10년 정도 더 유지하기만 하면 서로 서울 시내 집 한 채씩 나눠 가질 수 있다는 결론에 이른다. 너도 손해 볼 거 없잖아.

손해 볼 게 없다면, 그건 아마도 내가 손해를 볼 만큼 봤기 때문일 것이다. 내가 잃은 걸 보상받을 길은 없다. 법적으로도, 공적으로도 그렇다. 알아보니 난 남자에게 제대로 된 보상을 받기는커녕 제발 협의이혼 해 달라고 빌어야 할 처지다.

나는 스크롤을 끝까지 내렸다가 다시 처음부터 읽는다. 법제처가 운영하는 생활법령정보 사이트의 명쾌한 설명에는 헷갈릴 여지가 없는데도. 이혼에는 협의이혼과 재판이혼이 있는데, 그건 남자가 이혼에 동의하지 않으면 재판정에서 내가 피해자임을 입증해야 이혼할 수 있다는 뜻이다.* 〈민법〉 제840조는 재판상 이혼 사유로 다음 여섯 가지를 규정하고 있습니다.[79] 그리고 나의 결혼은 그 여섯 가지 사유 중 어디에도 해당하지 않는 듯 보인다. 남자의 아버지에게 내가 맞았거나, 남자가 나의 어머니를 때리지는 않았으니까. 남자는 행방불명되지도 않았고 나를 굶기지도 않았으니까.

배우자에게 부정(不貞)한 행위가 있었을 때… 그나마 가장 가까운 항목을 꼼꼼히 뜯어봐도 그마저 불길하다. 부정행위인지 여부는 개개의 구체적인 사안에 따라 그 정도와 상황을 참작해서 평가됩니다.[80] 나는 평균적인 판사가 되어 내 정도를, 내 상황을 가늠해 보다가, 법률 상담 예약을 잡는다.

---

* 이는 한국이 유책주의fault-based 이혼법을 채택하고 있기 때문이다. 미국, 스웨덴, 호주 등 무책주의no-fault 이혼을 채택한 여러 국가에서는 특정한 사유 없이도 한쪽이 원하면 이혼할 수 있다. 그러나 일방적으로 이혼당한 후 고용 차별과 임금 차별 속에서 아이까지 홀로 키우게 된 여자들이 늘면서, 미국에서는 무책주의 이혼 도입 이후 여성 빈곤율이 급증하기도 했다. 이를 볼 때 여자를 옭아매는 사회와 문화와 구조를 그대로 내버려 두고서 제도만을 수선하는 건 무의미할 수 있다. (그레이엄, 더 등, 《여자는 인질이다》, 유혜담 번역, 열다북스, 2019년, p.158.)

…그럼 그 정도로는 증거가 안 되는 거네요?

나는 전화를 붙들고 최대한 침착하게 말하지만, 목소리에 미세한 떨림이 잡음처럼 섞여 든다. 상담 내용은 스마트폰으로 녹음되고 있다. 건너편의 여자 변호사가 침통한 목소리로 그렇다고 인정한다. 남자는 바람은 피웠어도 다른 상대와 성관계까지 가지는 않았으며, 아니 적어도 확실한 증거는 없으며, 목은 졸랐어도 진단서를 끊을 만한 폭력은 아니며, 꾸준히는 아니더라도 생활비를 입금했다. 그 정도면 법적으로 충분히 좋은 남편이므로, 변호사는 피 튀기는 법정 공방을 해 봤자 승산이 없다고 말한다. 애초에 극도의 피해자로 인정받아 봤자 위자료는 남자가 한 달에 버는 수입만큼도 안 될 것이다.

남편과 잘 말씀해 보세요. 혹시 모르니까 증거도 계속 수집해 두시고요. 그의 친절함에도 불구하고 아무것도 해결되지 않은 채 전화는 끊긴다.

내 손해는 증명하려 들수록 달아나는 손해다. 혹시 나 정도면 괜찮은 결혼인가? 남자 정도면 괜찮은 남자인가? 그러니까 우리 이혼은 손해도 피해자도 없이, 그저 성격 차이로 인한 자연스러운 헤어짐인가? 나는 지푸라기라도 잡고 싶은 심정으로 이혼 판례를 찾아 읽는데, 자기 결혼이 나쁜 결혼임을, 남자가 나쁜 남자임을 기어이 증명해 낸 여자들과 나를 비교하면 얼핏 그런 듯도

하다. 내 경우는 그렇게까지 나쁘지는 않은 듯도 하다.

그러나 더는 나를 속일 수 없다. 척하면 척이지, 나는 판례에 미처 적히지 않은 이야기까지 읽어 낸다. 피해는 한순간에 깊어지진 않았을 것이다. 그 여자들도 나처럼 서서히 발목부터 젖어 들었을 것이다. 남자는 때로 친절했을 것이고 그들도 결혼에서 좋은 점을 찾았을 것이다. 증거가 되지 못한 그들의 일상은 그렇게 나와 그리 다르지 않았을 것이다. 그들이 나보다 더 오래 견뎠을 뿐, 나는 조금 더 빨랐을 뿐.

걸어 다니는 피해 현장이 되고 나서야 법은 우리를 피해자로 인정한다. 그래도 나만은, 내가 벌써 피해자라는 걸 알고 있다. 더 깊이 들어가 삶으로써, 혹은 죽음으로써 입증하지 않아도, 나 자신이 이미 증거라고 직감하고 있다.

그래서, 어떻게 살고 싶어?

남자와 끝내기로 마음먹은 순간, 질문은 끝이 아니라 시작이다. 내가 피해자라면, 그리고 법적으로는 어떤 정의도 찾을 수 없다면, 그렇다면 실리라도 챙겨야 맞는 걸까? 나는 어차피 다시는 다른 남자와 결혼하지 않을 거라고 확신하고 있다. 남자가 제안한 대로 서류상 결혼을 유지해서 나쁠 게 뭐란 말인가? 집 한 채, 남자 옆에서 착취당하며 보낸 9년의 보상이 그 정도는 되어야 하지 않을까?

내가 어떻게 해야 한다고 생각해?

도저히 혼자는 결정하기 어렵다. 나는 아는 여자들을 불러낸다. 한 명에게, 두 명에게, 끝내는 내가 아는 모두에게. 전화를 걸거나 긴 메일을 보내기도 한다. 대부분은 친구라고 하기에도 민망하다. 남자와 결혼한 이후 멀어진 여자들, 혹은 남자 때문에 더 가까워지지 못했던 여자들, 나의 인맥은 형편없다. 그들은 내 결혼 생활을 오직 피상적으로만 안다. 일부는 내가 결혼했단 사실조차 모른다. 한 번도 제대로 이야기하지 않았다. 그러니까… 어떻게 생각하냐고 물으려면 처음부터 이야기해야 한다. 마침내 입을 열어야 한다.

카페에서 음료를 시켜 놓고 한참을 딴 얘기로 빙빙 돌다가, 머그잔 바닥이 보일 때까지 상대의 얘기에도 내 얘기에도 집중을 못 하다가, 죽을힘을 내어 겨우 말을 꺼낸다. 사실…

결혼 이후 집안일은 한 번도 안 했어. 모든 걸 나한테 기대면서도 날 남편 돈으로 노는 여자 취급했어. 가끔 공동 계좌를 확인하면서 왜 돈을 낭비하냐고 날 다그쳐. 한 끼 식사에 몇십만 원을 안 아까워하는 건 자기면서. 새벽에도 깨워서 자기 성기를 내 입에 집어넣기도 해. 그 짓을 안 해 주면 이혼 사유라고 해. 바람을 피웠어. 9년 전의 내가 떠오르는, 어리고 취약한 여자애랑. 둘이 한 카톡을 봤는데, 예전에 나한테 했던 달콤한 말을 그대로 똑같이 하고 있더라. 걔한테 300만 원을 부쳤대. 굶지 말고 도시락을 사 먹으라고. 그 여자애가 밉지는 않았는데, 갑자기 내가 초라하게 느껴졌어. 아무것도 아닌 것처럼. 그러고도 계속 살았어. 그런 취급을 받고도…

이야기는 두서없다. 그런데도 시작하니 잘 멈춰지지 않는다. 가속도가 붙는다. 나는 기승전결도 없이 생각나는 대로 일화를 추가한다. 처음으로 바깥으로 나온 이야기는, 분명 내 것인데도 남의 것 같다. 이야기는 나에게서 완전히 분리되어, 나는 한 발짝 떨어져서 나를 보게 된다. 내 이야기는 속으로 생각할 때보다 더 평범하고, 더 보잘것없고, 동시에 더 심각하다.

나는 이야기를 웬만큼 마치고 나서야 건너편에 앉은 여자의 눈을 볼 용기를 낸다. 그가 어떤 반응을 보일지 두렵다. 내가 겨우 이런 여자라는 데 실망했을까. 흔해 빠진 결혼 이야기가 그저 지루했을까. 그리고 나는 그의 눈에서 생각지도 못한 것을 본다. 내가 방금 남긴 상처다. 그는 충격과 경악 속에서 칼에 찔린 듯 고통스러워하고 있다.

왜… 왜 나한테 말 안 했어?

나는 말문이 막힌다. 그게… 수백 가지 이유를 댈 수도 있지만, 그 수백 가지 이유가 그를 더 아프게 하리라는 것을 안다. 남자가,

남에게 자기 얘기를 하는 게 싫다고 했어. 너와 얘기하는 순간에도 내 핸드폰을 낱낱이 확인할 남자를 의식하고 있었어. 너무 익숙해져서 이상한 줄도 몰랐어. 너한테는 계속 멋진 언니로 보이고 싶었어. 네가… 궁금해할 줄 몰랐어. 네가 날 사랑하는지 몰랐어.

그새 그는 눈물을 훔쳐 내며 질문을 거둔다. 미안, 언니가 제일 힘들 텐데. 그는 내가 어떻게 살아야 할지 답을 내려 주지도 않는다. 조심스럽게 자기 의견을 내고, 나는 참고하지만, 그는 결국 양쪽 다 일리가 있다고 한다. 뭐든 언니가 생각해서, 언니가 하고 싶은 대로 해. 결혼 상태를 유지하고 싶으면 그렇게 해.

그게 나에게는 충분한 답이다. 후회하지 않겠어? 남자는 마지막 기회를 주듯 묻는다. 집 한 채가 걸린 질문이다. 억대의 돈이 눈앞에 왔다 갔다 한다. 나는 잠시, 마지막으로 딱 한 번 더 고민한다. 후회해도 괜찮아. 후회하더라도 이혼하고 싶어.

직장을 다니던 시절 나는 점심 먹고 산책할 겸 근처 모델하우스를 구경하기도 한다. 들어가자마자 보이는 커다란 지도는 이 아파트가 얼마나 모든 면에서 입지가 좋은지 광고하고, 앙증맞게 조명까지 들어오는 아파트 모형은 그 안에 쏙 들어간 남자와 나를 상상하게 한다. 뷰와 교통, 인프라와 투자가치, 잘 빠진 평면과 최신 스마트 시스템. 상담사는 그런 단어들로 혼을 빼 놓으며 인테리어 전시관으로 날 데려간다. 아직 지어지지도 않은 미래의 아파트 한 채를 오려다 붙여 놓은 그곳은 누구나 꿈꾸는 완벽한 삶의 전시관 같다. 우리 여기 살까? 아파트를 살 돈은커녕 걸어 놓을 계약금조차 없던 때지만 나는 사진을 보내며 남자에게 장난스럽게 묻는다. 구매한다는 것인지 거주한다는 것인지, 산다는 말은 항상 모호하다.

우리 결혼이 어디론가 달려가고 있다면 바로 거기라고 생각해 왔다. 지어진 지 30년도 넘은 경기도 외곽 아파트에서 월세로 살면서, 물이 나오는 모든 구멍마다 녹물 필터를 달고 집주인 취향의 못생긴 나비 무늬 벽지를 견디면서, 청약 통장에 자동이체로 매달 10만 원씩 채워 넣고 청약 가점을 계산해 보면서, 남자와 나는 서울 중심부를 내려다보는 쾌적한 새 아파트를 꿈꿨다. 우리는 결국 그렇게 목표가 분명한 경제 공동체였다. 이제 그런 집은 영영 살 수 없게 된다면.

청약 신청하시는 분은 현재 배우자가 있으십니까?[81]

주택도시기금이 운영하는 청약가점계산마법사의 여섯 번째 질문이다. 배우자 없이 혼자 벌어 혼자 사는 불안정을 무시한 채, 청약가점 제도 아래 배우자는 얼마를 벌든 서로의 부양가족 취급을 받는다. 여기서 예를 클릭하면 소중한 가점 5점이 추가되면서 감춰져 있던 다음 질문이 마법처럼 등장한다.

청약 신청하시는 분은 만 30세 이전에 혼인을 하셨습니까? 만 23세에 결혼한 나는 여기서도 예를 클릭할 수 있다. 모두에게 기댈 만한 원가족이 있지 않은데도, 국가가 주택이 필요한 성인으로 여기는 건 만 30세부터다. 하지만 결혼했다면 얘기가 달라진다. 이혼을 앞둔 2020년에도 만 29세에 불과한 나는 무주택 기간을 6년 넘게 쌓았고, 결혼한 적 없는 같은 나이 친구들보다 1년에 2점씩 14점이나 유리하다.

그러고 나면 모습을 드러내는 마지막 질문. 배우자분이 현재 동일 주민등록등본에 등록되어 있습니까? 결혼 유지 여부를 묻는 것이 아니라 좀 더 까다로운 경우를, 주소가 다른 배우자와 그 가족의 무주택 요건을 확인하는 것임을 안다. 그래도 결혼 이후 항상 남자와 같은 등본으로 묶여 온 나로서는 질문이 의미심장하게 들린다.

아니요. 나는 마침내 선택한다.

입 밖으로 내 보기 전까지는 결코 모를 것이다. 아니요가 예보다 얼마나 어려운 답인지. 내가 혼인신고를 했던 S시 시청은 넓은 유리 통창으로 빛이 쏟아져 들어왔다. 번호표를 뽑고 오래지 않아 순서가 왔고, 5분도 안 돼 우리의 결혼은 공식화됐다. [혼인신고 하는 법] 혼인신고서 양식, 작성 방법, 준비물 완벽 정리. 결혼한 다른 여자들이 단계별로 차근차근 사진까지 올려놓은 블로그 글을 참고해 놓치기 쉬운 내용을 미리 점검한 덕분이었다.

법원으로 가 주세요. 택시는 나와 남자를 경기도 전체에 두 곳밖에 없는 지방법원으로 데려다 놓는다. 내가 아는 건 여기까지다. 협의이혼 합의서를 제출하기 전날, 나는 혼인신고 때처럼 구체적인 팁을 검색하다가 당황한다. 결혼 블로그는 있어도 이혼 블로그는 없다. 아무리 페이지를 넘겨도 영업을 뛰는 이혼 전문 변호사들의 딱딱하고 사무적인 설명만 나온다. 그래서 화살표조차 제대로 그려지지 않은 법원 안을 헤맨 후에야, 좁고 후미진 계단을 올라 신고처에 도달한다. 창문도 없고, 공기는 텁텁하고, 편히 앉을 곳조차 없다. 여기가 맞나 싶지만 **이혼 신청**이라는 작은 글씨가 시트지로 똑똑히 붙어 있다.

날짜를 바꿀 수는 없는 거예요? 신청을 받는 창구는 단 하나, 우리보다 먼저 온 여자와 남자가 사정을 호소하고 있다. 아기 띠를 앞으로 맨 여자는 내 또래거나 나보다 어려 보인다. 아기는 머리가 민숭민숭하고, 걷기도 전 같다. 남자는 택배회사 로고가 찍힌 조끼를 입고 있다. 바로 이혼할 수는 없고 숙려기간이 있다는 것, 앞의 여자처럼 아이가 있으면 3개월, 나처럼 없으면 1개월이라는 건 알고 있었다. 그러나 확인기일이 그렇게 일방적으로 정해지는지는 몰랐다. **네, 못 오시면 다음 날짜로 밀리고 두 번 안 오시면 다시 신청하셔야 해요.** 그들은 단호하면서도 건성인 담당 직원 말을 듣고 눈앞에서 사라진다. 그들이 과연 이혼에 성공했을지는 영영 알 수 없는 일이 되어 버린다.

나는 나에게 주어진 확인기일을 스마트폰 달력에 표시한다. 빨리 처리해 버리고 싶지만, 첫 번째 기일에는 바꿀 수 없는 일정이 있어서 한 달 반도 넘게 남은 두 번째 기일에 오는 수밖에 없다. 남자에게 꼭 와야 한다고 당부한다. 마지막 순간에 남자가 마음을 바꾼다면, 무슨 급한 일이라도 생긴다면 우리는 이 창구로 와서 다시 처음부터 시작해야 할 것이다.

> [Web발신]
> ***코로나 19 확산으로 인하여
> 협의이혼 확인기일 시간
> 변경되었습니다. 변경된 확인기일
> 안내해드립니다.***

그러나 코로나바이러스가 본격적으로 기승을 부리기 시작하자 법원은 일방적인 문자 한 통으로 확인기일 변경을 알리고, 그 날짜마저 한 번 더 밀린다. 그래서 이혼 신청으로부터 두 달도 넘게 지난 2020년 3월 20일 금요일이 나의 **탈혼기념일**이 된다. 나는 남자보다 조금 일찍 도착해 배경으로 법원이 보이게 셀카를 한 장 찍는다. 그냥 그러고 싶다.

드디어, 법정 안으로 들어선다. 오늘이 나만의 기념일은 아닌

듯하다. 길쭉한 나무 의자 여러 열과 급하게 놓인 듯한 접이식 의자는 이혼하려는 사람들로 꽉 차 있다. 앉을 자리가 없어 벽에 기대어 선 사람들도 많다. 나는 뒷줄 벽에 자리를 잡으며 그들을 훔쳐본다. 이혼을 앞둔 다른 여자들을 본다. 막연히, 좀 더 젊을 줄 알았다. 대부분 나의 엄마뻘이다. 그들은 울거나 하지 않는다. 그저 조금 피로해 보인다. 그들은 내가 겪은 일을 대체 몇 년이나 더 견딘 걸까. 견딘 끝에 무엇을 잃고서, 더는 잃을 수 없다는 용기가 솟아났을까. 나는 간절히 그들의 행복을 빈다. 그래야 나도 행복할 수 있을 것 같다.

선생님, 이런 건 반입 불가세요!

바깥에서 갑자기 소란이 인다. 문에 가깝게 선 나는 슬쩍 내다본다. 법정에 들어오기 전 무조건 거쳐야 하는 보안검색대 쪽이다. 얼굴이 취기로 불그스름한 노년의 남자가 법원 경비대와 대치하고 있다. 경비대는 남자의 가방을 뒤지고, 녹색 소주병 사이에서 찾던 것을 찾는다. 남자는 신문지에 싼 식칼을 가방에 품고 있었다. 식칼을 압수당한 남자는 들어와서 무리 어딘가에 껴 주의사항과 절차를 나와 함께 듣는다. 간담이 서늘해진다. 한때 친밀했던 남자 손에 살해당한 여자는 그 해 언론에 보도된 것만 최소 97명이다.[82] 무언가를 가까스로, 아슬아슬하게 피했다는 느낌을 지울 수 없다.

자의로 이혼하기로 한 거 맞으시죠? 이름이랑 주소 한 번 불러 주세요.

남자와 옆자리에 앉는 건 이게 정말 마지막이다. 높은 단상 위 판사는 편의점에서 바코드를 찍는 점원처럼 단조로운 태도로 확인한다. 나는 의자 끄트머리에 앉아 작게 목소리를 가다듬은 후, 마이크를 입 가까이 조정한다. 네, 맞습니다. 제 이름은… 나와 남자가 나가고 나면 밖에서 순서를 기다리는 다른 여자와 다른 남자가 들어올 것이고, 판사에게는 우리가 끝없는 이혼 행렬로만 보일 것이다. 그래도 이런 지겨운 요식 행위를 거치지 않으면 누구도 탈혼할 수 없다. 그렇게 설계되어 있다.

끝인가? 아니, 아직. 그 모든 절차를 거쳐 손에 넣은 이혼신고서를 귀중하게 들고 시청에 가서 제출하고 나서야 나와 남자는 공식적으로 남남이 된다. 내가 서류를 내는 시청의 창구는 혼인신고를 처리하는 곳이기도 하다. **시장님과 함께하는 특별하고 유쾌한 혼인신고 기념 인증샷.** 기다리는 동안 나는 시장과 함께 혼인신고 기념사진을 찍게 해 준다는 홍보물을 물끄러미 본다. 사진 속에서 여자는 붉은 원잠과 족두리를, 남자는 사모관대를 차려입고, 곤룡포를 두른 시장 옆에 앉았다. 공무원들이 이들을 둘러싸고 손뼉을 치고 있다. 섬뜩하다.

덫, 올가미, 함정, 트랩. 들어가긴 쉽고 나오긴 불가능에 가깝게 설계된 구조를 그렇게 부른다면, 누구도 결혼이 덫이 아니라고는 못 할 것이다.

다 되셨어요. 공무원은 나를 힐끗 보면서 관성적으로 답한다. 나는 재차 확인한다. 이제 정말 다 된 건가요? 믿기 힘들다. 아, 처리하는 데는 **며칠 걸릴 거예요.** 그는 키보드를 두드리며 그렇게 덧붙인다.

정말이다. 며칠 후 가족관계증명서를 떼 보니 배우자로 따라 나오던 남자의 정보가 완전히 사라졌다. 그렇다고 다 된 걸까? 인휘야, 이제 정말 행복할 일만 남았다. 카카오톡으로 이혼 '인증샷'을 보내자 친구들의 다정한 답변이 돌아온다. 그런 걸까, 정말?

나는 재해가 끝난 집을 돌아보며 피해를 가늠하는 사람 같다. 창문은 다 깨졌고 뭐 하나 제대로 서 있는 기둥이 없다. 손해는 이제 기정사실이 되었다. 나는 내가 잃은 것들을 센다. 아니, 남은 것들을 세는 쪽이 빠르다.

내게 남은 것. 가족. 뭐하러 따로 집을 구해, 방도 비는데 일단 들어와. 엄마의 말대로 난 결혼 전 살던 본가로 돌아와 때마침 입대한 남동생 방에서 지낸다. 내 짐을 놓을 자리는 거의 없지만, 엄마와 할머니와 동생 윤희는 변함없이 따뜻하다.

멀쩡한 육체와 정신. 아침이면 일어나고 밤에는 잔다. 내 손으로 숟가락을 뜨고, 내 두 발로 걸어 다닌다.

배워 놓은 기술. 몇 달 후까지 넘겨 주기로 한 번역 원고가 있다. 영어를 읽고 한국어로 옮기는 일. 내가 곧잘 하는 것. 내가 이혼을 했건 안 했건 거기엔 다행히 변화가 없다.

그리고 계좌에 남은 돈. 이혼할 때 남자와 반반을 나눴다. 서울 시내 오피스텔 전셋돈도 안 되지만, 그래도 당장 굶을 정도는 아니다.

그거 외엔 아무것도 남지 않은 것처럼 느껴진다. 그거라도 남은 게 어디일까? 내게 남은 것마저 일제히 삐걱거리는 것처럼 느껴진다면.

난생처음 바깥공기에 닿기라도 한 듯 살갗이 비명을 지른다. 걸음걸이마저 어색하다. 고작 엄마와 함께 동네 대형마트에 왔을 뿐인데, 이혼 전에도 늘 있던 일인데, 대체 왜. 왔다 하면 한 번에 몇십만 원은 우습게 쓰던 나는 이제 멍하니 카트를 밀면서 거의 아무것도 담지 않는다. 그러다 생딸기 과육이 살아 있는 주스가 50% 할인 중인 것을 본다. 아, 걔가 저거 좋아하는데. 무심코, 반사적으로 주스병을 집으려다 멈춘다. 뭘 사야 할지 모르겠다. 남자가 좋아하는 걸 빼면, 남자에게 필요한 걸 빼면, 사고 싶은 게 없다.

나는 출판사 사람들과 만나 백반집에서 점심을 먹는다. 이혼 전이었다면 이렇게 집에서 먼 곳까지 나오기 힘들었을 것이다. 나왔더라도 남자를 의식해서 핸드폰을 손에서 놓지 못했을 것이다. 떨치지 못한 습관으로, 나는 핸드폰 측면 버튼을 눌러 알림을 확인한다. 남자에게선 아무 메시지도 없다, 당연히. 불안해 할 이유가 없어진 후에도 여전히 불안하다면. 그때 편집자가 살갑게 말을 붙여 온다. 혜담 님, 아침 늦게 드셨어요?

네? 나는 어리둥절해서 밥그릇을 내려다본다. 아, 잘 못 드시는 것 같아서요. 다들 공깃밥을 추가해 가며 먹는 동안 나는 반도 못 먹었다는 걸 깨닫는다. 좀 퍼지기까지 한 흰쌀인데도 목구멍을 긁고 내려가는 느낌이 모래알처럼 거칠다. 남자와 식사할 때를 생각한다. 남자가 뭔가가 맛있다고 하면, 남자가 눈을 감고 맛을 음미하면, 안심되면서 나도 식욕이 돌곤 했는데. 이제 맛이라는 감각마저 멀어진 듯하다면.

본가로 돌아와 보내는 첫 설 명절에, 나는 가족들을 끌고 온천 여행을 가기로 한다. 아직 코로나바이러스가 본격적으로 퍼지기 전이다. 때마침 남자 가족들은 전부 해외 근무지로, 혹은 군대로 떠나 버려 여자 넷이서 오붓하다. 우리 가족만 들어올 수 있는 노천탕에 누워서 밤하늘의 별을 올려다본다. 너무 호강하네. 인휘 덕분에 올 설엔 음식도 안 하고 너무 좋다. 엄마 혜서와 할머니 옥상은 연신 내게 고마워한다.

고마워하지 마. 그냥 깽값이라고 생각해. 냉소적인 농담에 어느새 진심이 섞여 버린다. 또 남자가 생각난다. 엄마가 집을 치워 주러 오면 청소기 소리가 시끄럽다고 보는 앞에서 문을 쾅 닫아 버리던 남자가, 외할머니가 해 주신 갈비찜을 맛있다는 말 한마디 없이 스마트폰 게임을 하며 건성으로 먹어 치우던 남자가. 그리고 내가 그걸 가만히 뒀다는 사실이. 남자를 사랑한 나머지 날 사랑하는 여자들은 안중에도 없었다는 사실이. 나는 따뜻한 온천물을 손으로 떠서 얼굴에 끼얹으며 몰래 눈물을 지워 낸다. 그래도 죄책감은 좀처럼 지워지지 않는다면. 나한테 고마워하지 마, 아무튼.

인휘야, 진짜 상담받아 봐. 문득 생각난 남자와의 일화를 지나가듯 말했을 뿐인데 소담 언니의 낯빛은 희게 질렸다. 한샘은 못 견디겠다는 듯 고개를 다른 쪽으로 돌리고 있다. 이게 그렇게 심한 건가? 나는 얼떨떨하다. 수십 번도 더 일어난, 이제는 아프지도 않은 일. 더 심한 일도 많았다. 아니, 아픈가? 이게 아픈 건가? 나는 상처를 문질러 보다가 결국 정신과 예약을 잡는다.

나는 본가가 있는 경기도 중소도시의 어느 정신과에 간다. 겹겹의 아파트 단지 한가운데, 대형마트 바로 길 건너편에 있는 이곳이라면 결혼으로 고통받는 여자가 많이 올 테고, 내 사정을 잘 이해해 주리라 기대했다. 나는 의사 앞에 앉아 남자에게 겪은 가장 심한 일들을 이야기한다. 친구들에게 몇 번을 반복한 이야기인데도 여전히 목소리가 떨린다.

의사는 고개를 갸웃하더니 내가 아니라 남자의 정신적 문제를 분석하기 시작한다. 남자의 엄마에게 문제가 있다고 말한다. 인휘 씨는 엄마와의 관계가 어떤가요? 나는 좋다고, 엄마는 항상 내 편이라고 말한다. 그러자 의사는 공식처럼 명쾌하게, 모든 게 풀린 것처럼 해설한다. 인휘 씨가 엄마한테 받은 사랑을 남편분께 나눠 줬다고 생각하세요. 나는 다시는 그 정신과로 돌아가지 않지만, 그 말만은 계속 기억난다. 때로는 그렇게 넘겨 버리는 게 차라리 마음이 편할 듯하다면.

꿈을 꾼다. 여러 종류의 꿈을. 식당이다. 나는 새로 사귄 친구들 여럿과 모여 웃고 떠든다. 그때 갑자기 남자가 들어와 합석하려고 한다. 나는 남자에게 가라고 하지만, 남자는 내 말을 듣지 않는다. 분노가 치민다. 나는 식탁 위의 쇠젓가락을 들고 남자의 가슴팍에 내다 꽂는다. 아니, 그러려고 한다. 안간힘을 다해 몇 번을 찔러도 피가 나기는커녕 남자는 느물거리는 미소를 지을 뿐이다. 나는 깨어나 숨을 거칠게 쉰다. 대가를 치르게 할 수 없다면. 꿈에서조차 복수는 불가능하다면.

그래도 가장 기분이 더러워지는 꿈은 그게 아니다. 꿈속에서, 나는 다시 남자를 사랑하고 있다. 남자와 따듯한 욕조에 앉아 물장난을 친다. 나는 남자를 보며 부드럽게 웃는다. 내 시선은 남자의 행동 하나하나를 따라간다. 그 감각이 돌아왔다. 내 안이, 내 주변이, 내 자체가 지워지고 남자만으로 빠듯하게 가득 차는 그 느낌, 그 행복감, 그 충만함. 그리고 밖으로 내던져지듯 나는 다시 현실로 돌아온다. 분명 돌아가고 싶지 않은데, 돌아가고 싶은 사람처럼 계속 그런 꿈을 꾼다면.

물론 나는 나아진다. 앞으로 나아간다. 역시나 여자들 덕분이다. 가족들, 이전부터 알았지만 다시 더없이 친밀해진 친구들, 새롭게 사귄 페미니스트 친구들과 그 친구들의 친구들의 친구들… 인맥은 끝없이 뻗어 간다. 나는 남자 하나로 채웠던 자리에 몇 명이나 들어갈 수 있을지 시험하듯 사람을 만난다. 때로는 밤늦은 술자리에 섞여서 남자 얘기는 단 한마디도 하지 않고 별거 아닌 일로 한바탕 웃는 것만으로도 낫는 기분이 든다. 이 좋은 걸 여태 안 하고 살았다니.

사실 나 최근에 이혼했어. 그래도 더 친해지기 위해서는 이 말을 꼭 해야만 한다. 농담처럼, 너무 부담스럽지는 않게. 그 말을 꺼낼 때의 긴장감은 서서히 옅어지지만, 완전히 사라지지는 않는다. 친구의 눈동자가 비틀거린다. 언니, 결혼했었어? 아니, 언제… 아니, 왜?

나는 내 인생을 최대한 유쾌하게 들려주려고 한다. 하, 좀만 일찍 각성했어도 결혼 안 하는 건데, 개 아까워. 그렇지만 끝날 때까지 그저 유쾌하기만 할 방도는 없다. 친구의 질문을 따라가다 보면 꼭 묻어 두었던 기억이 발굴된다. 분위기는 무거워지고, 얼굴이 자연스레 일그러진다. 내가 다 망쳤을까 봐 조마조마하다. 그때 친구가 입을 뗀다. 언니, 나도 사실…

친구가 들려준 이야기는 꼭 내 얘기와 같은 꼴은 아니다. 그렇지만 우리의 공통점은 충분하다. 친구는 남편에게, 남자친구에게, 아빠에게, 오빠에게, 남동생에게, 남자 선생님에게, 그것도 아니면 지나가는 낯선 남자에게 어떤 일을 당했는지를 말한다. 여자라서 겪은 일이 자신에게 어떤 고통이었는지를 말한다. 친구의 얼굴에서, 이 얘기를 언젠가는 꼭 해 보고 싶었다는 걸 알 수 있다. 내가 용기를 내어 내 이야기를 하지 않았다면, 이 얘기를 듣지 못했을 거라는 것도. 내가 눈물 속에서 개운해 보이듯, 친구도 개운해 보인다. 그 순간이 내게는 전부다. 내가 겪은 일이 아주 의미가 없지는 않았다는 확신이다.

나는 그런 순간이 지나가 버리는 게 아니라 물리적인 형태를 갖추길 바라게 된다. 더 많은 여자에게 내 얘기를 들려주고, 더 많은 여자의 얘기를 듣고 싶어진다. 그래서 책을 쓰기 시작하고, 그래서 여성 공간을 짓겠다고 마음먹는다. 남자와 반씩 나눠 가진 돈을 친할머니 귀순이 남긴 집을 재건하는 데 쓰기로 한다. 나는 이혼 후 1년을 정신없이 바쁘게 보낸다.

그랬는데, 다시 여기다. 서울역에서 가까운, 서계동 오르막 중턱의 카페. 나는 두툼한 설계도 뭉치와 태블릿을 에코백에 집어넣고 한쪽 어깨에 멘다. 남자를, 결혼을 대체할 수 있다고 믿었던 것들이 전부 사라진 기분이다. 그 언제보다도, 이혼 직후보다도 막막하다. 그래도 배를 채웠고 눈물은 다 말랐다. 가족들이 기다리는 본가로 돌아가야 한다.

카페를 나와 내리막을 걷는 와중에 주머니에서 핸드폰의 진동이 느껴진다. 나는 한숨을 쉰다. 보지 않아도 알 수 있다. 남자다.

나는 이혼 후에도 하루 3시간씩 남자의 편집자로 일한다. 남자가 쓴 웹소설 원고를 검토하고 앞으로의 전개를 구상한다. 처음엔 이혼을 위한 선택이었다. **최소한 완결 날 때까지는 도와줘야지. 난 뭐 먹고 살라고.** 남자는 원만하게 협의이혼 해 주는 대신 이혼 후에도 하던 일을 계속해야 한다는 조건을 걸었다. 내 손을 거치지 않으면 남자의 소설은 인기와 완성도를 유지할 수 없지만, 정산 비율은 2:8. 빨리 이혼하고 싶은 마음으로, 오랜 결혼 생활로 흐려진 판단으로 나는 남자가 나의 네 배를 버는 계약서에 사인했다.

대신 정해진 업무 시간에만 연락해야 해. 일 얘기 외에 개인적인 얘기는 하지 말고. 찾아와서 위협하지도 말고. 스트레스 받는다고 나한테 폭언하지 말고. 안 그럼 그만둘 거야. 그게 좋은 조건으로 보일 만큼 나는 푸대접에 익숙했다. 그리고 실제로, 그 조건만으로 내 삶은 확연히 나아지긴 했다.

그다음은 일종의 타협이었다. 이혼이 마무리됐으니 이혼을 담보로 한 어떤 계약도 유효할 리 없지만, 그래도 나는 뭘 해서든 돈을 벌어야 하고, 통장에 매달 안정적으로 꽂히는 수익을 포기하기는 쉽지 않았다. 나는 이 일을 수익이 짭짤한 '꿀알바'라고 여기기로 한다. 내 책을 쓸 시간을 내려면, 집을 짓기 위해 여기저기 돌아다니려면, 번역 일을 새로 찾기보다는 남자의 소설을 봐 주는 편이 나았다.

그래서 나는 남자가 나에게 저지른 최악의 일을 헤집어 내 쓰다가, 업무 시간이 되면 다른 창을 열어 남자와 대화한다. 아예 창을 왔다 갔다 하기도 한다. 남자와는 철저히 웹소설 얘기만을 나누지만, 가끔은 과거의 남자와 현재의 남자가 교차한다. 그런 날은 어김없이 얕은 잠을 자고, 거미줄처럼 투명한, 그러나 턱없이 강력한 주술이 나를 잡아당기는 것처럼 번쩍 깨어난다. 나는 정말 남자에게서 탈출한 게 맞을까? 이게 맞을까? 내가 또 나를 속이고 있는 건 아닐까?

그래서, 어떻게 살고 싶어? 마음속을 맴도는 질문에 답을 찾으려 이혼까지 했는데도, 아직도, 여전히 제대로 살아가고 있는 것 같지 않다면, 대체 뭘 위해 나는 이혼해야 했던 걸까.

그래도 후회 안 해? 남자의 얄미운 목소리가 귓가에 울리는 듯하다. 나는 남자가 카카오톡으로 보낸 초고를 스마트폰의 작은 화면으로 읽어 내리며 서울역을 향해 터덜터덜 걷고 있다. 남자의 말대로 이혼을 후회하게 된다면, 지금만큼 후회해야 마땅한 타이밍도 없을 것이다. 그러나 모든 것이 무산되고 나서도, 하얗게 불탄 자리에서도 나는 매번 끝없이 샘솟는 살아갈 의지를 감지한다. 그건 투지에 가깝다. 절대 후회 안 해, 그래도, 그래도.

서울역에 접어든 나는 집을 설계해 준 재원과 나눴던 이야기들을 곱씹는다. 쓸 사람의 이야기를 듣지 않으면 좋은 집을 지을 수 없어요. 좋은 건축가를 찾아 일을 맡기기만 하면 그의 머릿속에서 최적의 설계도가 뿅 튀어나올 줄로만 알았건만, 집은 그렇게 지어지지 않는다. 적어도 재원은 그렇게 일하지 않는다. 좋은 집을 지으려면 좋은 집을 상상할 수 있어야 한다. 그리고 집을 상상한다는 건 그 안의 삶을 상상하는 것이나 다름없다. 아주 구체적인 상상에 도달하기 위해 우리는 자주 만나 깊은 얘기를 나눈다.

창문은 어디에 두고 싶으세요?

한번은 재원이 나에게 묻는다. 그걸 제가 결정할 수 있는 거예요? 나는 당황한다.

여태 누가 이미 지어 놓은 집에서만 살아왔다는 걸 그때야 깨닫는다. 정해진 창문의 위치를 단 한 번도 의심해 보지 않았다. 재원은 묻고 또 묻는다. 내가 한 번도 생각해 보지 않은 문제를, 외장재나 조명, 벽 위치나 계단 위치처럼 당연한 삶의 조건으로 그저 적응했던 것을 백지에서부터 고민하게 한다.

난 어떤 집을 원하는 걸까? 상상에 제한이 없지는 않다. 할머니가 남겨 준 땅은 겨우 열 평 남짓이고, 용적률이니 건폐율이니 하는 알지도 못했던 규정들이 거미줄처럼 촘촘히 우리를 둘러싸고 있다. 입지도 문제다. 서울역에서 가깝다지만 가파른 경사를 올라야 하고, 낡고 조용한 주택가 뒤편에 숨어 있어서 공간을 만든다고 한들 누가 찾아올까 싶다. 완벽한 꿈의 집을 가질 수 없다는 건 이미 너무도 명확하다.

그래도 일단 상상해 보는 거죠. 타협은 나중이고요. 재원의 말대로다. 난 점점 구체적으로 상상할 수 있게 된다. 여자들끼리 모여서 누구 눈치 안 보고 마음 편히 자기 이야기를 할 수 있는 집이면 좋겠어요. 모르는 사인데도 평생 알았던 것처럼 친해져서… 내가 아무것도 원하지 않았다면, 아무 상상도 하지 않았다면 난 무엇에 제약받고 있는지조차 몰랐을 것이다. 내가 어떤 집을, 어떤 삶을 원하는지조차 생각해 보지 않은 채 살아갔을 것이다. 일이 어떻게 되더라도 그건 변하지 않는다.

3월도 벌써 끝물이다. 더는 기다릴 연락도 없어진 나는 이렇게 된 김에 제주도로 여행을 다녀오기로 한다. 혼자 하는 여행은 처음이다. 나는 아무런 계획표도 없이, 비행기 표와 숙소만 예약하고 떠난다. 발이 닿는 대로 움직인다. 천제연 폭포의 투명하도록 맑은 청록색 못을 질릴 때까지 바라보고, 지나가는 관광객에게 부탁해 사진을 남기고, 푸른 녹차밭을 보며 향이 깊은 차를 즐기고, 편의점 삼각김밥만 먹고서 숨이 찰 때까지 인적 드문 올레길을 걷는다. 내 스마트워치에는 그날 하루 무려 18,876걸음을, 거리로는 11.79km를 걸었다고 찍힌다.

내가 이틀 동안 머물기로 한 유스호스텔은 화려하지는 않다. 남자와 함께 다녔던 으리으리한 호텔과는 숙박비가 열 배 이상 차이가 나니 당연하다. 그러나 구석구석이 야무지게 관리되고 있고, 누구의 눈치를 볼 필요도 없고, 내가 좋아하는 과자와 맥주 한 캔으로 마무리하는 하루는 완벽히 만족스럽다.

4월의 첫날인 다음날 나는 조금 일찍 눈을 뜬다. 시계를 보니 새벽 여섯 시, 어제 종일 걸어 온몸의 근육이 비명을 지르고, 제주의 바람이 창을 거세게 뒤흔드는 탓이다. 나는 잠옷 차림으로 방에 딸린 작은 베란다로 나간다. 비가 살짝 섞인 바람은 차갑지도 뜨겁지도 않다. 기다렸다는 듯 내 전신을 휘감으면서도 악의 하나 없다. 호스텔 뒤뜰의 관목숲 너머로, 멀리 흰 선으로 보이는 비닐하우스 너머로, 비를 이기고 해가 솟는다. 느닷없이, 나도 모르던 말이 내 안에서 문득 튀어나온다.

나를 사랑하고 삶을 사랑해.

가슴이 뻐근하게 조여 온다. 평범한 말 같아도 그게 보탤 것도 뺄 것도 없는 진심임을 나만은 알고 있다. 바로 여기에 이르기 위하여, 이런 오늘을 위하여, 더 낫거나 더 나쁘거나 하겠지만, 온전히 내 것일 내일과 모레와 내년과 여생을 위하여, 나는 살아왔구나. 살아서 돌아왔구나.

살아 있는 한, 우리는 거센 물살을 거슬러 여기로 헤엄치는지도 모른다. 물에서 태어난 여자는 산을 알 리 없지만, 그래도 이렇게 살기 싫다는 감각마저 빼앗기지는 않았다. 여자의 삶은 여기에 닿기 위한 긴 발버둥인지도 모른다. 죽은 물고기만이 배를 뒤집고 강물과 완전히 같은 방향으로 흐른다.

너무나 많은 이야기가, 여자가 옴짝달싹할 수 없이 불행해지는 데서 끝난다. 그 처연함이 예술적 완성이고, 여자에게 다른 결말은 허용되지 않는다는 듯이. 그보다 좀 더 나아간 이야기는 여자가 다르게 살겠다는 마음을 먹는 데서 끝난다. 아무리 그래도 다른 결말이 가능할 수도 있지 않겠냐는 작가의 조심스러운 질문이다. 조금 낫지만, 작가도 독자도 차마 그 너머는, 완전히 행복해진 여자는 상상하지 못하는지도 모른다.

마침내 이혼하기로 했을 때 나는 이야기의 절벽으로 뛰어드는 기분이었다. 내가 대학 시절 썼던 단편소설조차 나의 운명을 예언하듯 결혼한 여자가 남자를 떠나기로 하는 데서 끝을 맺는다. 초여름의 아침은 나에게 아무것도 약속하지 않는다. 손에는 갈 길이 그려진 지도 한 장만 들려 있다. 그것이 마음에 든다. 여기에 다시는 돌아오지 않을 것이다. 나는 해가 뜨는 반대 방향으로 걸어간다. 당시의 나는 여자가 그러고 나서 어떻게 살았을지 도무지 그릴 수 없었다.

그래서 나는 당신을 이 이야기에 조금 더 잡아 두려고 한다. 앞으로 당신이 행복한 여자를 구체적으로 상상할 수 있도록. 당신이 당신의 행복을 구체적으로 상상할 수 있도록.

2021년 1월, 나는 경복궁 근처 작은 갤러리에서 사다리에 올라 양면테이프를 들고 씨름하고 있다. 괴물처럼 강력하다던 테이프인데도 부스러질 것 같은 노출 콘크리트엔 힘을 못 쓴다. 미리 이런 부분을 생각해 둬야 했는데. 전시가 처음이니 알았을 리가 없다. 내가 평생 연이 없었을 전시에 무려 작가로 참여하게 된 건 지원의 강권 때문이었다.

언니, 언니가 이걸 안 하면 대체 누가 해?

페미니스트 유튜버이기도 한 지원은 뭐든 어물거리는 성격이 아니다. 나는 조금 저항해 보다가 모험심이 발동해 지원서를 넣는다. 여성단체 WNC는 여자 창작자들을 모아 WOMAN이라는 제목 아래 정기적으로 전시회를 여는데, 이번 주제인 **검열**이라면 할 말이 많다고 느꼈기 때문이었다.

나는 현장에서 기지를 발휘해 어떻게든 완성해 낸 나의 전시 작품을 들여다본다. 맨 앞에는 금속 사슬이 쇠창살처럼 천장에서 바닥으로 떨어진다. 그 뒤로는 비칠 만큼 얇은 망사천이 커튼처럼 늘어진다. 사슬과 망사 천은 하나는 단단하고 하나는 부드럽지만, 둘 다 여자를 얽매는 검열을 상징한다. 사슬과 망사 천 너머로 보이는 흰 화판에는 동생 윤희의 멋들어진 붓글씨로 이렇게 쓰여 있다.

당신은 문제가 아니다. 세상이라는 문제를 깨는 답이다.

나는 마지막으로 투명한 PVC 비닐에 인쇄한 크고 작은 말풍선들을 사슬에 건다. 이 작품은 WNC가 나와 연결해 준 인터뷰이 현지의 이야기를 바탕으로 만들었다. 대학생인 현지는 나에게 페미니스트라는 이유로, 여자라는 이유로 들었던 말들을 전해 준다. 각각의 말풍선에는 현지를 위축시켰던 끔찍하게 멍청하고 폭력적인 말들이 인쇄되어 있다.

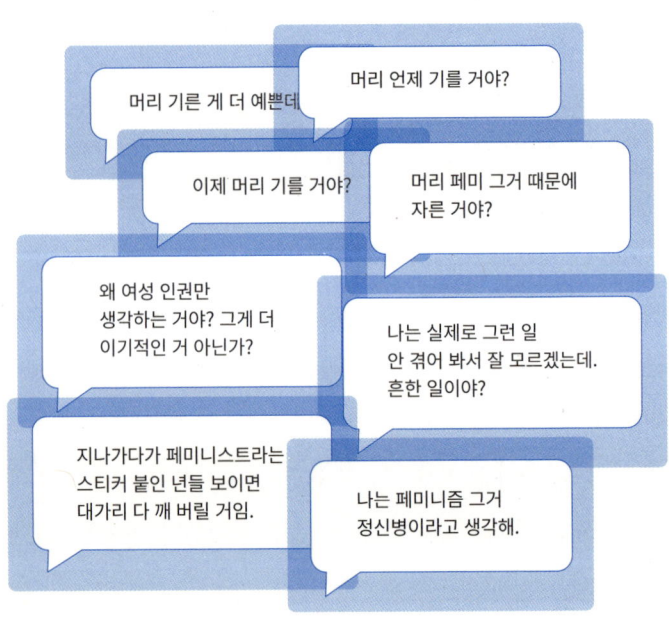

페미니스트에게 점점 가혹해지는 사회 분위기 속에서 나에게는 현지를, 같은 말을 듣고 있을 수많은 여자를 지켜 줄 방법이 없다. 내가 줄 수 있는 건 그저 하나의 이야기뿐. 나는 관객들이 말풍선이 걸린 사슬을 헤치고, 부드러워 아무도 해할 수 없을 듯한 망사 천조차 헤치고, 뒤에 걸린 문구를, 내가 알아낸 진리를 응시하기를 바랐다. 자신을 문제 삼지 않고 세상을 문제 삼을 수 있기를 간절히 바랐다.

작품은 거기서 완성되지 않는다. 나는 아무것도 쓰여 있지 않은 명함 크기의 말풍선을 100장 정도 인쇄해 작품 옆에 둔다. 관객들에게 직접 들은 검열의 말을 적어 사슬에 걸어 보라고 안내한다. 내 어설픈 발상이 진짜 작품이라 부를 만한 게 되는 건 거기부터다.

혜담 님, 말풍선이 부족한데 어떡하죠? WNC의 담당자 가령에게서 연락이 온다. 나는 당황한다. 코로나바이러스 때문에 관객 수 제한이 있던 터라 100장이면 넉넉할 줄 알았다. 다음에는 고리가, 그다음에는 다시 말풍선이 부족하다. 나는 전시장에 매일 가서 새롭게 달린 말풍선을 확인한다. 전시 마지막 날 말풍선을 떼어 수를 센다. 모두 323장이다.

**여자는 좋겠다, 돈 없으면 성매매하면 되니까. 왜 그렇게 예민해? 생리해? 너는 살만 빼면 진짜 예쁠 텐데. 안경이라도 벗어. 입술이라도 발라. 그 정도 했으면 이제 머리 기를 때도 됐잖아. 그렇게 드세면 남자들이 안 좋아해. 너 생각해서 하는 말이야. 그냥 그러려니 해. 억울하면 여자도 군대 가야지? 꼭 오빠를 이겨 먹어야겠니? 우리 딸은 애교도 없고 왜 그래. 아빠 밥 좀 챙겨 줘. 엄마 없을 땐 누나가 엄마야. 요즘은 남자 살기 힘든 세상이야. 요즘 사회에 그런 게 어딨어. 너 남자한테 크게 덴 거야? 한국 페미니즘은 변질됐어. 학교에서 이상한 물 들었네. 너 혹시 페미니즘 그런 거야? 그렇게 예민하고 까칠하면 너만 힘들고 외로워. 남혐, 여혐 둘 다 나쁜 거지. 넌 다른 여자랑 달라서 좋아. 눈웃음쳐 놓고 왜 안 받아 줘? 너 진짜 결혼 안 할 거야? 좋은 남자 만나서 취집해. 여대면 시집 잘 가겠네. 여자는 교사나 공무원 하는 게 좋지. 언제 결혼할 거야? 애는? 그런 말 하는 사람들이 꼭 시집 제일 일찍 가더라…

그건 우리가 태어난 순간부터 끝없이 단조롭게 우리 귀에 울려 퍼지는 하나의 이야기 같다. 물살은 너무 거세서 헤칠 수 없을 것만 같다. 몸에 힘이 풀리는 순간 거대한 물살은 우리를 집어삼키고, 우리는 우리 자신이 아니라 그 이야기 자체가 되어 버리고, 그건 돌이킬 수 없는 거대한 마침표일 것만 같다.

그러나 살아 있는 한, 우리의 이야기는 절대 끝나지 않는다. 전시 중에 나는 사슬 사이를 왔다 갔다 하며 말풍선을 읽다가 눈에 띄는 말풍선을 발견한다.

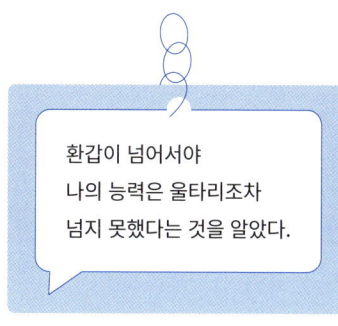

> 환갑이 넘어서야
> 나의 능력은 울타리조차
> 넘지 못했다는 것을 알았다.

나는 내가 환갑이 넘은 누군가에게 영향을 미쳤다는 게 믿을 수 없이 기뻐서, 내 인스타그램 스토리에 말풍선 사진을 찍어 올린다. 그리고 나중에야 그게 전시에 다녀간 나의 엄마 박혜서가 쓴 글이라는 걸 알게 된다.

책을 쓰기 시작하면서 나는 내 이야기만큼 주변 여자의 이야기를 집요하게 파고든다. 어떤 이야기가 어디에 어떻게 쓰일지 모른다. 특히 혜서를 닦달하며 괴롭힌다. **엄마는 어땠어? 그때 뭐 했어? 왜 그랬어? 그거 기억나?** 엄마는 대체로 정확한 기억을 되살려 알려 주지만, 딱 한 번 방어적으로 나온다. 내가 엄마도 자랄 때 남자 형제와 차별을 받았냐고 물었을 때다. **외삼촌 얘기는 건드리지 마.** 그러고서 입을 다문다.

전시가 거의 끝나 가던 1월 26일, 엄마는 밖에 있는 나에게 전화를 걸어 자기 글을 한 번 봐 줄 수 있냐고 한다. 카카오톡으로 온 장문의 글을 나는 읽어 내려간다.

박 씨 남매의 이야기를 적는다. 박혜서가 20세 되던 해 아버지가 가족과 생활하라고 마련해 준 15만 원 보증금에 방 하나 있는 집에서 이야기는 시작된다…

그 이야기는 환갑이 넘도록 착취당하는지도 모르고 여태 오빠에게 내어 주기만 한 엄마의 이야기다. 그 긴 세월이 막막해서 내 입에서도 내가 들었던 질문이 튀어나온다. 내가 이혼 얘기를 처음 꺼냈을 때 엄마도 했던 그 질문. 왜… 왜 나한테 말 안 했어? 답을 모르지 않으면서도, 말했다 한들 어렸던 내가 뭘 해 줄 수 있던 것도 아닌데도, 그렇게 묻게 된다.

엄마 그래도, 지금이라도 다르게 살면 돼. 내가 해 보니까 그래. 나는 혜서가 아무것도 돌려받지 못할 것을 안다. 적어도 이 세상에선 정당한 대가를 치르게 할 수 없다. 혜서의 시간과 기회와 젊음은 돌아오지 않는다. 그래도 나는 혜서가 그 이야기를 가족들에게 폭탄처럼 힘껏 내던지는 것을 응원한다. 웬만하면 거침없는 엄마가 조금 머뭇거린다. 난 네가 말릴 줄 알았어. 그럴 리가 없다. 내가 엄마에게, 다른 여자에게 그럴 리가 없다.

내가 책을 구상하기 시작한 2020년 5월, 혜서는 여성일자리재단에서 미용사 자격증반 수업에 등록한다. 이전까지는 가위 한번 잡아 본 적 없다. 엄마, 제발 쉬엄쉬엄해. 그걸로 먹고살 것도 아닌데. 혜서는 TV를 보면서도 가발 머리통을 놓지 않을 정도로 열심이다.

IMF 사태 때 건설사에서 권고사직 당한 아빠가 떠맡은, 임대도 잘 나가지 않는 아파트 상가 지하층은 혜서 손에서 미용 연습실로 탈바꿈한다. 혜서는 온라인 중고 장터에 올라온 미용실 거울과 의자, 샴푸대 등을 사 모은다. 미용 수업을 듣던 친구들과 같이 매일 연습하면서, 어제보다 더 나아진다.

남성커트 수업도 등록했어. 우리 딸들 머리도 해 주려고. 나와 동생 윤희는 왜 여자가 머리를 이렇게 짧게 자르냐고, 이러면 남자친구가 싫어하지 않냐고 미용실에서 잔소리를 듣는 대신, 이제 혜서에게 머리를 맡긴다. 약간 어설픈 결과물이 나오기도 한다. 괜찮다. 짧은 머리는 빨리 자라고, 손재주로 누구에게 뒤지지 않는 혜서는 그것보다 더 빨리 발전한다. 내 머리와 동생 머리를 본 친구들이 자기 머리도 혜서에게 부탁하고, 혜서는 농담처럼 말한다. **엄마 탈코 미용실 차릴까?**

언젠가, 정말 모르는 일이다. 혜서의 삶에 앞으로 무슨 일이 생길지는 혜서조차 모르는 일이다. 혜서의 삶은, 혜서의 이야기는 울타리 너머 어디로든 뻗어 나갈 수 있다.

기억에 남는 다른 말풍선도 있다. 경기도 본가에서 1시간 반도 넘는 거리지만, 나는 외할머니 유옥상을 전시장으로 모시고 간다. 내 작품과 다른 작가의 작품 앞에 서서 하나하나 꼼꼼히, 힘이 닿는 한 자세하게 할머니에게 설명한다. 그러면서도 과연

이 전시가 옥상에게도 의미가 있을지 확신하지 못한다. 갤러리에서 나오고 나서야 옥상은 속마음을 비친다. 네 덕분에 티브이에서만 보던 전시를 다 본다. 전시가 이런 거구나. 할머니가 내 전시에 꼭 오고 싶었다는 걸 그때야 안다.

다음 날 아침, 할머니는 다시 전시장으로 나서는 내게 이것도 걸어 달라며 흰 메모지에 또박또박 적은 글을 건넨다. 너의 작품을 보기 위하여 팔십칠 세인 내가 처음으로 전시회라는 곳에 왔다. 너의 재능에 감탄하며 축복한다. 너는 유명한 번역가가 되기를 내가 열심히 기도하고 있다. 나는 눈물이 핑 돈다.

살아 있는 한, 언제나 다른 이야기가 시작될 수 있다. 지난해 초여름, 내가 본가로 들어와 이혼한 삶에 조금씩 익숙해지고 있을 때 엄마와 할머니는 교회 문제로 갈등을 빚는다. 엄마는 할머니를 홀대하는 교회가 마음에 들지 않고, 할머니는 엄마의 방식에 상처 받는다. 더없이 온화하지만 한 번 마음 먹으면 굽히지 않는 옥상은 집을 나가겠다는 얘기까지 한다. 놔둬, 저러다 마시겠지. 내가 보기에도 할머니가 진심으로 하시는 말은 아닌 것 같다.

하지만 나는 그 말에서 어떤 영감을 얻는다. 할머니, 할머니 본인만 생각하면서 살아 본 적 있어? 살면서 단 한 번이라도? 옥상은 인생을 곰곰이 돌아보다 천천히 고개를 젓는다. 아버지를, 담임목사를, 남편을, 아들을, 사위를, 손자를, 심지어 손녀사위를, 내내 남을 먼저 고려하며 살았다. 요새 한 달 살기 같은 거 많이 해. 할머니 한 번이라도 그렇게 살아 봐. 내가 돈 다 내 줄게. 그건 정말이지 옥상이 내게 해 준 것에 비하면 아무것도 아니다.

할머니는 어디 살아 보고 싶은 곳 없어? 옥상이 얼른 대답하지 않자 나는 숙박 공유 사이트 에어비앤비를 훑어보며 지역 이름을 부른다. 부산? 강릉? 속초? 경주? 전주? 바닷가가 좋아, 도시가 좋아? 옥상은 마지못해 속내를 뱉는다. 난 고향에 가고 싶다, 영월에. 결혼해 떠나온 이후 잠깐 방문하는 것 외엔 돌아가지 못한 곳이다. 자신만만하게 말을 꺼낸 것치고 영월에는 단기 숙소가 없지만, 아직 고향에 사는 친척을 통해 마침 비어 있던 집을 하나 구한다. 옥상이 그로부터 일주일도 안 돼 짐을 싸서 영월로 떠나 버리는 건 내 예상 밖의 일이다.

여자의 이야기는 끝나기까지 끝나지 않는다. 절대로, 절대로. 옥상은 고향에 가서 가장 꿈 많던 시절에 다니던 교회를 다시 다니고, 팔십칠 세의 나이에도 언니라고 부를 사람을 새롭게 만나고, 이젠 못 만날 줄 알았던 헤어진 인연과 이어진다. 새벽에 일어나 강가를 산책하고, 남을 신경 쓰지 않고서 하고 싶은 대로 살아 본다. 비어 있던 집의 구석구석을 쓸고 닦지만, 누구도 아닌 옥상 자신을 위해서 그렇게 한다. 집주인은 옥상의 솜씨가 마음에 들어, 싼 가격에 연세만 받고 집을 계속 빌려주기로 한다. 이제 옥상은 강원도 영월과 경기도 본가를 마음 내키는 대로 오가며 산다.

그리고 이야기가 돌이킬 수 없이 끝난 후에도, 누군가는 책을 다시 펼 것이다. 되짚으면서 행간을 재해석할 것이고, 숨결을 불어 넣어 되살려 내려 할 것이다. 내가 귀순의 삶을 다시 읽는 것처럼.

남동생의 제대가 가까워지면서 본가에 붙어살던 나도 집이 필요해진다. 이제는 진정한 독립을 할 만큼 회복했다고 판단한다. 나는 어디에서 살고 싶을까? 내가 떠올린 동네는 다름 아닌 친할머니 김귀순이 죽는 순간까지 살았던 서계동이다. 집 짓는다고 밥 먹듯이 드나드느라 어느새 정이 붙어 버린 것이다.

나는 누구랑 살고 싶은 걸까? 혼자서 사는 것도 고려해 본다. 하지만 어느새 여자들과 북적거리며 사는 삶에 익숙해진 나는 아무래도 둘이 낫겠다고 판단한다. 마침 대학 시절 동아리에서부터 연을 이어 오다가 이혼 후 부쩍 가까워진 소담 언니가 살던 자췻집에서 나가야 해 집을 찾고 있다. 좋은 관계가 깨질까 두렵기는 하다. 난 결혼도 했었는데, 뭐. 물론 그렇게 생각하면 세상에 못 할 일이 없다.

아, 되게 특이한 집인데. 아무튼 특이해. 공인중개사는 서계동 뒤편의 이층집으로 소담 언니와 나를 안내한다. 일제강점기에 지어진 목재 틀 그대로 간단한 보수만 해 온 집, 바로 전에 외국인 부부가 살아서 자잘한 가재도구가 다 갖춰진 집. 거기에 뒤뜰도 있다고? 신기할 정도로 내가 지으려던 집과 비슷하다. 당연히 현실은 상상만큼 멋있지 않고, 집세는 우리의 예산을 살짝 초과하고, 냉난방비가 상당할 거라고 예상되지만, 가파른 오르막을 올라 오토바이도 겨우 들어오는 골목을 거쳐야 여기에 도착하지만, 집은 그럭저럭 우리 마음에 든다.

   소담 언니와 나는 생각보다도 잘 맞는다. 프리랜서인 우리는 1층의 방을 하나씩 나눠 갖고 2층을 작업실로 쓴다. 언니는 커피 머신으로 내린 아메리카노를, 나는 따듯하게 우린 차를 가지고 2층으로 올라가면 출근이다. 서로의 작업물을 중간중간 보여 주고, 솔직하고 가감 없이 평을 해 준다. 너 만약에 세상에 여자가 너만 **남으면 어떡할 거야?** 자기 전 맥주에 감자튀김을 곁들이며 허무맹랑한 문제를 진지하게 토론하는가 하면, 뒤뜰에서 애플민트를 수확해 만든 인생 최고의 모히토를 마시며 인생 최악의 기억을 나누기도 한다. 방은 100년도 넘은 미닫이 유리문으로 분리되어 있지만, 문을 열어 놓고 침대에 누운 채 자기 전까지 대화해도 언니와의 이야기는 질리지 않는다.

   너희 할머니는 여자끼리 모이면 접시 깨진다고 질색하셨어. 어쩌다 보니 친할머니 귀순이 살던 집에서 몇백 미터도 안 떨어진 곳에서 보란 듯이 귀순의 신조를 어겨 가며 살게 된다. 이혼 후 친밀해진 친구들이 집들이 겸 차례차례 하나둘씩 방문하고, 대학 시절 날 정신 못 차리게 했던 소담 언니의 매력에 친구들도 빠져 버려서, 다들 소담 언니와도 좋은 친구가 된다. 나는 친구들이 오르막을 올라온 김에 하룻밤 자고 갈 수 있도록 에어 매트리스를 준비해 놓는다. 우리는 밤새 숨이 넘어가도록 웃다가, 깊은 얘기를 나누며 울기도 하다가, 창밖으로 동이 터 올 때 잠이 든다. 아, 정말 그릇을 깨기도 한다. 설거지를 한꺼번에 많이 하다 그런 건데, 신문지에 잘 싸서 안전하게 버리면 된다. 그렇게 큰 문제는 아니다.

언니는 어떻게 그렇게 요리를 잘해? 간단한 아침을 챙겨 주려 가스레인지 앞에 섰을 뿐인데 도와주려 다가온 주연이 감탄한다. 결혼했어서 그래. 신혼 때 열심히 했거든. 내 일상적인 말투에 주연은 웃음을 터트리고 만다. 나는 시간이 얼마가 지나도 결혼한 적 없는 것처럼 살지는 못할 것이다. 남자가 남긴 흉터는 희미해져도 지워질 리 없다. 그래도 그게 꼭 나쁘지만은 않다. 이렇게 주연과 함께 웃을 수 있는 걸 보면.

그러던 어느 새벽에, 예빈은 소담 언니와 내가 어떻게 만나게 됐는지를 듣다가, 부러움의 한숨을 내쉰다. **나도 언니들이랑 같이 문학회 했으면 좋았을 텐데.** 그러면서 예빈이 누군가에게 보내는 편지 외엔 문학적인 글을 쓸 자신감을 잃게 만든 중학교 남자 교사의 행동을 털어놓는다. 난 분개한다. 그러다 어떤 생각이 떠오른다. 하자, 하면 되잖아.

글을 쓰고 싶어 하는 여자는 적지 않다. 내가 새로 만난 여자 중에도 꽤 된다. 못할 것도 없지. 내 옆에는 든든한 소담 언니마저 함께다. 나는 우리 둘을 포함해 여덟 명을 모아서 **문학회 2021**

이라는 이름의 카카오톡 단체방을 판다. 소담 언니와 나, 예빈과 은정, 희은과 희영, 아영과 찬미, 이번에는 오빠라고 부르라고 강요할 남자 선배 없이 여자뿐이다. 2021 문학회에 오신 것을 환영합니다. 소담 언니는 배꼽 인사를 하는 캐릭터 이모티콘을 보내며 그들을 맞는다.

서울의 사회적 거리두기가 4단계에서 내려갈 기미가 없는 지금, 우리는 2주에 한 번 온라인 회의 플랫폼에서 만난다. 미리 서로의 글을 교환해 PDF 파일로 읽고 온다. 당연히 정식 동아리도 뭣도 아니고, 여기서 글을 쓴들 누가 뭘 주는 것도 아니고, 기분 좋아지는 칭찬만 하는 모임도 아니다. 우리의 기준은 높고, 때로는 서로의 글을 마음이 너덜거릴 만큼 호되게 질타한다. 그런데도 다들 열의가 넘친다. 다음 글은 매번 눈부시게 발전해 있다.

동생 윤희와 같은 과 동기라 알게 된 희은이 가져온 첫 글은 자기 블로그에 썼던 일기다. 이게 시인가요, 소설인가요? 일기라는 걸 알면서도 나는 짐짓 묻는다. 그건 다음 혹평을 위한 발판이다. 시라면 단어를 더 고심해서 골라야 하고, 소설이면 서사가 있어야 하지 않을까요? 소담 언니는 내 말을 받아서 묻는다. 도대체 하고 싶은 말이 뭐예요? 주제 의식이 뚜렷하지 않네요.

그러나 희은의 다음 글은 같은 사람이 썼다고는 믿기 힘들 만큼 솔직하다. 도저히 이길 수 없는, 자기 자신의 이야기다.

계집 희, 은혜 은.

은혜로운 여자. 나의 이름에서도 가족들이 나를 어떻게 인식했는지 알 수 있다. 여자. 가족들의 돌림자 '은'을 빼고 나면 그들이 나를 그저 '여자아이'라고 인식했음을 알 수 있다. 그들에게 나는 '여자' 그 이상도, 이하도 아니었다. 그들은 아들을 원했고, 나는 태어나지 말았어야 하는 존재였다. 그렇게 나는 그들의 세 번째 실패작이 되었다.

1998년생 희은의 이야기는 1990년생 인휘의 이야기와 그리 다르지 않고, 1960년생 혜서의 이야기나 1935년생 옥상의 이야기도 별로 멀지 않고, 1927년생 귀순이 자기 이야기를 직접 쓸 수 있었다면 귀순의 이야기와도 뭐가 그리 달랐을까 싶다. 귀순이 태어나고 거의 한 세기가 지나 세상에 나온 2022년생 여자 아기들은 우리에게 공감할 수 없기를 바라지만, 이 속 터지는 진보의 속도를 고려할 때 아닐지도 모른다.

그러나 인류와 역사와 세계라는 거대한 그림 속 한낱 작은 픽셀, 나는 지금 여기 서계동을 본다. 귀순이 남자의 손을 빌리지 않고 자식 넷을 키워 낸 이곳에서 역시 남자 없이 살기로 작정한 내가 귀순과는 다른 삶을 산다면, 그건 절대 사소한 이야기가 아니다.

효창공원 가 봤어? 엄마는 내게 묻는다. 여기서 걸어서 15분 거리인 효창공원의 백범 묘소에서 귀순은 한참을 울었다고 한다.

그러자 행인은 귀순에게 백범의 부인이냐고 물었다고 한다. 그때는 웃었는데 지금은 웃기지 않아. 엄마는 침통함을 느낀다. 귀순은 어디 하소연할 곳 없이 남의 묘소에서 울었는데 나는 수많은 여자와 함께 연결되어 운다면, 그건 절대 그냥 지나칠 이야기가 아니다.

…제가 처음 언니들을 만났던 그 날, 해가 뜰 때까지 대화를 나누고, 저는 언니의 말을 듣고 다시 여성으로 사는 삶의 원동력을 얻은 것 같아요.…

문학회 회원인 아영은 처음 만난 후 며칠 지나지 않아 나처럼 머리를 훌쩍 자르고 오고, 내 생일에 감동적인 카드를 써서 준다. 귀순은 끝까지 자신이 여자라는 사실과 화해하지 못하고 세상을 떠났는데, 우리는 우리가 여자라고 말할 때 자긍심이 차오른다면, 그건 진실로 책 한 권이 필요한 이야기다. 당신 손에, 바로 그 이야기가 들려 있다.

살아 있었다면, 귀순도 언젠가는 이 이야기를 마음에 들어 했을 게 틀림없다.

이야기를 거의 완성한 나는 미루던 편지를 쓴다. 중학교 때 만나 더없이 가까웠지만 결혼 후 연락하지 않은 하진에게, 네 이야기를 내 책에 실어도 되냐고 물어야 한다.

하진에게,

안녕. 갑작스럽게 연락을 끊어 놓고 또 이렇게 갑작스럽게 연락하면 네가 얼마나 황당할까 싶어서 오랫동안 미루고 있었어. 너에게 사과하고 싶어. 그렇게 연락을 끊은 것도, 예전에 더 좋은 친구가 되지 못한 것도, 내가 기억하지 못할 더 많은 것들도.…

…실은 작년 초에 이혼을 했어. 이혼하고 나서는 책을 쓰기 시작했어. 내가 왜 결혼을 했는지, 어떻게 이혼을 했는지 돌아보고 싶어서였는데, 그러다 보니까 내가 태어난 순간까지 거슬러 올라가게 되더라. 시간순으로 쓰다 보니 나의 인생, 특히 중학교 시절은 너 없이 설명할 수가 없어서 네 얘기를 쓸 수밖에 없었어. 그 부분을 다 쓰고 나서는 너에게 꼭 보여 주고 싶었는데, 네가 어떤 반응을 보일지 몰라서 도저히 용기가 안 났어.…

시간이 날 때 천천히 생각해 보고, 글도 읽어 보고 연락해 줘. 답장 기다리고 있을게.

인휘가.

나는 카카오톡으로 하진에게 긴 편지를 던져 놓고서 의연하게 기다리려고 노력한다. 오래 기다려야 할 수도 있다. 내가 하진을 얼마나 기다리게 했는지를 생각하면 몇 년 후 답장이 온들 이상하지 않다. 그래도 진정할 수 있을 리가. 일이 손에 잡히지 않고, 나는 자꾸 카톡방을 들락날락한다. 그 사이 하진이 내 메시지를 읽었다는 표시로 편지 옆 1이라는 숫자가 사라진다.

답장이 좀처럼 오지 않는다. 어쩌면 하진은 그새 내가 완전히 싫어졌는지도 모른다. 나와는 달리 행복한 결혼 생활을 하면서, 내가 뭘 알고 함부로 자기 삶을 재단하냐고 화가 났을지도 모른다. 나는 하진이 어떤 사람이 됐을지를 상상해 보며 내 글을 상상 속 여러 하진의 눈으로 읽고 또 읽는다. 영겁 같은 3시간이 흐른 후 알림 메시지가 뜬다. 아… 내가 쓴 것보다도 더 긴 편지다.

인휘에게,

우리는 언제쯤부터 연락이 되지 않았던 거야? 결혼을 앞두고 너에게 연락을 할지 말지 막연해했던 것만 기억에 어렴풋이 남아 있어.

네가 보고 싶지 않다고 생각했어. '나는 왜 좋아하는 사람을 잃은 걸까' 하는 물음이 자꾸 안에서 울려 났지만, 그래도 쿨하고 어른스러우려고 했어. 내 잘못도 있고 네 잘못도 있는 거겠지. 뭐 원인이랄 게 있겠나 사람 사이라는 게 다 왔다가는 당연히 가는 거고 그렇지 뭐 하고 생각했어.

그렇지만 카톡을 받아 보니 숨길 수가 없네. 네가 너무 보고 싶었어. 이 글을 적으면서도 자꾸 무언가 밀려와서 헛타이핑을 해. 이 이야기가 하고 싶었다가 저 문장이 쓰고 싶었다가- '아니야 사람은 결국 다 저 혼자 사는 건데, 이렇게까지 보고 싶어 하면 속상한 일만 또 생기고 말아', 하며 혼자 무서워지기도 해.

…네 이야기에 그때의 내가 담겨 있다니 영광이야. 지금의 나로서는 네가 고민해 온 궤적이 내가 하고 있는 싸움들과 많이 비슷하게 느껴져서—

3장은 물론이고 이어지는 마음들도—이렇게 숟가락을 얹는 표현이 괜찮다면, 네가 결국 내 자서전이기도 한 글을 써 줬구나. 하고 생각했어.…

서서히, 한 글자마다 조금 더 안심하며 거기까지 읽어 내려간 나는 어리둥절해진다. 나와 비슷한 싸움을 하고 있다니? 하진이? 여자는 누구나 싸우며 살아가니까, 그런 얘기일까? 나에게도 여러 일들이 있었어. 17년에 결혼을 했고… 나는 이어지는 문장에서 우리의 공통점이 그런 수준이 아님을 알게 된다. …올 4월부터는 엄마 집에서 지내면서 이혼을 준비하고 있어.

우리는 다시 친구가 될 수 있을까. 요즘은 영영 답을 찾지 못할 질문들이 너무 많아서, 그저 매일을 충실히 살며 추이를 지켜보려고 해. 그치만, 너에게 해 주고 싶은 이야기가 정말 많은 건 사실이야.

하진이.

눈물이 터진다. 나는 늦었지만, 적어도 너무 늦지는 않았구나. 너에게 제때 돌아왔구나. 모르는 사이처럼 살아오면서도 나와 같은 답에 도달한 하진에게 나도 해 주고 싶은 이야기가 산더미처럼 많다.

나는 책이 끝난 후에도 살아갈 것이다. 하진을 만나 더 긴 얘기를 나눌 것이다. 코로나바이러스가 잠잠해지면 문학회 회원들과 효창공원으로 나들이를 가려 한다. 어쩌면 다른 책을 또 쓸 수도 있고, 지으려고 했던 집을 짓는 날이 올 수도 있다. 남자와의 공동 작업을 완전히 정리할 결단을 내릴지도 모른다. 분명 계속 실수하고 실망하고 후회할 것이다. 그러나 여전히 나를 사랑하고, 삶을 사랑할 것이다. 친했던 여자들과 싸우고 멀어지고 고통스러워하면서도 다른 여자에게 문을 열어 놓을 것이다. 그러니 내 이야기는 일단 쉼표를 찍고, 이제는 다른 이야기로 넘어가도 좋다.

서계동에 사는 나는 보통 어딜 가든 서울역에서 출발한다. 에스컬레이터를, 무빙워크를, 계단을 거쳐 목적지를 향할 때면 스치는 여자들에게 눈길이 가곤 한다. 서울역은 거대하기에 다른 여자가 어디로 가는 길인지 나는 차마 짐작하지 못한다. 여자는 서울 언저리의 다 알 수 없는 곳곳으로, 아니면 숨 막히게 붐비는 수도를 완전히 벗어나 부산으로, 목포로, 동해로, 혹은 더 멀리, 아예 여기서 출발했다고는 상상도 못 할 곳까지 간다. 역이 생긴 이래 떠나려는 여자들은 여기를 거치곤 했다.

서울역의 커다란 몸체를 가로지르는 여자들, 당신은 그 틈에 섞여 있지만, 아직 당신의 이야기를 모르는 나는 당신을 찾지 못한다. 그래서, 어떻게 살고 싶어? 나는 지나가는 여자들을 향해 무작정 마음속으로 질문을 던진다. 나를 괴롭힌 질문, 나를 구원한 질문. 이제는 당신이 답할 차례다. 나는 당신이 자기 이야기를 하기를 바란다. 내가 당신을 찾을 때까지 당신이 계속 이야기하기를 바란다. 나는 해피엔딩을 좋아하지만, 어떤 이야기든 좋다. 아무리 헤매다가도 결국 다시 몸을 일으켜 걸어가는 이야기라면 나는 밤을 새워 들을 준비가 되어 있다.

이야기를 멈추지만 않는다면, 거센 물살을 거슬러 우리는 한 곳에서 만날 수 있을 것이다. 그때는 서로를 바로 알아볼 것이다. 생각지도 못한 별세계는 거기서부터가 시작이다.

후기 _ 탈혼으로

∞. 후기

　　탈혼으로

> 왜 탈코르셋 안 하겠다는 여자들을 욕해?
> 여자들을 이렇게 만든 사회를 욕해야지.
>
> 선생님, 구조를 패고 싶은데 안에 계시는군요.
> 잠시만 나와 주시겠습니까?

처음은 이름 모를 누군가가 포스트잇에 적은 글씨였다. 나는 이 문구가 자매들 사이에서 들불처럼 번져 가는 것을 지켜보았다. 우리를 억압해 온 코르셋을 벗어던지자는 탈코르셋 운동이 한창이었다. 난 기꺼이 동참해 머리를 깎았고 화장품을 내다 버렸다. 그러자 더 똑똑히 보였다. 지하철역부터 길거리까지, TV 광고부터 유튜브까지, 온 세상이, 매 순간이, 우리가 속한 **구조**가 우리에게 예쁠 것을 강요하고 있었다. 대놓고 걸린 성형 광고에는 분노하지 않으면서도 같이 싸우자는 권유에는 버럭 화를 내는 여자들에게 나라고 일침을 날리고 싶지 않았다면 거짓말일 것이다.

그래도, 뭔가가 마음에 걸렸다. 짧고, 통쾌하고, 쉽게 전파되는 그 비유에는 엄밀하지는 않은 무언가가 있었다.

나는 누구보다 오래 그 문구를 곱씹었다. 칼끝이 나를 향했기 때문일지도 모른다. 그 말은 곧 코르셋을 벗지 못한 여자가 아니라 결혼한 여자에게 더 자주 쓰이게 되었고, 당신도 이제 알게 되었듯 그 무렵 나는 결혼한 상태였다. 비유에 따르자면 난 **구조** 안에 있었다. 당신은 그때 내가 어떻게 나를 합리화했는지도 읽었다. 그때에는, 도무지 **구조** 밖으로 나갈 수 없을 것처럼 느껴졌다. 그건 내가 자매들에게 무슨 소리를 듣건 감당해야 한다는 말이었다. 떠올릴 때마다 아팠다.

나는 이제 **탈혼**했다고 해야 할 것이다. 내 가족관계증명서는 깨끗하다. 2020년 3월 이혼 절차가 끝났으니 벌써 두 번째 탈혼 기념일이 다가온다. 《탈혼기》라고 이름 붙일 책까지 다 썼다. 그러니 포스트잇을 쓴 사람의 부탁대로 **구조**에서 나왔다고 해야 할 것이다.

하지만 과연 그럴까? 후기를 쓰고 있는 지금까지도 나는 그 문구를, 그 문구에 담긴 비유를 생각한다.

가부장제가 철거해야 할 거대한 건물이라면, 곳곳에 설치된 스피커에서 흘러나오는 안내 방송으로 충분할 터다. 여러분, 이 건물은 곧 철거될 예정이니 인명 피해를 막기 위해 대피 부탁드립니다. 정말 모두가 대피했는지 한 번 확인만 하면 그만이다. 그 후엔 폭약을 터트리든 중장비로 부수든 일은 수월할 것이다.

그러나 인류 역사에 걸쳐 모습을 바꿔 가며 악착같이 살아남은 가부장제는 어느 건물보다 끈질기고, 그저 외부에서 배경이 되어줄 뿐인 건물보다 훨씬 더 내밀한 곳까지 침투한다. 나와 건물을 구분하지 못할 만큼 건물에 동화되는 사람은 없어도 나와 가부장제를 구분할 수 없게 되는 일은 생각보다 흔하다.

결혼 전의 삶과 결혼, 이혼과 이혼 후의 삶을 모두 경험한 내게 가부장제는 차라리 내 몸 깊이 자리 잡은 암 덩어리처럼 느껴진다. 어디부터 잘못되었는지 모른다. 아마 삶 전체가 잘못일 것이다. 먹은 음식과 마신 공기와 함께 어울린 사람과 보이지 않는 파동이 공모하여 내 몸에 이것을 심었다. 나는 내 세포와 암세포를 구분할 수 없으며, 구분한다 한들 깔끔히 떼어낼 수도 없다.

내가 초등학교 6학년이었을 때 엄마는 유방암 3기 판정을 받았다. 나는 엄마가 대수술을 받고 고통스러운 항암치료를 이겨

내는 과정을 지켜보았다. 엄마, 이제 끝난 거야? 엄마는 집으로 돌아왔지만, 끝은 아니라고 했다. 암에는 끝이 없다고 했다. 엄마는 20년이 지난 지금도 정기검진을 받고, 그때 겨드랑이 림프샘을 떼어낸 탓에 조금만 피곤해도 팔이 퉁퉁 붓는다.

고백할 수밖에 없다. 내 결혼은 이혼으로 끝났지만 내 안의 가부장제는 끝나지 않았다. 어디 말할 수도 없는 퇴행적인 충동과 편견과 판단이 불쑥 솟을 때마다 깜짝 놀란다. 야, 넌 그 난리를 겪고도 그게 설레? 다들 재밌다는 잘 만든 로맨스 이야기에 마음을 주지 않으려다가도 어느새 혹하는 나를 보면 기가 막힌다. 엄마가 암이 재발할 수 있다는 가능성을 안고 살 듯, 나도 같은 실수를 반복하지 않으려면 평생을 경계해야 할지도 모른다.

그리고 감히 말하자면 이 지독한 암 덩어리를 걱정하지 않아도 되는 여자는 없다. 단 한 번도 결혼식장에 웨딩드레스를 입고 들어서지 않은 비혼이라 한들 가부장제라는 구조 바깥에 있다고는 생각하지 않는다. 손톱만큼이라도 가부장제를 떠받치지 않고 생존하기란 불가능하도록 이 제도는 영리하게 진화를 거듭해 왔다.

내가 이 책을 쓴 이유는 포스트잇이 널리 공유된 이유와 그렇게 다르지 않을 것이다. 나는 당신이 생각을 바꾸고, 나아가 당신의 삶을 바꾸기를 바란다. 좋아한다는 느낌과 끌리는 마음을, 당연하게 받아들여 온 가정을 의심해 보기를 바란다. 우리가 사랑했던 이야기는 싫어했던 이야기보다 항상 더 깊게 찌르고 들어오기 마련이다. (p.52) 앞서 그렇게 말하지 않았던가. 나는 당신의 안쪽에서 당신을 해치고 있는 것들을 들어내고 싶다.

당신의 몸에 암세포가 자라고 있다는 사실을 대체 어떻게 부드럽게 전할 수 있을까? 세상에 그런 방법은 존재하지 않는 것 같다. 책을 쓰기 시작한 2020년 중순부터 해가 두 번 바뀐 지금까지 내내 고민해 봐도 당신을 불편하게 만들지 않고서 이 이야기를 할 수는 없는 것 같다.

어쩔 수 없이 어떤 날카로움을 품어야 한다면, 나는 내 글이 의사의 메스처럼 날렵하기를 바랐다. 당신이 거기 있건 말건 전부 때려 부수는 철거 현장이 아니라 오직 당신의 고통을 최소화하기 위해 진땀을 흘리는 수술실이 되는 것을 상상했다.

그리고 수술실의 '1번 환자'는 나였다. 나는 수술이 얼마나 안전한지 보여 주려고 직접 수술을 받는 의사처럼 내 삶을 헤집었다. 이제 당신은 내가 한때 무덤까지 가져가려고 했던 비밀들을 전부 안다. 조금이라도 내가 대단한 사람이라는 환상을 갖고 책을 집어 들었다면 아마 지금쯤 와장창 깨졌을 것이다. 글을 쓰면서 내가 저지른 최악의 실수들, 내가 했던 거짓말들, 내가 가장 밑바닥이었던 순간들을 몇 번이고 리플레이 해야 했다.

나를 보고 한 발짝 발을 뗄 용기가 난 당신에게 나는 아쉽게도 많은 것을 약속할 수 없다. 아플 것이다. 괴로울 것이다. 손에 쥔 것을 잃을 것이다. 가끔은 후회하기도 할 것이다. 이제 끝이라고 생각한 순간에 당신의 과거가 해일처럼 다시 덮쳐 올 수도 있다. 얼마나 많은 것이 이미 돌이킬 수 없게 되었는지 허망할 것이다.

그래도?

그래도.

당신에게 해 줄 대답은 그래도, 그래도다. 수술은 가치가 있었다. 구조에서 나오지 못했을지는 몰라도, 탈혼을 했다기엔 부족할지 몰라도, 나는 이제 빛을 향해 끝없이 나아가는 이것을 삶이라고 부른다.

나는 당신의 삶을 모른다. 당신은 어쩌면 나만큼 운이 좋지 않을 것이다. 젖먹이 아기를 키우느라 정신이 없고, 오랫동안 남자만을 위하느라 혼자 먹고살 길을 잃었을 수도 있다. 지지해 줄 가족이 없을 수도 있다. 낯선 나라에 외따로일 수도 있다. 당신은 남자에게서 탈출할 여력이 없다고 생각할 것이다.

당신은 어쩌면 나보다 운이 좋을 것이다. 내가 결혼했던 남자보다 훨씬 나은 남자와 상당히 평등한 관계를 꾸리고 있을지도 모른다. 남자는 당신을 존중하고, 집안일도 같이 하고, 전형적인 한국 남자가 되지 않기 위해 노력하기도 한다. 그건 당신이 싸워 온 결과다. 당신은 남자에게서 탈출할 이유가 없다고 생각할 것이다.

아마 당신이 맞을 것이다. 당신의 삶을 누구보다 잘 아는 건 당신이니까, 그 판단은 정확할 것이다. 내가 뭐라고 그걸 반박할 수는 없다.

다만, 당신을 새벽에 뒤척이게 하는 이상한 기분, 가장 풍요로운 순간에도 고개를 드는 의심, 이유를 알 수 없이 치밀어 올라 목구멍에 걸려 있는 억울함, 당신 내면의 그 귀찮은 목소리(이게… 다라고? 이게 내 삶이라고?)도 진실일 것이다. 누가 뭐래도 당신 삶은 당신이 제일 잘 안다. 당신이 이렇게는 살기 싫다면, 세상을 가득 메운 소음을 뚫고 나온 그 속삭임은 진실이 아닐 리가 없다. 나는 당신을 믿는다.

내 친자매 같기도, 단짝 같기도, 엄마 같기도, 딸 같기도 한 당신에게 나는 같은 여자로서 한 가지만을 부탁하고 싶다. 지금 당장 법원으로 달려가 이혼 서류를 작성하는 것보다 더 중요한 일이고, 어쩌면 더 어려운 일이다. 어떤 위대한 페미니스트 학자, 운동가, 정치인이 와도 할 수 없는 일, 당신만 할 수 있는 일이다.

나는 당신이 당신을 포기하지 않기를 바란다. 내가 나를 포기하지 않았듯이, 내가 당신을 포기하지 않듯이, 어떤 여자도 자기 자신을 포기해 버려서는 안 된다. 탈출의 희망이 없다고 생각하는 쥐는 더 일찍 죽는다.

어쩌면 아무도 당신에게 해 주지 않았을 말을 내가 해 주고 싶다. 세상은 당신이 태어난 순간부터 당신이 아무것도 아니라고 속삭였다. 당신은 존재 자체로 가치 있고, 여태 살아남은 것만으로 열 배는 더 가치 있다. 세상은 당신에게 아주 어린 나이부터 남자에게 매력적으로 보이는 게 곧 권력이라고 가르쳤다. 당신은 고작 간장 종지만 한 그 힘에 만족할 수 없는 그릇을 지녔다. 세상은 당신에게 남자를 향한 사랑이 가장 고결한 감정이라고 주입했다. 당신은 그사이 진정으로 고결한 당신 자신을 사랑하는 법을 잊었다.

세상은 당신에게 이 정도 삶에 만족하라고 말한다. 다른 여자들은 더 힘들게 살지 않느냐고 윽박지른다. 그러나 당신은 더 나은 삶을 살아 마땅한 사람이다. 당신은 여태 살아온 삶의 방식을 바꿀 만큼 담대하고, 그래서 당신 주변의 다른 여자들까지 더 나은 삶을 살도록 앞에서 이끌 상상력이 있다. 당신이 지금 어떤 식으로 세상에 적응해 살건 나는 당신에게서 그 가능성을 본다. 페미니스트라면 응당 그래야 하듯 나는 당신을 믿는다.

노력하면 극복할 수 있다는 자기계발서의 서사는 아주 쉽게 네가 그곳에 있는 건 노력하지 않았기 때문이라는 결론으로 흘러간다. 봐, 쟤는 했다는데 너는 왜 못 해? 괜한 걱정이기를 바라면서 여기서 똑똑히 말해 둔다. 이 책은 자기계발서가 아니고, 내가 그 문장에서 쟤를 담당하게 된다면 나는 머리끝까지 화가 날 것이다. 당신이 거기 있는 건 노력하지 않아서가 아니라 주어진 환경에서 아등바등 노력한 결과라는 걸 나는 잘 안다.

마음먹는 것만으로 극복할 수 없는 벽을, 이 구조를 내가 어떻게 모를까. 취업 차별과 경력 단절과 독박 육아와 남성 폭력과 여성 빈곤 속에서 당신과 나는 올라설 작은 빙판 하나를 겨우 찾은 북극곰과 같다는 사실을. 구조를 바꾸려는 싸움은 속 터질 만큼 느린데 우리가 그사이 굶을 수는 없다는 단순한 진리를.

가부장제의 최종(은 아닐 수도 있는) 진화형에서 여자는 자기 발로 족쇄에 걸어 들어간다. 온갖 교묘한 공작의 결과 여자는 족쇄가 자기 선택이었다고, 아프지 않고 보기 좋은 족쇄라면 선택할 수도 있다고 믿게 된다. 연필로 그린 밑그림이 지워진 후의 펜 선처럼 내게 어떤 선택지가 있었는지는 깔끔히 잊은 채, 나조차 내가 선택했다고 믿는다. (p.163) 여자가 벗어나려 한다면 차가운 금속은 여자를 당장 가로막겠지만, 다년간의 훈련은 여자의 내면에 침투해 벗어나고 싶다는 욕구조차 죽여 놓았다.

이 책에서 나는 구체적으로 드러난 벽보다 여자의 내면에 집중했다. 그건 내면을 바꾸기만 하면 개인이 벽을 아랑곳하지 않고 뛰어넘어 극복할 수 있다고 생각해서가 아니다. 잘 훈련된 여자의 내면을 구조의 일부로 쓰려는 가부장제의 술수는 꽤 성공적이라서, 벽을 다 같이 깨부수려는 우리의 노력에 해가 되고 있다. 여자에게 가해지는 현실의 차별과 폭력은 목소리 높이기도 쉽고 제도화로 해결할 수도 있겠지만 어디부터 손대야 할지 막막한 우리의 내면은 우리를 분열시키고 좌절하게 한다.

내 이야기가 내가 간절히 바라던 대로 메스를 닮아서, 우리 안에 뿌리박은 고통의 근원을 제거할 수 있기를. 기혼과 비혼을 가르는 소모적인 일반화를 넘어 우리가 같은 여자로서 같은 빛을 향해 나아갈 수 있기를.

쓰면서 이야기의 속성에 관해 깨달은 게 있다. 어떤 이야기도 혼자서는 존재하지 않는다. 이 책이 만일 그런 목적을 달성하게 된다면, 당신이 읽으면서 자기 이야기처럼 느꼈다면, 그건 분명 내가 수많은 멋진 여자들에게 이야기를 빌릴 수 있었기 때문이다.

2010년에 문학창작 동아리에 막 들어간 새내기였던 나는 동아리에 가져갈 글을 쓰려고 컴퓨터의 메모장을 켰다. 흰 화면을 보는데 단 하나의 문장밖에 떠오르지 않았다. 나는 아무것도 아니다… 그 문장이 내가 어떤 글도 쓰지 못하도록 가로막고 있었다. 나는 자포자기한 기분으로 그 문장이 머릿속에 박혀 지워지지 않는 사람의 독백을 적어 내려가기 시작했다.

왜 그런지 잊히지가 않습니다. 공책을 찢어서 버려도 소용이 없습니다. 흰 종이를 마주할 때마다 이 문장만 써지는 기예요.

당시 나는 이 자기혐오가 영문을 알 수 없이 나만 겪는 개인적 고통이라고 느꼈다. 글쓰기를 좋아했지만 등단이나 출판 따위를 꿈꾸지 않은 것 역시 같은 이유였다. 굵직한 현대사가 다 지나고 난 후에 태어나 대학을 다니고 있을 뿐이고, 문단에서 인정받는 소설 속 여자 주인공처럼 '쿨'하게 많은 남자와 자고 다니는 것도 아닌 내 이야기는 그저 개인적 가치만 있다고 생각했다.

나는 아무것도 아니다.

그 문장에서 도망치기 위해 연애를 했고, 결혼을 했고, 그러자 더는 글을 쓰지 않게 되었다. 남의 말을 그대로 옮기는 번역 정도가 아무것도 아닌 내게 적당할 것 같았다. (번역이 우리가 쥐고 싸울 무기를 직접 만드는 일처럼 느껴지게 된 건 훨씬 나중이다.)

그랬던 내가 책 한 권을 완성할 수 있었던 건 오로지 다른 여자들 덕분이다. 엄마, 할머니, 동생 윤희를 비롯해 이 책에 가명 혹은 실명으로 등장해도 좋다고 기꺼이 허락해 준 여자들, 분량상 넣지는 못했어도 책의 방향을 잡는 데 막대한 도움이 된 이야기를 들려 준 여자들, 다 완성되지도 않은 원고를 조각조각 읽으며 솔직한 평을 해 준 여자들, 내게 영향을 받았다고 말하며 용기를 준 여자들, 내가 번역의 한계와 나의 한계를 동시에 있는 힘껏 밀어젖히지 않고서는 번역할 수 없을 만큼 심오한 책을 쓴 여자들, 반백 년 넘게 지난 후에도 우리를 일깨우는 글을 남긴 앞선 세대 페미니스트 여자들, 나와 같은 공기를 들이마시고 같은 고민을 바탕으로 운동을 하며 결과물을 내놓는 동시대 페미니스트 여자들, 그리고 광야에서 처음으로 소리를 질러서 나를 불렀던 메갈리아의 여자들, 그들의 이름을 하나하나 나열한다면 과장이 아니라 책 한 권도 채울 수 있을 것이다. 내 이야기가 우리의 이야기라는 것을 알게 해 준 여자들에게 이 책을 통해 조금이라도 빚을 갚고 싶다.

철저히 여자를 위해, 여자에게만 초점을 맞춰서, 여자인 나를, 같은 여자인 당신을 끌어안으며, 어떤 여자라도 이해할 수 있게 쓰려고 노력한 이 글을 여자들에게 바친다. 이 글을 쓰는 과정에서 나는 나를 사랑하고 용서하게 되었고, 나아갈 힘을 얻었고, 잃었던 친구들을 다시 찾았고, 새로운 여자들을 깊이 알게 되었다. 당신에게도 같은 축복이 찾아오기를 바란다.

2020년 4월, 아직도 이혼을 어떻게 받아들여야 할지 몰라 휘청거리던 나는 문득 클라우드에 저장된 **어떤 문장**이라는 이름의 파일을 꺼내 본다. **나는 아무것도 아니다. 나는 아무것도 아니다. 나는 아무것도 아니다…** 과거의 고통이 메아리치고 있다.

그때 갑자기, 다시 글을 쓸 수 있을 것 같은 기분이 든다. 나는 컴퓨터를 켤 새도 없이 스마트폰으로 적어 내려간다. 이번에는 다른 문장에 관해 쓴다. 그래서 어떻게 살고 싶어? 이혼에 가까워질수록 떨쳐 낼 수 없었던 문장을 이해해 보고 싶다.

그렇게 몇 시간 동안 멈추지도 않고 완성해서, 대학 때 쓴 글

뒷부분에 덧댄 어떤 문장이라는 글에서부터 나의 《탈혼기》는 시작되었다. 원래는 어떤 문장을 책 맨 뒤에 넣으려고 했고 이를 바탕으로 제작한 영상을 WNC의 〈WOMAN〉 전시에서 공개하기도 했지만, 결국 그 글이 일종의 청사진으로서 역할을 다했다고 판단해 빼기로 했다. 다만 글의 마지막 부분을 여기 인용하면서 이 책을 매듭지으려고 한다. 자매여, 우리가 곧 다시 만날 수 있길.

알고 나면, 돌이킬 수 없다. 깨고 나면 침대 위에 누워있어 봤자다. 알 만큼 알게 된 너는…. 그래서, 어떻게 살고 싶어? 항상 가장 위험한 질문이 가장 달콤한 향을 풍기며 콧속 깊이 침투한다. 뱀이 이브에게 물었을 법한 질문. 이 질문을 받으면 어디로도 도망갈 길이 없다. 너는 낙원처럼 보이는 곳을 다 뒤집을 각오가 되어 있을까? 식물의 뿌리를 잘라 내고 동물처럼 걸어 나갈 심장이 있을까?

나는 아무것도 아니다. 아무것도 아니라면 아무 곳으로도 갈 수 없고, 아무렇게나 되어도 아무렇지도 않으며, 아무것도, 나 자신, 내 인생마저도 책임지지 않아도 된다. 그러나 내가 정말 아무것도 아니라면 나는 이 문장에 그토록 고통 받지 않았을 것이다. 펜을 들고 나는 아무것도 아니다, 라고 적힌 곳마다 밑에 나는 무엇이고 싶다, 라고 적어도 좋다.

이제 이 문단을 다시 쓴다.

우리는 아무것도 아니다. 아무것도 아니라면 아무 곳으로도 갈 수 없고, 아무렇게나 되어도 아무렇지도 않으며, 아무것도, 우리 자신, 우리 인생, 엄마와 자매와 딸의 미래마저도 책임지지 않아도 된다. 그러나 우리가 정말 아무것도 아니라면 우리는 이 문장에 그토록 고통 받지 않았을 것이다. 펜을 들고 우리는 아무것도 아니다, 라고 적힌 곳마다 밑에 우리는 무엇이고 싶다, 라고 적어도 좋다.

우리의 선택지는 적고 우리가 갈 길은 험하다. 우리는 서로에게 아무것도 약속할 수 없다. 그렇지만 알게 된 우리가 아무것도 할 수 없다고 말하는 건 기만이다. 그래, 나는 오래 나를 기만해 왔다.

그래서, 어떻게 살고 싶어? 나의 탈출 가능성이 자매의 탈출 가능성이라면. 그래서, 어떻게 살고 싶어? 내 능력과 용기와 잠재력이 한순간이라도 모두 내 것이라면. 그래서, 어떻게 살고 싶어? 내 인생이 나한테 의미가 있다면. 내가 나한테 의미가 있다면. 내가 정말 아무것도 아닌 것이 아니라면.

그래서, 우리가 언젠가 무엇이 될 수 있다면. 나는 기꺼이 낙원을 내 발로 떠날 것이다. 내가 새로 일군 투박한 텃밭에서 너를 기다릴 것이다.

나는 너에게도 묻고자 한다.

그래서, 어떻게 살고 싶어?

참고 문헌

1) 권김현영. "1990년." 〈씨네21〉, 제1151호, 2018년 4월 19일.

2) "인구동태건수 및 동태율 추이(출생,사망,혼인,이혼)." 〈KOSIS(통계청, 인구동향조사)〉. 웹사이트, 2021년 9월 24일.

3) "시도/출산순위별 출생성비." 〈KOSIS(통계청, 인구동향조사)〉. 웹사이트, 2021년 9월 24일.

4) 이태호. "미토콘드리아 유전자는 모계로 이어져…남자는 무슨 역할?." 〈중앙일보〉, 2019년 3월 5일.

5) 장도민. ""남혐 논란 불똥 튈라"…게임업계 때아닌 '손가락의 공포'." 〈뉴스1〉, 2021년 5월 31일.

6) "Kim Ja-ok - Pincess is lonely, 김자옥 - 공주는 외로워, MBC Top Music 19970104." 〈YouTube〉, MBCkpop 업로드, 2012년 6월 19일.

7) 송태형. "[오늘의 채널톱] MBC '오늘은 좋은날'.. 김자옥 연기 '배꼽'." 〈한국경제〉, 1997년 2월 13일.

8) "공주병." 〈국립국어원 표준국어대사전〉. 웹사이트, 2008년 10월 9일.

9) "공주." 〈국립국어원 표준국어대사전〉. 웹사이트, 2008년 10월 9일.

10) "학위 취득자수 및 인구 만명당 학위취득자수(학위별)." 〈한국여성정책연구원 성인지통계 시스템(한국여성정책연구원, 한국의 성 인지 통계)〉. 웹사이트, 2021년 9월 26일.

11) 이효석. "국공립대 여성교수 비율 16%→25% 늘어난다…3년만에 법 통과." 〈연합뉴스〉, 2020년 1월 9일.

12) 박수진. "커피믹스, 오늘 몇 잔째?." 〈한겨레21〉, 제668호, 2007년 7월 12일.

13) 신희은. "빨간책 노란책 '동화전집'...어디들 있니?." 〈머니투데이〉, 2009년 8월 22일.

14) 잉걸스, 로러 와일더. 《큰 숲 작은 집》. 장왕록 번역, 에이브 세계문학 국제판, 제7권, 동서문화사, 1982년.

　　＿＿＿＿＿＿＿＿.《초원의 집》. 장왕록 번역, 에이브 세계문학 국제판, 제34권, 동서문화사, 1982년.

　　＿＿＿＿＿＿＿＿.《우리 읍내》. 장왕록 번역, 에이브 세계문학 국제판, 제49권, 동서문화사, 1982년.

15) 몽고메리, 루시 모드.《만남》. 김유경 번역, 그린게이블즈 빨강머리 앤 ANNE, 제1권, 동서문화사, 2002년, p.138.

16) 슬리퍼. "팬픽 이반? 나는 나일 뿐: 레즈비언 집단 안에서도 차별받는 하위집단." 〈일다〉, 2007년 5월 17일.

17) "SBS 그것이알고싶다 '10대 동성애'편 네티즌 공방." 〈연합뉴스〉, 2002년 10월 28일.

18) 박미정 등. "한국 청소년의 성성숙 시기 및 장기간의 초경연령 추세분석." 〈Korea Journal of Pediatrics〉, 제49권, 제6호, 2006년, p.610.

19) 박영주 등. "한국 여성의 폐경 연령, 갱년기 증상 관련 요인." 〈여성건강간호학회지〉, 제7권, 제4호, 2001년, p.473-485.

20) "생리불순." 〈서울대학교병원 의학백과사전〉. 웹사이트.

21) 탱알. "[사회] 헬조선 노트3 : 생리를 생리라고 부르지 못하고." 〈딴지일보〉, 2017년 3월 24일.

22) 김신명숙. 《여성 관음의 탄생: 한국 가부장제와 석굴암 십일면관음》. 이프북스, 2019년, p.111.

23) 고양이의 귀여움을 알아줘. "생리는 결코 오지 않는 정자를 기다리다 아기집을 허무는 과정이 아니다." 〈쭉빵카페〉, 2017년 8월 23일.

24) "Why do women have periods?." 〈YouTube〉, TED-Ed 업로드, 2015년 10월 20일.

25) 쉬운성경편찬위원회. 《쉬운 성경》. 아가페출판사, 2001년, 레위기 15장 19-20절.

26) 쉬운성경편찬위원회. 《쉬운 성경》. 아가페출판사, 2001년, 창세기 3장 16절.

27) 몽고메리, 루시 모드. 《처녀 시절》. 김유경 번역, 그린게이블즈 빨강머리 앤 ANNE, 제2권, 동서문화사, 2002년, p.309.

28) 박원희. 《공부 9단 오기 10단》. 김영사, 2004년.
금나나. 《너나 나나 할 수 있다》. 김영사, 2004년.
손에스더. 《한국의 꼴찌소녀 케임브리지 입성기》. 징검다리, 2005년.

29) 킨들런, 댄. 《우리딸 알파걸로 키우기》. 최정숙 번역, 미래의 창, 2009년.

30) 신창호. "공부·운동·리더십 1등… 美 '알파걸' 세대 뜬다." 〈국민일보〉, 2006년 10월 16일.

31) Tony Allen-Mills. "Free at last: alpha teenage girls on top." 〈The Sunday Times〉, 2006년 10월 15일.

32) 박재윤. 〈세계화 시대의 교육제도 발전방안 연구〉. 한국교육개발원, 2008년 12월 31일, p.46.

33) 위 출처, p.48.

34) 황치혁. "특목고 자사고 정원 모두 합치면 1만2506명." 〈베리타스 알파〉, 2007년 9월 13일.

35) 김희균. "SKY大 정원비율 급감." 〈동아일보〉, 2009년 1월 5일.

36) 김영신. "30대기업 남녀 성비 불균형 여전…100명 중 여성은 20명뿐." 〈연합뉴스〉, 2021년 3월 8일.

37) 한국여성단체연합. 〈공채 점수조작으로 여성 떨어뜨리기, 언제까지 고작 벌금 500만원? - 채용성차별 처벌과 재발방지 법제 강화 시급하다! -〉, 채용성차별 철폐 공동행동 성명서, 2019년 10월 8일.

38) 조동주. "[지금 SNS에서는]2030이 부르는 또 다른 대한민국 '헬조선'." 〈동아일보〉, 2015년 7월 10일.

39) 제프리스, 쉴라. 《코르셋: 아름다움과 여성혐오》. 유혜담 번역, 열다북스, 2018년, p.271.

40) 그레이엄, 디 등. 《여자는 인질이다》. 유혜담 번역, 열다북스, 2019년, p.23.

41) 장상진. "한국, 단위 인구당 성형수술 건수 세계 1위." 〈조선비즈〉, 2012년 4월 24일.

42) 정혜옥. 〈원브랜드샵의 성장에 따른 국내 화장품 시장의 변화〉. NICE 신용평가 스페셜 리포트, 2014년 12월 26일.

43) 진은영. 《일곱 개의 단어로 된 사전》. 문학과지성사, 2003년.

44) 소녀시대. "Oh!." 〈'Oh!' The Second Album〉. SM엔터테인먼트, 2010년 1월 28일. 가사.

45) 정혜미. "사라지는 총여학생회 "여자들은 죽지 않아"." 〈경북대신문〉, 2010년 5월 1일.

46) 신희은. "'사회 나가면 알게되는 43가지' 공감만발." 〈머니투데이〉, 2009년 10월 23일.

47) 김성수. "뜬금없는 아모레퍼시픽 '남녀차별' 논란 왜?." 〈일요시사〉, 2012년 4월 17일.

48) 최광석. "정형·신경외과는 남성 전유물?…국립대병원 특정과 성차별 심각." 〈청년의사〉, 2020년 10월 7일.

49) 서효정. "NATE판, 아고라 뒤집다." 〈주간조선〉, 제2208호, 2012년 5월 28일.

50) "Gag Concert 남성인권 보장 위원회 20090920." 〈YouTube〉, KBS Entertain 업로드, 2012년 5월 24일.

51) 음. "된장녀의 하루..졸라 웃기다." 〈오늘의 유머〉, 2006년 6월 27일.

52) 번개돌이. "된장녀와 사귈 때 해야 될 9가지." 〈디씨인사이드〉, 2006년 7월 22일.

53) 김보라. "코로나에도…스타벅스 매장 1500개 돌파." 〈한국경제〉, 2020년 12월 13일.

54) "제대군인지원에관한법률 제8조 제1항 등 위헌확인 (제대군인지원에관한법률 제8조 제3항, 제대군인지원에관한법률시행령 제9조)." 〈법제처 국가법령정보센터(헌법재판소, 98헌마363)〉. 웹사이트, 1999년 12월 23일.

55) 박상권, 지영은. ""키 작으면 '루저'" 파문…도 넘은 인신공격." 〈MBC 뉴스〉, 2009년 11월 13일.

56) "추석 특집 미녀들의 수다." 〈미녀들의 수다〉, 제1회, KBS, 2006년 10월 7일.

57) 이철우. "각종 녀 들." 〈NATE 판〉, 2009년 3월 1일.

58) 이하나. "[여성의 삶을 바꾼 30대 사건] ① 사라진 호주제, 공고한 가부장제." 〈여성신문〉, 2018년 6월 19일.

59) 김지희. "10대들의 性해방구 '멀티방'." 〈주간현대〉, 2012년 2월 14일.

60) "형법제270조 제1항위헌소원 (낙태죄 사건)." 〈헌법재판소 판례검색(헌법재판소, 선고 2010헌바402)〉. 웹사이트, 2012년 8월 23일.

61) 김사월. "확률." 〈헤븐〉. YG PLUS, 2020년 9월 14일. 가사.

62) 정원식. "[표지이야기]온라인 극우파 결집 코드는 '혐오'." 〈주간경향〉, 제980호, 2012년 6월 19일.

63) 김현아. ""13일 조선족 6살 여자아이 강간 계획" 글에 누리꾼 충격." 〈뉴스1〉, 2012년 7월 10일.

64) 나는. "여자들 다 읽으삼…. 내가 여자들에게 좀 알려주마." 〈NATE 판〉, 2012년 12월 23일.

65) 그레이엄, 디 등. 《여자는 인질이다》. 유혜담 번역, 열다북스, 2019년, p.192.

66) "[6차 성명서] 마지막 편파판결, 불법촬영 규탄시위 | 불편한 용기." 〈YouTube〉, official불편한용기 업로드, 2018년 12월 28일.

67) "Edith Piaf - Non, je ne regrette rien (Audio officiel)." 〈YouTube〉, Edith Piaf Officiel 업로드, 2015년 11월 30일. 가사.

68) "스펀지 HOW 추석." 〈스펀지〉, 제447회(마지막회), KBS, 2012년 9월 21일.

69) 열받다. "집에 오면 손하나 까딱않는 남편 어떻게 고치나요?." 〈82쿡〉, 2005년 1월 16일.

70) "2015 일·가정 양립 지표." 〈통계청 누리집(통계청/여성가족부, 새소식〉보도자료)〉. 웹사이트, 2015년 12월 7일, p.12.

71) 수신지. 《며느라기: 며느리의, 며느리에 의한, 며느리를 위한》. 귤프레스, 2018년.

72) 조남주. 《82년생 김지영》. 민음사, 2016년, p.163-164.

73) 김지영. "결혼하면 큰일날 최악의 남자 유형 8." 〈보그코리아〉, 2016년 12월 22일.

74) "부역자." 〈국립국어원 표준국어대사전〉. 웹사이트, 2008년 10월 9일.

75) 이경희. 〈문화적 차이가 이혼에 미치는 영향: 가사분담공평성의 매개효과를 중심으로〉. 한국노동연구원, 2013년 12월 30일, p.80.

76) 그레이엄, 디 등. 《여자는 인질이다》. 유혜담 번역, 열다북스, 2019년, p.161.

77) 위 출처, p.22.

78) 위 출처, p.245.

79) "재판상 이혼 사유." 〈생활법령정보(법제처, 책자형)〉이혼〉재판상 이혼〉재판상 이혼 사유)〉. 웹사이트, 2021년 6월 15일.

80) 위 출처.

81) "청약가점계산마법사." 〈주택도시기금포털(주택도시기금, 고객서비스〉내집마련마법사〉청약가점계산마법사)〉. 웹사이트, 2021년 9월 26일.

82) 한국여성의전화. 〈2020년 분노의 게이지: 언론 보도를 통해 본 친밀한 관계의 남성에 의한 여성살해 분석〉. 한국여성의전화, 2021년 3월 8일.

탈혼기

ⓒ 유혜담 2022

1판 1쇄 펴낸 날 2022년 6월 15일
1판 2쇄 펴낸 날 2024년 5월 9일

지은이 유혜담
교정교열 안혜지, 이형주
디자인 진혜리

펴낸곳 별세계
펴낸이 유혜담
출판등록 2020년 8월 4일 제 25100-2020-000066호
주소 서울시 용산구 효창원로104나길 28-1
이메일 sistarly@kakao.com
인스타그램 @sistarly_books
웹사이트 sistarly.co.kr
ISBN 979-11-978205-0-2 (03330)

- 이 책의 판권은 지은이와 출판사 별세계에 있습니다.
- 이 책 내용의 전부 또는 일부를 재사용하려면 반드시 양측의 서면 동의를 받아야 합니다.
- 잘못 만들어진 책은 구입처에서 교환해 드립니다.